D1639988

Für registrierte Leser halten wir
zusätzliche Informationsangebote bereit.

Buchregistrierung
Registrierungscode
Jetzt registrieren

Bitte geben Sie Ihren Code auf der
Verlagswebsite ein.

Ihr persönlicher
Registrierungscode   04GP47110667

Leseproben · Artikel · Angebote · Newsletter · BuchScanner · Foren · Glossar

Frank Budszuhn

CVS

Galileo Computing

Liebe Leserin, lieber Leser,

Softwareentwicklung ist heute meist Teamarbeit. Damit ein Team effizient und reibungslos am gemeinsamen Sourcecode arbeiten kann, bedarf es der Unterstützung eines Versionsmanagementsystems, das den Sourcecode verwaltet, an die Entwickler verteilt, Änderungen der integriert und verschiedene Versionsstände verwaltet. CVS ist ein solches Versionsmanagementsystem.

Unser Autor berücksichtigt sowohl die Bedürfnisse der Open Source-Entwickler als auch die der Entwickler kommerzieller Softwareprodukte. Nutzen Sie das Buch als Einführungslektüre und Referenz zum Nachschlagen. Die klare Struktur des Inhalts lässt Sie schnell genau das finden, was Sie gerade für Ihre Arbeit benötigen. Die beiliegende Referenzkarte wird eine zusätzliche nützliche Arbeitshilfe sein.

Auf Ihre freundlichen Anregungen und Vorschläge freue ich mich. Scheuen Sie sich nicht, sich mit dem Autor oder mir in Verbindung zu setzen.

Viel Spaß beim Lesen wünscht

Judith Stevens-Lemoine
Lektorat Galileo Computing

judith.stevens@galileo-press.de
www.galileocomputing.de

Galileo Press • Gartenstraße 24 • 53229 Bonn

Auf einen Blick

	Vorwort	15
1	Einleitung	19
2	Das Concurrent Versions System, CVS	29
3	Der Entwicklungsprozess mit CVS	37
4	Installation	53
5	Erste Schritte	73
6	Der Entwicklungsprozess im Detail	83
7	Fortgeschrittene CVS-Themen	137
8	CVS für Administratoren	177
9	Die Zukunft von CVS	199
10	CVS-Befehle	205
11	Dateireferenz	269
12	Umgebungsvariablen	283
A	Schnellanleitung zum Aufsetzen eines CVS-Servers	289
B	CVS-Leitfaden für Projektleiter	295
C	Glossar	299
D	Link- und Literaturverzeichnis	303
E	WinCvs Symbole	307
	Index	311

Bibliografische Information Der Deutschen Bibliothek
Die Deutsche Bibliothek verzeichnet diese Publikation in der Deutschen Nationalbibliografie; detaillierte bibliografische Daten sind im Internet über http://dnb.ddb.de abrufbar.

ISBN 3-89842-471-5

© Galileo Press GmbH, Bonn 2004
1. Auflage 2004

Der Name Galileo Press geht auf den italienischen Mathematiker und Philosophen Galileo Galilei (1564–1642) zurück. Er gilt als Gründungsfigur der neuzeitlichen Wissenschaft und wurde berühmt als Verfechter des modernen, heliozentrischen Weltbilds. Legendär ist sein Ausspruch **Eppur se muove** (Und sie bewegt sich doch). Das Emblem von Galileo Press ist der Jupiter, umkreist von den vier Galileischen Monden. Galilei entdeckte die nach ihm benannten Monde 1610.

Das vorliegende Werk ist in all seinen Teilen urheberrechtlich geschützt. Alle Rechte vorbehalten, insbesondere das Recht der Übersetzung, des Vortrags, der Reproduktion, der Vervielfältigung auf fotomechanischem oder anderen Wegen und der Speicherung in elektronischen Medien.
Ungeachtet der Sorgfalt, die auf die Erstellung von Text, Abbildungen und Programmen verwendet wurde, können weder Verlag noch Autor, Herausgeber oder Übersetzer für mögliche Fehler und deren Folgen eine juristische Verantwortung oder irgendeine Haftung übernehmen.
Die in diesem Werk wiedergegebenen Gebrauchsnamen, Handelsnamen, Warenbezeichnungen usw. können auch ohne besondere Kennzeichnung Marken sein und als solche den gesetzlichen Bestimmungen unterliegen.

Lektorat   Judith Stevens-Lemoine
Korrektorat   Dr. Rainer Noske, Euskirchen
Einbandgestaltung   Barbara Thoben, Köln
Herstellung   Iris Warkus
Titelbild   Zefa Visual Media
Satz   Typographie & Computer, Krefeld
Druck und Bindung   Koninklijke Wöhrmann B.V., Zutphen, Niederlande

Galileo Business

Inhalt

Vorwort   **15**

Teil 1 Eine Einführung in CVS

1 Einleitung   19

1.1 Zielgruppe des Buchs   19
1.2 Aufbau des Buchs   19
1.3 Anforderungen an den Leser   21
1.4 Konventionen in diesem Buch   21
1.5 Wofür Versionsmanagement?   22
     1.5.1 Arbeit ohne Versionsmanagement   22
     1.5.2 Ein zweiter Entwickler kommt hinzu   25
1.6 Entwickeln mit Versionsmanagement   25
     1.6.1 Erweiterter Entwicklungsprozess mit CVS   25
     1.6.2 Die Änderungen im Einzelnen   27

2 Das Concurrent Versions System, CVS   29

2.1 Zur Geschichte von CVS   29
2.2 CVS im Kontext anderer Versionsmanagementsysteme   30
2.3 Clients für CVS   31
     2.3.1 WinCvs   31
     2.3.2 gCvs   32
     2.3.3 MacCvsX   32
     2.3.4 CVL   33
     2.3.5 TortoiseCVS   34
     2.3.6 Eclipse   34
2.4 Was CVS nicht kann: Abgrenzung zu anderen Entwicklungswerkzeugen   35
2.5 CVS und Open Source   36

3 Der Entwicklungsprozess mit CVS 37

3.1	Modell des kooperativen Entwickelns	37
3.2	Betrachtungen zum ersten Kontakt	38
3.3	Der Entwicklungszyklus mit CVS	38
	3.3.1 Eine Arbeitskopie vom CVS-Server anfordern: Checkout	40
	3.3.2 Abgleich der Arbeitskopie mit dem CVS: Update	40
	3.3.3 Auflösung von aufgetretenen Konflikten	42
	3.3.4 Entwicklung auf der Arbeitskopie bis eine neue Teilversion erreicht ist	42
	3.3.5 Übernahme der Änderungen aus der lokalen Arbeitskopie in das Repository: Commit	43
	3.3.6 Freigabe der lokale Arbeitskopie	44
3.4	Der Entwicklungszyklus in der Zusammenfassung	45
3.5	Der Entwicklungszyklus mit mehreren Entwicklern	49
3.6	CVS und Kommunikation	50
3.7	Regeln im Umgang mit dem CVS	51
3.8	Zusammenfassung	51

4 Installation 53

4.1	Installation	53
	4.1.1 CVS-Kommandozeile unter Windows	53
	4.1.2 CVS-Kommandozeile unter Linux	56
	4.1.3 Die Installation von WinCvs	57
	4.1.4 Die Installation von gCvs unter Linux	61
	4.1.5 Ein externes Diff-Programm unter Windows installieren	62
4.2	Aufbau der Client-Programme	63
	4.2.1 Die Kommandozeilen-Clients	63
	4.2.2 WinCvs	64
	4.2.3 gCvs	66
4.3	Die Verbindung zum Repository herstellen	67
	4.3.1 Zugriff auf das Repository per Kommandozeile	68
	4.3.2 Zugriff auf das Repository mit WinCvs und gCvs	69
4.4	Beim CVS-Server anmelden	70
	4.4.1 Login von der Kommandozeile	70
	4.4.2 Login mit WinCvs und gCvs	71
4.5	Andere Zugriffsverfahren	72
4.6	Zusammenfassung	72

5 Erste Schritte 73

5.1	Ein erster Test	73
5.2	Protokoll einer Beispielsitzung	77
5.3	Zusammenfassung	82

6 Der Entwicklungsprozess im Detail 83

6.1	Revisionen und Releases		83
	6.1.1	Revisionen	83
	6.1.2	Verzweigungen	84
	6.1.3	Releases	85
6.2	Ein Wort zu Verzeichnissen		86
6.3	Implizite Argumente und Rekursion		87
	6.3.1	Implizite Argumente	87
	6.3.2	Rekursion	87
6.4	Ein neues Projekt beginnen: import		88
	6.4.1	Eine Projektstruktur anlegen	88
	6.4.2	Die Struktur importieren	88
	6.4.3	Dateien vom Import ausschließen	89
	6.4.4	Dateitypen beim Import	90
	6.4.5	Der Befehl import in WinCvs	90
	6.4.6	Nach dem Import	92
6.5	Eine lokale Arbeitskopie anlegen: checkout		92
	6.5.1	Die Arbeit an einem Projekt beginnen	92
	6.5.2	Die Optionen des Befehls checkout	93
	6.5.3	Der Befehl checkout in WinCvs	94
6.6	Eine lokale Arbeitskopie aktualisieren: update		95
	6.6.1	Mögliche Fälle beim Befehl update	95
	6.6.2	Die Optionen des Befehls update	98
	6.6.3	Der Befehl update in WinCvs	99
6.7	Änderungen ins Repository übernehmen: commit		101
	6.7.1	Überführung ins Repository	101
	6.7.2	Log Messages	102
	6.7.3	Die Implementierung des Befehls commit	102
	6.7.4	Der Befehl commit in WinCvs	103
6.8	Unterschiede zwischen lokaler Arbeitskopie und Repository bestimmen: diff		103
	6.8.1	Unterschiede anzeigen lassen	103
	6.8.2	Vergleich mit anderen Revisionen	105
	6.8.3	Der Befehl diff in WinCvs	106
6.9	Den Zustand der Arbeitskopie abfragen: status		107
	6.9.1	Die Ausgaben des Befehls status	107
	6.9.2	Der Befehl status in WinCvs	108

6.10	Log Messages ansehen: log und rlog		109
	6.10.1 Die Angaben der Befehle log und rlog		109
	6.10.2 Grafisches Log in WinCvs und gCvs		110
6.11	Dateien und Verzeichnisse hinzufügen: add		110
	6.11.1 Verzeichnisse hinzufügen		110
	6.11.2 Dateien hinzufügen		111
	6.11.3 Die Angabe des Dateityps		112
	6.11.4 Der Befehl add in WinCvs		112
6.12	Dateien und Verzeichnisse löschen: remove		113
	6.12.1 Dateien löschen: remove		113
	6.12.2 Verzeichnisse löschen		114
6.13	Dateien und Verzeichnisse umbenennen		115
	6.13.1 Vorgehensweise bei Dateien		115
	6.13.2 Vorgehensweise bei Verzeichnissen		115
6.14	Arbeiten mit Tags: tag und rtag		119
	6.14.1 Ein Release anlegen		119
	6.14.2 Tags löschen		120
	6.14.3 Die Befehle tag und rtag in WinCvs		120
	6.14.4 Einen alten Versionsstand rekonstruieren		121
6.15	Sticky Tags		121
6.16	Zu einer alten Version zurückkehren		123
	6.16.1 Die Optionen –r und –D des Befehls update		123
	6.16.2 Die Optionen –r und –D des Befehls checkout		123
	6.16.3 Alte Versionen in WinCvs auschecken		124
6.17	Die Arbeit mit Verzweigungen		125
	6.17.1 Gründe für Verzweigungen		125
	6.17.2 Verzweigungen anlegen und auschecken		125
	6.17.3 Das Sticky Tag der Verzweigung		127
	6.17.4 Unterverzweigungen		128
	6.17.5 Einchecken in die Verzweigung		128
	6.17.6 Änderungen in den Hauptzweig übernehmen		129
	6.17.7 Die Arbeit mit Verzweigungen in WinCvs		131
	6.17.8 Einsatzbereiche von Verzweigungen		132
6.18	Änderungen rückgängig machen		133
6.19	Eine lokale Arbeitskopie freigeben: release		134
	6.19.1 Der Befehl release prüft auf Änderungen in der lokalen Arbeitskopie		134
	6.19.2 Der Befehl release in WinCvs		135
6.20	Zusammenfassung		135

7 Fortgeschrittene CVS-Themen 137

7.1	Optionen vorgeben	137
7.2	Befehle abkürzen	137
7.3	Dateien ignorieren: cvsignore	138

7.4	Die CVS-Verzeichnisse in der lokalen Arbeitskopie		141
7.5	Module exportieren		141
	7.5.1	Der Befehl export	141
	7.5.2	Der Befehl export in WinCvs	142
7.6	Dateien zeilenweise analysieren		143
	7.6.1	Die Befehle annotate und rannotate	143
	7.6.2	Der Befehl annotate in WinCvs	145
7.7	Überwachtes Arbeiten		145
	7.7.1	Der Ansatz anderer Versionsmanagementsysteme	145
	7.7.2	Sperren in CVS	146
	7.7.3	Nachteile von Watches	147
	7.7.4	Ereignisse beim überwachten Arbeiten	149
	7.7.5	Temporäre Beobachter	150
	7.7.6	Die Befehle watchers and editors	151
	7.7.7	Der Befehl unedit	152
	7.7.8	Überwachtes Arbeiten in WinCvs	153
7.8	Umgebungsvariablen		153
	7.8.1	Die Umgebungsvariable CVSROOT	153
	7.8.2	Den Editor vorgeben	153
	7.8.3	Das Home-Verzeichnis	154
	7.8.4	Die Umgebungsvariable CVSIGNORE	155
7.9	XML, HTML und CVS		155
	7.9.1	Besonderheiten von XML und HTML	155
	7.9.2	Merging-Algorithmus in CVS	155
7.10	Webseiten mit CVS verwalten		156
7.11	Vendor Branches		157
	7.11.1	Einbindung von fremder Software	157
	7.11.2	Die Arbeit mit Vendor Branches	158
7.12	CVSWeb und ViewCVS		159
	7.12.1	Das Original: CVSWeb	159
	7.12.2	Die Alternative: ViewCVS	162
7.13	Typische CVS-Probleme und deren Lösung		163
	7.13.1	CVS und Zugriffsrechte	163
	7.13.2	Inkonsistente lokale Arbeitskopie	164
	7.13.3	CVS und Uhren	165
	7.13.4	Locks im Repository	166
7.14	Schlüsselwortersetzung		166
7.15	Wrapper		169
7.16	Das CVS-Protokoll und der Befehl history		170
	7.16.1	CVS führt Protokoll	170
	7.16.2	Das Ausgabeformat von history	172
7.17	Der Befehl admin		173
	7.17.1	Das Sperren von Dateien	173
	7.17.2	Nachträgliches Ändern von Log Messages	174
	7.17.3	Die Schlüsselwortersetzung ändern	174

| 7.18 | Datumsformate in CVS | 175 |
| 7.19 | Zusammenfassung | 176 |

8 CVS für Administratoren — 177

8.1	Einen CVS-Server aufsetzen	177
8.2	Die administrativen Dateien in CVSROOT	180
	8.2.1 Die Datei checkoutlist	181
	8.2.2 Die Datei modules	182
	8.2.3 Die Datei notify	184
	8.2.4 Die Datei users	185
	8.2.5 Die Datei cvsignore	185
	8.2.6 Die Datei passwd	185
8.3	Authentifizierung	186
	8.3.1 Lokaler Zugriff	186
	8.3.2 pserver und passwd	186
	8.3.3 Weitere Authentifizierungsverfahren	188
8.4	Den Server für überwachtes Arbeiten einrichten	189
8.5	Anonymer Zugriff auf das Repository	191
8.6	Ein eigenes Lock-Verzeichnis einrichten	193
8.7	Den Befehl admin sperren	193
8.8	Backup	194
8.9	Ein Repository migrieren	196
8.10	Zusammenfassung	197

9 Die Zukunft von CVS — 199

9.1	Die Schwachstellen von CVS	199
9.2	Eine neue Iteration: Subversion	200
9.3	Der Status von Subversion	200
9.4	Subversion vs. CVS	200

Teil 2 Referenz

10 CVS-Befehle — 205

10.1	Befehlsaufbau	205
10.2	Globale Optionen	205
10.3	add	207
10.4	admin	208

10.5	annotate	210
10.6	checkout	213
10.7	commit	216
10.8	diff	219
10.9	edit	224
10.10	editors	226
10.11	export	227
10.12	history	229
10.13	import	232
10.14	init	235
10.15	log	236
10.16	login	241
10.17	logout	242
10.18	rannotate	243
10.19	rdiff	246
10.20	release	248
10.21	remove	249
10.22	rlog	251
10.23	rtag	254
10.24	status	256
10.25	tag	257
10.26	unedit	259
10.27	update	261
10.28	version	264
10.29	watch	265
10.30	watchers	267

11 Dateireferenz   269

11.1	Dateien in CVSROOT		269
	11.1.1	checkoutlist	269
	11.1.2	commitinfo	270
	11.1.3	config	271
	11.1.4	cvsignore	272
	11.1.5	cvswrappers	273
	11.1.6	editinfo	273
	11.1.7	history	273
	11.1.8	loginfo	273
	11.1.9	modules	274
	11.1.10	notify	275
	11.1.11	passwd	276
	11.1.12	rcsinfo	276

	11.1.13 taginfo	277
	11.1.14 users	277
	11.1.15 val-tags	277
	11.1.16 verifymsg	278
11.2	Lokale Dateien	278
	11.2.1 .cvsignore	278
	11.2.2 .cvspass	279
	11.2.3 .cvsrc	279
	11.2.4 .cvswrappers	280

12 Umgebungsvariablen — 283

12.1	COMSPEC	283
12.2	CVS_CLIENT_LOG	283
12.3	CVS_CLIENT_PORT	283
12.4	CVSEDITOR	283
12.5	CVSIGNORE	284
12.6	CVS_IGNORE_REMOTE_ROOT	284
12.7	CVS_LOCAL_BRANCH_NUM	284
12.8	CVS_PASSFILE	284
12.9	CVS_PID	284
12.10	CVS_RCMD_PORT	284
12.11	CVSREAD	285
12.12	CVSREADONLYFS	285
12.13	CVSROOT	285
12.14	CVS_RSH	285
12.15	CVS_SERVER	285
12.16	CVS_SERVER_SLEEP	286
12.17	CVSUMASK	286
12.18	CVSWRAPPERS	286
12.19	EDITOR	286
12.20	HOME	286
12.21	HOMEDRIVE	286
12.22	HOMEPATH	287
12.23	PATH	287
12.24	TEMP	287
12.25	TMP	287
12.26	TMPDIR	287
12.27	VISUAL	287

A Schnellanleitung zum Aufsetzen eines CVS-Servers — 289

A.1 Einen CVS-Server durch ein lokales Verzeichnis simulieren 289
A.2 Einen CVS-Server auf Unix aufsetzen 290
A.3 Die Beispiele installieren 292

B CVS-Leitfaden für Projektleiter — 295

C Glossar — 299

D Link- und Literaturverzeichnis — 303

D.1 Internetlinks 303
D.2 Bücher 305

E WinCvs Symbole — 307

Index — 311

Vorwort

Der Charakter der Programm- und Softwareentwicklung hat sich in den letzten Jahrzehnten stark verändert. War es vor 20 bis 30 Jahren noch normal, dass Programme von einzelnen Programmierern entwickelt wurden, so ist das heute in den meisten Bereichen undenkbar. Heutige »Softwarepakete« sind Konstrukte von nahezu beliebiger Komplexität. Solche Werke können gar nicht mehr von einzelnen Programmierern geschaffen werden; solche Werke entstehen fast nur noch durch große Teams von Entwicklern. Dabei hat die Komplexität der Software beinahe alle Bereiche der Softwareentwicklung erfasst: nicht nur Office-Pakete und Betriebssysteme werden von großen Teams entwickelt, auch so vermeintlich einfache Programme wie die Software in Handies und Autos übersteigt mittlerweile die Möglichkeiten eines einzelnen Softwareentwicklers. Zusammen mit dem Übergang vom einzelnen Programmierer zum gemeinsam entwickelnden Team hat sich der Prozess der Softwareentwicklung verändert. Die Veränderung betrifft mehrere Aspekte des Entwicklungsprozesses. An erster Stelle steht die Planung der Softwarearchitektur mit einem modularen und einfach zu durchschauenden Aufbau. Zweitens ist die Kommunikation der Entwickler untereinander sehr wichtig. Und drittens gilt es Werkzeuge einzusetzen, die den Softwareentwicklungsprozess im Team unterstützen. Eines der wichtigsten Werkzeuge übernimmt dabei die Verwaltung des Quell- oder Sourcecodes, der allen Programmen zugrunde liegt. War der Sourcecode im Zeitalter des einzelkämpfenden Programmierers oft sein bestgehüteter Schatz, so müssen heutige Softwareentwickler lernen, den Sourcecode mit anderen Entwicklern zu teilen, ja gemeinsam an vielen Teilen des Programmcodes gleichzeitig zu arbeiten. Dabei kommen (neben der mentalen Umstellung) allerlei praktische Aspekte ans Tageslicht: Wie können überhaupt mehrere Entwickler gleichzeitig mit dem gleichen Sourcecode arbeiten? Wie bekommen die Kollegen meine Änderungen mit? Wie bekomme ich die Änderungen der Kollegen mit? Wie wird vermieden, dass ein solches Unterfangen im Chaos endet?

Um Probleme dieser Art zu lösen, wird Softwareentwicklung im Team heute ausschließlich mithilfe von Versionsmanagementsystemen durchgeführt. Ein Versionsmanagementsystem führt die Änderungen der einzelnen Entwickler zusammen, deckt Konflikte auf und verwaltet eindeutig reproduzierbare Versionsstände. Ein solches Versionsmanagementsystem ist CVS, das *Concurrent Version System*. Es ist das bekannteste und meist verbreitete Versionsmanagementsystem aus dem Open Source Bereich und wird in fast allen Open Source Projekten eingesetzt. Die Mozilla-Browser-Suite wird ebenso unter CVS entwickelt wie das grafische Benutzer-Interface der Unix-Welt XFree und die meisten Werkzeuge aus dem GNU-Bereich. Die Entwicklerseite sourceforge.net verwaltete zum Zeitpunkt der Abfassung dieses Buches mehr als 67.000 Softwareprojekte mit CVS. Lediglich der Linux-Kernel wird seit Februar 2002 nicht mehr unter CVS entwickelt; man hat sich hier für ein kommerzielles Versionsmanagementsystem entschieden. Da CVS der GNU Public Licence unterliegt, kann es von jedermann und jeder Firma kostenfrei eingesetzt werden. CVS ist keinesfalls auf Open Source Projekte beschränkt, es wird in vielen Firmen zur Entwicklung kommerzieller Softwareprodukte eingesetzt. Dieses Buch möchte Sie mit dem Einstieg in die Arbeit mit einem Versionsmanagementsystem im Allgemeinen und mit CVS im Speziellen vertraut machen.

An dieser Stelle möchte ich mich für die gute und unkomplizierte Zusammenarbeit mit dem Verlag, insbesondere bei meiner Lektorin Judith Stevens-Lemoine bedanken. Besonderer Dank geht an meine Ehefrau, Elke Szurowski, die dieses Buchprojekt aktiv unterstützt und alle Grafiken dazu erstellt hat.

Wenn Sie Anregungen, Kritik oder Korrekturen zu diesem Buch haben, so zögern Sie bitte nicht, mir eine E-Mail an **autor@cvsbuch.de** zu schicken und schauen Sie auch mal auf der Webseite zum Buch unter **http://www.cvsbuch.de** vorbei!

Hamburg, 15.02.2004
Frank Budszuhn

Der Autor

Frank Budszuhn (E-Mail: autor@cvsbuch.de), Jahrgang 1966, ist Diplominformatiker und arbeitet seit 1994 als Softwareentwickler. Nach dem Studium der Informatik in Hamburg und in England arbeitete er mehrere Jahre für den Audiospezialisten Steinberg, wo er unter anderem die Grundlagen für das Audiorestaurationsprogramm »Clean« legte. Ab 1999 entwickelte er komplexe Webapplikationen für die Internetagenturen Fluxx.com, Netmatic und SinnerSchrader. Seit 2002 erstellt er in seiner eigenen Firma, der AlsterContor GmbH, Internetanwendungen im Kundenauftrag. Während seiner 10-jährigen Berufstätigkeit hat er alle größeren Softwareprojekte mit CVS verwaltet. Frank Budszuhn ist außerdem Autor des Buchs »Visual C++, Windows-Programmierung mit den MFC«, das bei Addison Wesley erschienen ist.

# Teil 1
Eine Einführung in CVS

1 Einleitung

Dieses Kapitel beschreibt zunächst die Zielgruppe und den Aufbau des Buchs sowie die Anforderungen an den Leser und die im Buch verwendeten Konventionen. Danach wird der Entwicklungsprozess ohne und mit Versionsmanagement betrachtet.

1.1 Zielgruppe des Buchs

Zielgruppe dieses Buchs sind einerseits Softwareentwickler, die innerhalb eines Entwicklungsteams mit CVS arbeiten, dieses Werkzeug verstehen und anwenden möchten. Des Weiteren wendet sich das Buch an Projektleiter, die ein Softwareprojekt mit CVS verwalten wollen und dessen Möglichkeiten ausloten und einsetzen möchten. Für beide Zielgruppen soll das Buch weiterhin eine Referenz bei der alltäglichen Arbeit mit CVS sein, indem es alle Befehle des Systems auf der beiliegenden Referenzkarte kurz und im Referenzteil ausführlich beschreibt. Weiterhin werden grundlegende Arbeiten zur Administration von CVS-Servern beschrieben. Das hierzu vermittelte Wissen sollte ausreichen, selbst einen CVS-Server aufzusetzen und zu betreuen. Allerdings kann nicht auf alle Möglichkeiten der CVS-Administration eingegangen werden, da dies den Umfang des Buchs sprengen würde. Zu einigen administrativen Spezialthemen wird daher auf weiterführende Quellen verwiesen.

1.2 Aufbau des Buchs

Das vorliegende Buch gliedert sich in die beiden Teile CVS-Einführung und CVS-Referenz. Der erste Teil mit den Kapiteln 1 bis 9 führt in die Verwendung eines Versionsmanagementsystems im Allgemeinen und CVS im Besonderen ein. Die Referenz im zweiten Teil kann bei entsprechenden Kenntnissen unabhängig von den Kapiteln des ersten Teils verwendet werden. Leser, die es eilig haben mit CVS zu beginnen, aber keine Vorkenntnisse besitzen, können die Kapitel 3, 5 und 6 durcharbeiten und sollten dann bereits zu einem Grundwissen gelangt sein, mit dem sich die meisten Aufgaben des Projektalltags meistern lassen.

Teil 1 Die Kapitel des ersten Teils im Einzelnen:

- In Kapitel 1 wird die Notwendigkeit eines Versionsmanagements beleuchtet.
- Geschichte, Konkurrenten, Client-Programme und das Verhältnis zur Open Source werden in Kapitel 2 vorgestellt.
- Kapitel 3 beschreibt den Entwicklungsprozess mit CVS. Dieses Kapitel ist ein wichtiger Einstieg für Leser, die noch nicht mit CVS gearbeitet haben.
- Kapitel 4 zeigt die Installation der Kommandozeilen-Client-Programme unter Windows und Linux sowie der GUI-Clients WinCvs und gCvs.
- Kapitel 5 zeigt CVS in einer ersten Anwendung und danach eine Beispielsitzung mit zwei Entwicklern.
- Kapitel 6 beschreibt die Prozesse und Vorgänge, die ein Entwickler bei seiner täglichen Arbeit mit CVS üblicherweise durchführt. Es vermittelt das fundierte Basiswissen, das jeder CVS-Entwickler besitzen sollte.
- Kapitel 7 geht auf weiterführende CVS-Themen ein, die spezielle Themenbereiche behandeln und über das einfache Basiswissen hinausgehen.
- Kapitel 8 beschreibt administrative Tätigkeiten, die beim Betrieb eines CVS-Servers zu beachten sind.
- Kapitel 9 führt schließlich die Schwachstellen von CVS auf und beschreibt einen in der Entwicklung befindlichen Nachfolger von CVS – das Versionsmanagementsystem Subversion.

Teil 2 Der zweite Teil mit den Kapiteln 10 bis 12 enthält die CVS-Referenz:

- Kapitel 10 enthält eine alphabetische Referenz aller CVS-Befehle. Zu jedem Befehl werden Beispiele angegeben und alle verfügbaren Optionen erklärt. Zu WinCvs gibt es Abbildungen der jeweils relevanten Eingabedialogfelder.
- Kapitel 11 beschreibt die administrativen Dateien des Repositories und die lokal ausgewerteten Konfigurationsdateien.
- Kapitel 12 führt alle von CVS ausgewerteten Umgebungsvariablen auf.

Der Anhang enthält Glossar, Linkverzeichnis, Symbolverzeichnis, Schnellinstallationsanleitung und ein paar Gedanken speziell für Projektleiter.

Anhang

- Im Anhang A wird das Aufsetzen eines CVS-Servers für Leser beschrieben, die keinen Zugang zu einem CVS-Server besitzen. Administrative Feinheiten werden nicht besprochen, es geht nur darum, CVS möglichst schnell einsetzen zu können. Danach wird die Installation der Beispiele zu diesem Buch beschrieben.
- Anhang B gibt Projektleitern ein paar Gedanken an die Hand, was sie beim Einsatz von CVS beachten sollten.
- Anhang C enthält ein Glossar, das wichtige Begriffe zu den Themen Versionsmanagement und CVS erklärt.
- Anhang D enthält ein Literatur- und Linkverzeichnis. Dies ist auch online unter http://www.cvsbuch.de abrufbar.
- Anhang E erklärt alle Symbole von WinCvs.

1.3 Anforderungen an den Leser

Es wird davon ausgegangen, dass der Leser zumindest grundlegende Erfahrungen in der Softwareentwicklung hat. CVS ist in erster Linie ein Werkzeug für Programmierer, obwohl man es auch zur Verwaltung allgemeiner Textdateien einsetzen kann (beispielsweise für HTML-Seiten oder LaTeX-Dokumente). Die im Buch angegebenen Beispiele verwenden die Programmiersprache Java, wobei die Programmlogik aber überhaut nicht relevant ist. Die Beispiele sollten für jeden verständlich sein, auch wenn er noch nie in Java programmiert hat.

1.4 Konventionen in diesem Buch

In diesem Buch werden folgende typographische Konventionen verwendet:

- Dateinamen und Verzeichnispfade werden **fett** dargestellt, wie beispielsweise **c:\programme\cvs\cvs.exe**.
- Neue Begriffe werden *kursiv* gedruckt, z.B. *Repository*.
- Bezeichnungen von Menüs oder ganze Menüpfade werden fett gedruckt und bei Pfaden durch Punkte getrennt, wie **Datei · Speichern unter...**

- Sourcecode sowie Ein- und Ausgaben in einer Textkonsole (Shell) werden mit nichtproportionaler Schrift dargestellt:

  ```
  cvs update -P TextPrinter.java
  ```

- Umgebungsvariablen und die CVS-Zugriffsverfahren werden in nichtproportionaler Schrift dargestellt: `CVSROOT` und `pserver`.

- CVS-Befehle außerhalb einer Konsole werden **fett** dargestellt: **rannotate**. Wenn ein Wort sowohl einen Befehl (der Befehl **import**) als auch einen Vorgang bezeichnet, so wird der Befehl fett gedruckt; der Vorgang (der Vorgang Import) erscheint jedoch ohne Schriftschnitt und großgeschrieben.

1.5 Wofür Versionsmanagement?

1.5.1 Arbeit ohne Versionsmanagement

Wofür benötigt man überhaupt ein Versionsmanagement? Hierzu sei zunächst ein einzelner Entwickler betrachtet!

Die einfachste Vorgehensweise bei der Programmentwicklung mit einem Entwickler ist Folgende: Der Entwickler speichert alle seine Sourcecode-Dateien in einem Arbeitsverzeichnis. Hier nimmt der Entwickler Änderungen an den Dateien vor und baut das fertige Programm mittels seiner Entwicklungsumgebung zusammen. Um sich gegen den Verlust des Sourcecodes im Falle eines Hardwaredefektes zu schützen, speichert der Entwickler jeden Abend seine Sourcecode-Dateien auf einem zweiten Speichermedium. Die alten Dateien überschreibt er dabei.

Es gibt keine Versionshistorie

Dies ist die wohl einfachste Variante der Softwareentwicklung. Sie könnte lediglich noch durch eine Variante ohne Backup unterboten werden. Allerdings hat die Vorgehensweise dieses Entwicklers einige Nachteile. Der größte Nachteil ist wohl, dass der Entwickler keine Versionshistorie führt. Es sei nun folgender Fall angenommen: Der Entwickler hat mittlerweile Version 2.0 seines Programms fertig gestellt. Plötzlich ruft ein Kunde an, der noch Version 1.0 des Programms verwendet. Der Kunde hat einen schwerwiegenden Fehler gefunden und verlangt Nachbesserung. Unser Entwickler kann dies nicht leisten, denn er hat ja den Sourcecode zur Version 1.0 gar nicht mehr. Stattdessen kann er dem Kunden lediglich anbieten, auf die neue Version 2.0 umzusteigen und den Fehler dort zu beseitigen, falls er in der neuen Version noch vorhanden ist.

Dieses vor Augen, verbessert unser Entwickler seine Strategie. Statt jeden Abend seine alte Sicherungskopie zu überschreiben, sichert er jedes Mal eine neue Version, die das Datum des Tages enthält (beispielsweise **20031223.tgz**). Diese Dateien bewahrt er alle auf externen Sicherungsmedien auf; bei der Herausgabe von neuen Versionen schreibt er zusätzlich eine spezielle Version auf das Medium (beispielsweise **version10.tgz**). Mit diesem Trick hat der Entwickler Zugriff auf tägliche Versionsstände und kann alte Versionen rekonstruieren. Der Entwickler führt eine manuelle Versionshistorie.

Manuelles Versionsmanagement

Diese Arbeitsweise ist sicherlich bei einfachen Ein-Personen-Projekten durchführbar, trägt aber immer noch Nachteile in sich. Kommt es zum oben geschilderten Fehlerfall, so muss unser Entwickler die Version 1.0 aus seinem Archiv holen und dort den Fehler beheben. Diese Version schickt er an seinen Kunden, der damit zufrieden ist. Nun kommt jedoch weitere Arbeit auf ihn zu. Ist der Fehler ebenfalls in Version 2.0 enthalten, so muss er auch dort behoben werden. Der Entwickler muss die gleiche Codestelle in der neuen Version ausfindig machen und dort den Fehler beheben. Im einfachsten Fall lässt sich der veränderte Sourcecode einfach an die entsprechende Stelle kopieren. Am Ende dieses Arbeitstages hat der Entwickler nun zwei Arbeitsverzeichnisse mit zwei veränderten Versionen. Die korrigierte Version 1 und die korrigierte Version 2. Das Benennungsschema des Entwicklers mit dem Datum als Name reicht nun nicht mehr aus; der Entwickler muss sich etwas Besseres ausdenken, wenn er die veränderte Version 1 behalten möchte. Der Entwickler hat eine Verzweigung, in CVS-Terminologie einen *Branch*, in seinem Sourcecode geschaffen. Wie in Abbildung 1.1 zu sehen ist, entwickelt sich der Sourcecode der Versionen 1 und 2 seines Programms in separaten Zweigen weiter.

Fehlerkorrektur erfordert doppelte Arbeit

```
         ...
          │
          ▼
┌───────────────────┐
│ Entwicklungsversion│
└───────────────────┘
          │
          ▼
┌───────────────┐        ┌───────────────────┐
│   Version 1   │───────▶│   Version 1 mit   │
└───────────────┘        │   Fehlerkorrektur │
          │              └───────────────────┘
          ▼                       │
┌───────────────────┐             ▼
│ Entwicklungsversion│    ┌───────────────────┐
└───────────────────┘    │   gegebenenfalls   │
          │              │  weitere Korrekturen│
         ...             └───────────────────┘
          │                       │
          ▼                       ▼
┌───────────────────┐
│ Entwicklungsversion│
└───────────────────┘
          │
          ▼
┌───────────────┐
│   Version 2   │
└───────────────┘
          │
          ▼
┌───────────────────┐
│   Version 2 mit   │
│   Fehlerkorrektur │
└───────────────────┘
          │
          ▼
┌───────────────────┐
│ Entwicklungsversion│
└───────────────────┘
          │
          ▼
         ...
```

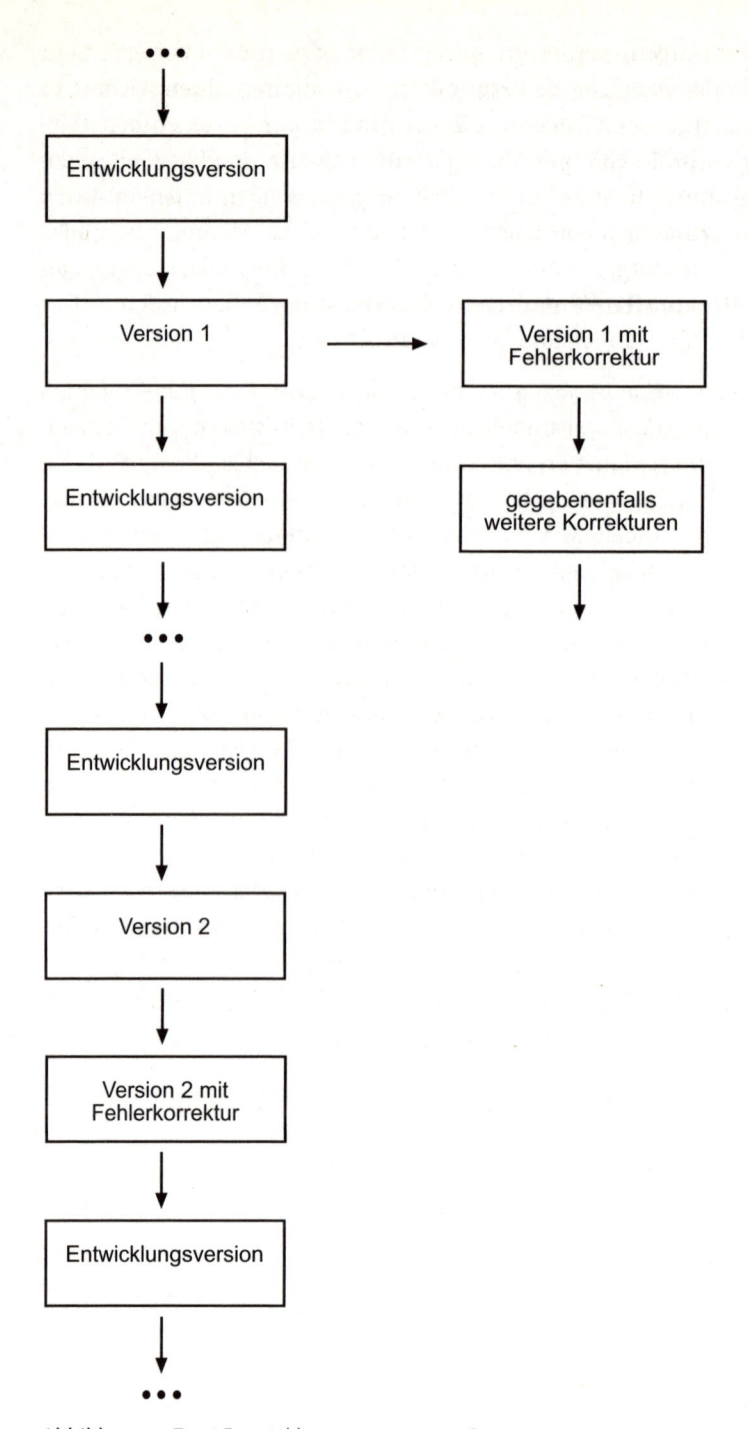

Abbildung 1.1 Zwei Entwicklungszweige eines Programms

Nun sollte es für unseren Entwickler nicht allzu schwer sein, sich ein erweitertes Benennungsschema für seine Versionen auszudenken, so dass er auch dieses Problem in den Griff bekommen wird. Manuelle Versionskontrolle mit nur einem Entwickler ist durchaus machbar. Allerdings müssen Änderungen an mehreren Zweigen in jedem Zweig einzeln durchgeführt werden.

1.5.2 Ein zweiter Entwickler kommt hinzu

Nun sei der Fall betrachtet, dass ein weiterer Entwickler zum Projekt hinzukommt. Wie sorgen nun die beiden Entwickler dafür, dass sie nicht gleichzeitig dieselben Dateien verändern? Entwickler 1 arbeitet beispielsweise am internen Berechnungsmodul, während Entwickler 2 die neue Grafikausgabe programmiert. Daher vereinbaren beide Entwickler, dass Entwickler 1 die Dateien des Berechnungsmoduls »gehören«, während Entwickler 2 die Dateien der Grafikausgabe »gehören«. Da die beiden sehr modular arbeiten, ist diese Aufteilung möglich. Wenn jemand Änderungen an einer Datei machen möchte, die ihm nicht gehört, so muss er zuerst seinen Kollegen fragen, ob er dies tun darf. Von Zeit zu Zeit tauschen beide Entwickler ihre Neuerungen aus.

Dieses Entwicklungsmodell funktioniert, wenn die beiden diszipliniert sind und modular arbeiten. Allerdings zeigt es bereits die Grenzen des manuellen Versionsmanagements. Was passiert, wenn einer der beiden krank wird? Was, wenn ein wichtiger Teil doch mal von beiden bearbeitet werden soll? Die Anforderungen an die Kommunikation und Disziplin der beiden sind hoch, spätestens der dritte Entwickler im Team bringt das Modell zu Fall. Es ist Zeit für den Einsatz eines Versionsmanagementsystems wie CVS.

1.6 Entwickeln mit Versionsmanagement

1.6.1 Erweiterter Entwicklungsprozess mit CVS

Entscheiden sich unsere beiden Entwickler ihren Sourcecode mittels eines Versionsmanagementsystems wie CVS zu verwalten, so ändert sich für die beiden zunächst einiges. Als Erstes muss der Sourcecode des Projektes in das Versionsmanagementsystem überführt werden. Dort wird der Programmcode zentral gespeichert. Bei CVS spricht man dabei vom *Repository*. Das Repository wird üblicherweise zentral auf einem CVS-Server gespeichert, es besteht aus einem Dateibaum, der die Sourcecode-Dateien in allen verfügbaren Versionen plus einiger zusätzlicher Informationen enthält. Die Entwickler greifen von nun an ausschließlich über ein spezielles Programm, den CVS-Client, auf den CVS-Server und das dort abgelegte Repository zu. Mittels des CVS-Clients fordert der Entwickler eine *lokale Arbeitskopie* des zentral gespeicherten Sourcecodes an. Auf dieser lokalen Kopie kann der Entwickler nun wie gewohnt arbeiten. Ein anderer Entwickler kann dies gleichzeitig oder auch zeitlich versetzt genauso tun. Auch er erhält dann eine lokale Kopie des Sourcecodes aus dem Repository. Diese zweite Kopie des Programmcodes aus dem Repository ist nicht notwendigerweise mit der ersten Kopie des ersten Entwicklers identisch. Haben sich in der Zwischenzeit Änderungen am Sourcecode ergeben – beispielsweise durch einen dritten Entwickler – so erhält Entwickler Nummer 2 bereits den neuen, veränderten Sourcecode.

Rückführung ins Repository

Die am weitesten gehende Veränderung für die Entwickler ergibt sich bei der Rückführung ihrer Änderungen in das Repository. Die Rückführung in das Repository erfolgt normalerweise aufgrund von Regeln, die der Projektleiter festlegt. Übliche Regeln setzen beispielsweise voraus, dass der im Repository gespeicherte Sourcecode sich grundsätzlich übersetzen (compilieren) lassen muss und dass das zu entwickelnde Programm so weit lauffähig ist, dass andere Entwickler nicht behindert werden. Sind diese Regeln nach Meinung des Entwicklers erfüllt, so kann er seinen veränderten oder neuen Sourcecode in das Repository zurückführen. Im Normalfall wird der Entwickler vor der Rückführung jedoch einen Abgleich zwischen dem aktuellen Stand des Repositories und seinen veränderten lokalen Sourcecode-Dateien durchführen. Durch diesen Abgleich bekommt der Entwickler alle Änderungen aus dem Repository, die sich seit dem letzten Abgleich oder dem Anfordern der lokalen Arbeitskopie ergeben haben. CVS führt diese Änderungen automatisch mit den Änderungen an der lokalen Arbeitskopie zusammen. Nur in Ausnahmefällen – wenn Repository und lokale Kopie in der gleichen Datei an der gleichen Stelle differieren – muss der Entwickler manuell eingreifen. In diesen Fällen ist zudem meist die Kommunikation mit den entwickelnden Kollegen notwendig. Nach dem Abgleich mit dem Repository und ggf. notwendigen manuellen Korrekturen führt der Entwickler seine Änderungen in das Repository zurück. Sie stehen damit allen anderen Entwicklern zur Verfügung.

1.6.2 Die Änderungen im Einzelnen

Diese neue Arbeitsweise bringt einige Änderungen für die Entwickler mit sich:

- Der Sourcecode wird zentral auf einem Server gespeichert. Damit lässt sich auch ein zentrales Backup realisieren. Der Entwickler selbst muss sich nicht mehr um die Sicherung seiner Sourcen kümmern. Im Falle eines Datenverlustes auf der Entwicklermaschine gehen lediglich die noch nicht in das Repository überführten Änderungen verloren.
- Die Versionsverwaltung wird von CVS übernommen. Der Entwickler braucht sich zunächst keine weiteren Gedanken über das Aufheben alter Versionsstände zu machen. CVS kann den Zustand zu jedem Datum und jeder Uhrzeit rekonstruieren!
- Besondere Versionsstände (»Version 1.0«, »Version 2.0«) werden von CVS als solche gekennzeichnet. Diese Versionsstände lassen sich jederzeit reproduzieren und auf ihnen kann weiter gearbeitet werden.
- Das Thema Code-Distribution, also die Verteilung des Sourcecodes an die Entwickler, wird von CVS übernommen, indem von CVS über den CVS-Client eine lokale Arbeitskopie angefordert wird. Es sind keine Datei-Server oder Ähnliches zum Verteilen von Sourcecode notwendig. Dies funktioniert auch hervorragend über das Internet und eignet sich damit ideal für Open Source-Projekte!
- Die Zusammenführung der Änderungen verschiedener Entwickler wird weitgehend von CVS übernommen. Nur in Ausnahmefällen muss hier manuell nachgebessert werden.
- Codeänderungen können jederzeit rückgängig gemacht werden. Der Entwickler kann zu alten Versionsständen zurückkehren.
- CVS kann Verzweigungen im Sourcecode verwalten. Es ist also möglich, neben der aktuell entwickelten Version alte Versionen weiter zu betreuen und dort Fehlerbereinigungen durchzuführen. Diese Fehlerbereinigungen können in den Hauptzweig zurückgeführt werden.

2 Das Concurrent Versions System

Dieses Kapitel gibt einen kurzen Rückblick auf die Geschichte von CVS, nennt einige andere Versionsmanagementsysteme, führt Client-Programme für CVS auf und beleuchtet, was CVS nicht ist und nicht sein kann.

2.1 Zur Geschichte von CVS

Die Geschichte des Versionsmanagements ist nicht ganz so lang wie die Geschichte der Softwareentwicklung. Einerseits waren die ersten Fortran- und Cobol-Programme meist noch von einem einzelnen Entwickler erstellt worden, andererseits konnte man die alten Versionen in Form der Lochkartenstapel aufheben. Zudem war zu Beginn der Computerentwicklung Speicherplatz so teuer, dass sich das Vorhalten mehrerer Versionen eines Programmcodes aus Kostengründen nicht anbot.

Als eines der ersten Systeme zum Versionsmanagement lässt sich heute das von Marc Rochkind entwickelte SCCS (Source Code Control System) ausmachen. Dieses System wurde Anfang der 70er-Jahre bei AT&T entwickelt und brachte schon einige der heute von CVS verwendeten Konzepte mit. Das System konnte bereits mehrere Versionen einer Datei verwalten, allerdings war es nur für einen einzelnen Entwickler gedacht. Es gibt auch heute noch ein GNU-Replacement für SCCS (siehe Anhang D), das System wird aber kaum noch verwendet. — SCCS

Etwa 10 Jahre später, 1985, baute Walter Tichy von der Purdue University das RCS (Revision Control System) auf der Basis von SCCS auf. RCS behandelte erstmals das Problem der Zusammenarbeit mehrerer Softwareentwickler. Allerdings verwendet RCS einen Ansatz, der es nur einem Entwickler zur Zeit erlaubt, eine bestimmte Programmcodedatei zu verändern; die Datei wird für alle anderen Entwickler zum Schreiben gesperrt (Locking). RCS wird heute noch manchmal zum Versionsmanagement verwendet, in der Regel gibt man allerdings modernen Systemen wie CVS den Vorzug. — RCS

Bereits ein Jahr später, 1986, wird die Entwicklung von CVS angestoßen. In einer ersten Version bestand CVS aus einer Reihe von Unix-Shell-Skripten, die 1986 von Dick Grune im Usenet verteilt wurden. Im Jahre 1989 wurde CVS dann von Jeff Polk und Brian Berliner in C neu geschrieben. — CVS

CVS basiert auf RCS, verwendet allerdings einen anderen Ansatz bei der Zusammenarbeit mehrerer Entwickler. Bei CVS besitzt jeder Entwickler seine eigene Arbeitskopie einer Datei. Hier nimmt er alle Änderungen vor; die Versionsstände verschiedener Entwickler werden später von CVS zusammengeführt. Weiterhin führt CVS das Konzept der Module ein und betrachtet nicht nur einzelne Dateien.

2.2 CVS im Kontext anderer Versionsmanagementsysteme

Kein beherrschendes System

Wie aus der Geschichte von CVS deutlich wird, ist CVS nicht das einzige Versionsmanagementsystem. Neben CVS gibt es eine ganze Reihe freier und kommerzieller Systeme. Interessanterweise hat im kommerziellen Bereich kein einziges Werkzeug eine herausragende Stellung erreichen können. Es gibt eine ganze Reihe verschiedener Anbieter und Werkzeuge, die unterschiedlich eingesetzt werden.

- Die bereits genannten Systeme SCCS und RCS gehören eher zu den »Klassikern« des Versionsmanagements. SCCS sollte nicht mehr eingesetzt werden und auch RCS ist kein modernes System und hat das Problem des File-Lockings.

- Neben CVS ist im Open Source-Bereich sicherlich das in der Entstehung befindliche Versionsmanagementsystem Subversion am interessantesten. Dieses System steht noch relativ am Anfang der Entwicklung, stellt sich aber als potenzieller Nachfolger von CVS dar (siehe Kapitel 9).

- Wer im Microsoft-Umfeld Software entwickelt, der wird früher oder später auf den Visual Source Safe (VSS) stoßen, das Versionsmanagementsystem von Microsoft. Der größte Vorteil dieses Systems ist sicherlich die optimale Integration in die Entwicklungsumgebungen des Herstellers.

- ClearCase von Rational ist ein »großes«, teures, kommerzielles Versionsmanagementsystem. ClearCase ist ressourcenhungrig und benötigt einen großen Server. Wer es üppig braucht, ist hier richtig. Für die meisten anderen ist der Aufwand jedoch nicht unbedingt angemessen.

- Perforce ist ein kleines kommerzielles Versionsmanagementsystem, das CVS in vielen Punkten ähnelt. Allerdings bügelt es einige Schwächen von CVS aus und ist unter dem Strich schneller.

▶ BitKeeper ist ebenfalls ein kleiner, schneller und kommerzieller CVS-Ersatz. Interssanterweise wird der Linux-Kernel seit Version 2.5 unter BitKeeper entwickelt. Damit ist der Linux-Kernel eines der ganz wenigen Open Source Projekte, das nicht CVS verwendet.

2.3 Clients für CVS

CVS ist – mit Ausnahme der Zugriffsvariante local – ein Client-Server-System. Auf einem speziellen Server im Netzwerk befindet sich der CVS-Server, auf den alle CVS-Benutzer mit ihren Client-Programmen zugreifen. Der Standard-Client für CVS ist eine Kommandozeilen-Applikation, die auch in diesem Buch beschrieben wird. Daneben haben sich eine ganze Reihe von grafischen Werkzeugen entwickelt, die ebenfalls zum Zugriff auf einen CVS-Server verwendet werden können. Einige von diesen sog. GUI-Clients sollen hier kurz vorgestellt werden.

2.3.1 WinCvs

WinCvs ist der wohl am meisten genutzte CVS-Client auf der Windows-Plattform. WinCvs stellt sich dem Benutzer als Fenster mit dreigeteilter Ansicht dar. Links oben zeigt der Modul-Browser Module und Verzeichnisse an. Rechts daneben werden entweder die Dateien eines Verzeichnisses dargestellt oder das grafische Log einer oder mehrerer Dateien. Unten befindet sich das Ausgabefenster, das auch als Shell zur Eingabe von Befehlen verwendet werden kann.

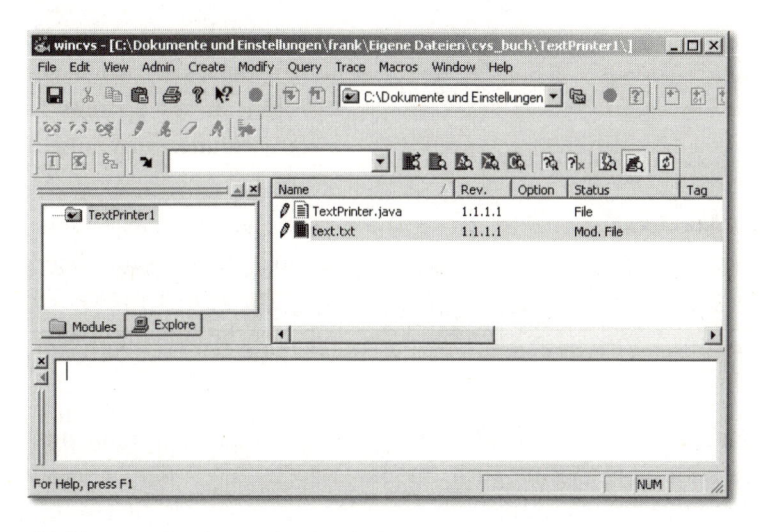

Abbildung 2.1 Die dreigeteilte Ansicht von WinCvs

WinCvs wird im Rahmen dieses Buchs ausführlich vorgestellt werden.

2.3.2 gCvs

gCvs ist das Gegenstück zu WinCvs auf Linux und anderen Unix-Plattformen. gCvs teilt sich – wie auch das unten aufgeführte MacCvsX – einen Teil der Implementierung mit WinCvs. Die Benutzeroberfläche ist jedoch für jedes Programm separat mit einer jeweils plattformspezifischen Klassenbibliothek implementiert worden. Die von den drei Programmen verwendeten Symbole sind in ihrer Bedeutung immer gleich. gCvs hat bisher noch nicht den vollständigen Funktionsumfang von WinCvs erreicht.

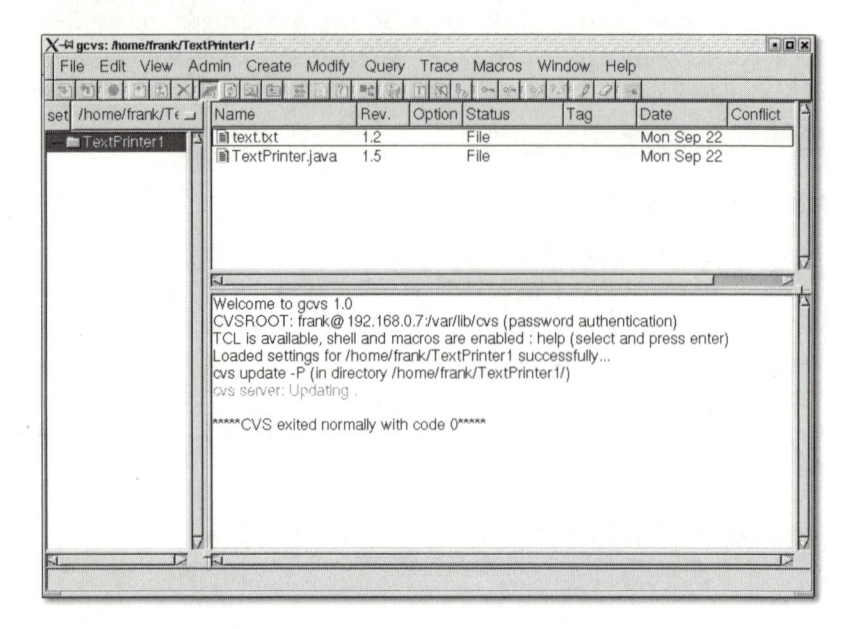

Abbildung 2.2 gCvs in der Version 1.0

2.3.3 MacCvsX

MacCvsX ist ein grafischer CVS-Client für die Apple-Plattform. MacCvsX ist ähnlich wie WinCvs und gCvs aufgebaut. Es verwendet eine Mac-spezifische Klassenbibliothek zur Darstellung seiner Oberfläche, weshalb das »Look & Feel« etwas anders ist.

Erst seit MacOS X ist auch auf dem Apple der Einsatz der Kommandozeilenversion von CVS möglich, da das Mac-Betriebssystem nun auf Unix basiert. Vorher war man auf dem Mac immer auf eigene GUI-Clients wie MacCvs (ohne »X«) angewiesen.

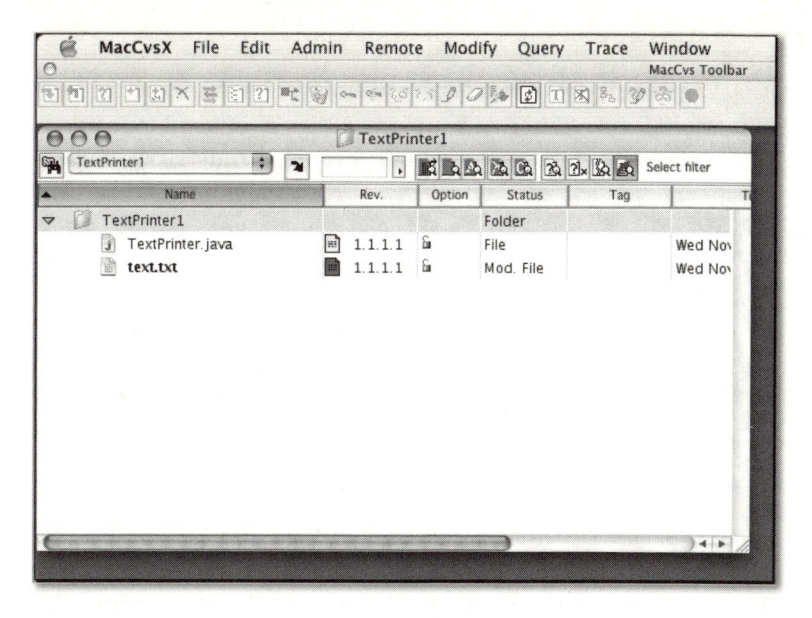

Abbildung 2.3 MacCvsX mit der Aqua-Oberfläche

2.3.4 CVL

Während MacCvsX die Portierung eines Clients aus der »alten« Mac-Welt ist (es gab vorher eine Version für MacOS 9 und frühere Versionen), so kommt CVL (Concurrent Versions Librarian) aus der NextStep-/OpenStep-Welt. Das Programm kann in den MacOSX-ProjectBuilder, die Entwicklungsumgebung von MacOS X, integriert werden.

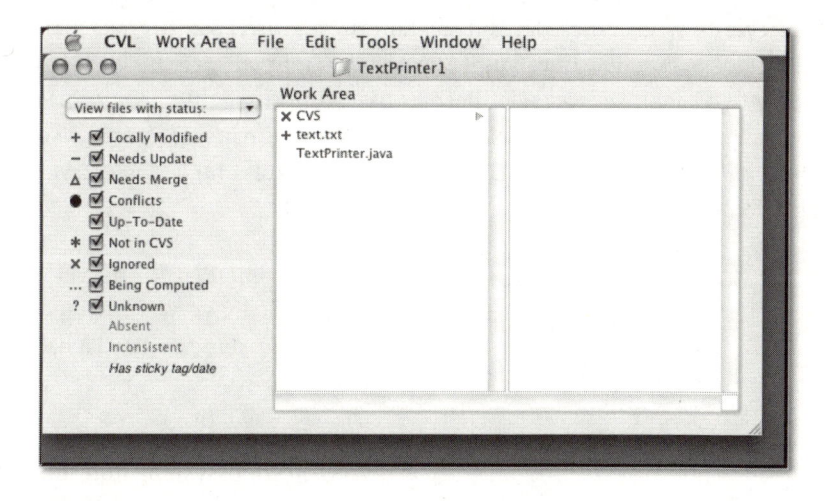

Abbildung 2.4 Concurrent Versions Librarian auf MacOS X

2.3.5 TortoiseCVS

TortoiseCVS ist eine Erweiterung des Windows-Explorers und macht die gängigsten CVS-Funktionen in diesem als Kontextmenü zugänglich. Der Zustand einzelner Dateien wird mit speziellen Icons dargestellt.

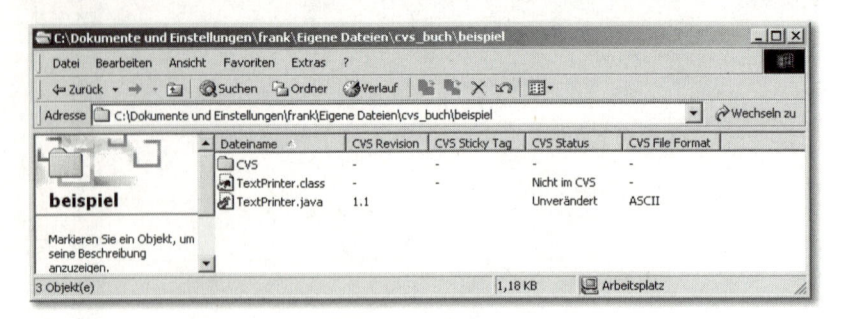

Abbildung 2.5 TortoiseCVS ist eine Erweiterung des Windows-Explorers

TortoiseCVS ist einfach zu bedienen. Man benötigt mit TortoiseCVS kein separates Client-Programm für den Zugriff auf das CVS-System. Für einfache Projektmitglieder kann TortoiseCVS durchaus eine Alternative zu einem CVS-Client-Programm darstellen. Der Projektmanager braucht in jedem Fall zusätzlich ein weiteres Client-Programm, da TortoiseCVS nicht alle Befehle von CVS unterstützt.

2.3.6 Eclipse

Eclipse, ursprünglich eine Java-Entwicklungsumgebung von IBM, ist mittlerweile wohl eines der am vielfältigsten einsetzbaren grafischen Entwicklerwerkzeuge überhaupt. Durch das sehr ausgefeilte Plug-In-Konzept von Eclipse lässt sich diese Entwicklungsumgebung weit über die Programmierung von Java-Anwendungen hinaus einsetzen. So kann man aus der Eclipse-Umgebung direkt auf einen CVS-Server zugreifen.

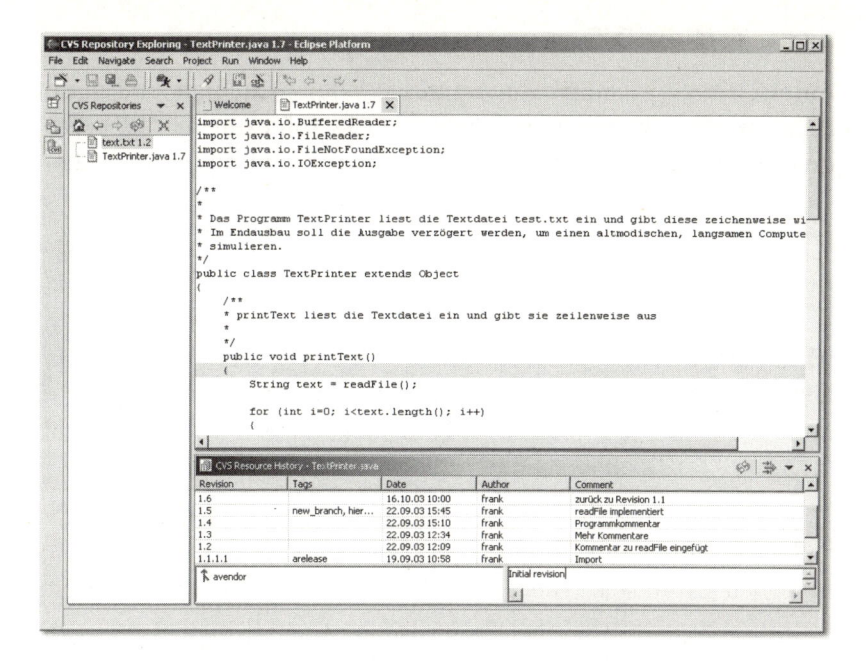

Abbildung 2.6 CVS Repository Exploring Perspective in Eclipse

2.4 Was CVS nicht kann: Abgrenzung zu anderen Entwicklungswerkzeugen

Die Verwaltungseinheit von CVS ist das *Modul*. Ein Modul ist nichts weiter als ein Verzeichnis mit einer Anzahl von Dateien darin und eventuell weiteren Unterverzeichnissen. CVS kümmert sich jedoch nicht um semantische Bezüge der Dateien untereinander, d.h., CVS weiß nichts von Projekten-Dateien oder anderen speziell für den Build-Prozess verwalteten Dateien. Dies ist weiterhin Aufgabe der benutzten Entwicklungsumgebung. Verwendet man beispielsweise Make-Dateien innerhalb eines Softwareprojektes, so müssen diese genauso unter CVS-Kontrolle gestellt werden, wie der Sourcecode selbst. Die Logik zur Verwaltung von Make- oder Projekt-Dateien liegt komplett außerhalb von CVS. Weiterhin besitzt CVS keine Mechanismen zur Qualitätssicherung und Fehlerverwaltung. Hierzu muss man zusätzlich andere Werkzeuge heranziehen.

CVS ist ein reines Werkzeug für Programmierer und Softwareentwickler. Es ist kein Werkzeug für das Management. Nur, wer auch im Projekt Zugriff auf den Sourcecode hat, sollte Zugriff auf CVS haben.

2.5 CVS und Open Source

Mit der bereits genannten Ausnahme des Linux-Kernels und der Datenbank MySQL werden fast alle Open Source-Projekte unter CVS entwickelt. Einerseits entspricht dies dem Gedanken, dass Open Source Entwicklung auch Open Source-Werkzeuge verwenden sollte. Andererseits belegt dies die Reife und die Leistungsfähigkeit von CVS.

Closed Source

CVS ist jedoch nicht auf Open Source-Projekte beschränkt. Zwar kommt das offene Entwicklungsmodell von CVS der Open Source-Entwicklung sehr entgegen, jedoch lässt sich CVS genauso gut für kommerzielle und Closed Source-Entwicklungen verwenden. CVS wird unter der GNU Public License (GPL) herausgegeben, die auch den kommerziellen Einsatz unbeschränkt zulässt.

CVS und Unix

CVS ist anders als viele andere Open Source-Projekte nicht fest mit der Unix-Plattform verknüpft. Zwar werden viele CVS-Server unter Unix betrieben (es gibt auch eine Server-Variante für Windows NT und seine Nachfolger), allerdings ist das Angebot an CVS-Clients bei Windows und MacOS(X) größer, da auf Unix oft noch mit der Kommandozeile gearbeitet wird. Man braucht also nicht zu befürchten, sich durch den Einsatz von CVS auf ein ungewolltes Unix-Abenteuer einlassen zu müssen.

3 Der Entwicklungsprozess mit CVS

Dieses Kapitel stellt zunächst ein paar Gedanken zum Verhältnis zwischen Sourcecode und Entwickler in einem Entwicklerteam vor, betrachtet wahrscheinliche Umstände des ersten Kontakts zwischen Entwickler und CVS und zeigt dann den typischen Entwicklungszyklus mit CVS.

3.1 Modell des kooperativen Entwickelns

Um es vorwegzunehmen: Es kann durchaus sinnvoll sein, CVS als einzelner Entwickler einzusetzen, denn auch ein einzelner Entwickler muss Versionsstände verwalten und hat gegebenenfalls das Problem der Verzweigung in seiner Entwicklungslinie. Doch die Verwendung von CVS nur durch einen Entwickler ist nicht der Normalfall. Meist wird CVS neben der reinen Versionsverwaltung auch zur Distribution und Synchronisation des Sourcecodes mehrerer Entwickler eingesetzt.

Die grundsätzlichen Änderungen, die einen Entwickler bei der Verwendung von CVS betreffen, sind bereits in Kapitel 1 dargestellt worden. Die erste Änderung beim Einsatz eines Versionsmanagementsystems wie CVS sollte jedoch im Kopf des Entwicklers statt finden: Der Sourcecode gehört nicht dem einzelnen Entwickler, sondern dem Team als Ganzen. Er wird nicht vom einzelnen Entwickler erstellt, sondern vom gesamten Team. Der einzelne Entwickler sollte sich von dem Gedanken trennen, dass der von ihm erstellte Sourcecode sein Eigentum ist (rein rechtlich ist er es meist sowieso nicht, da viele angestellte Programmierer die Rechte an von ihnen geschaffener Software per Angestelltenvertrag an ihren Arbeitgeber abtreten).

Sourcecode wird geteilt

Der Entwickler eines Teams arbeitet immer auf einer lokalen Kopie des Sourcecodes, niemals auf der Master-Kopie. Die Master-Kopie wird im Repository des CVS-Servers gespeichert. Weil jeder Entwickler nur eine Kopie erhält, gibt der einzelne Entwickler auch die Kontrolle über den Sourcecode an das CVS-System ab. Er muss sich weder um die Sicherung noch um das Aufbewahren von Versionsständen kümmern.

Arbeit auf Kopien

Der Entwickler muss sich daran gewöhnen, dass CVS auch die Distribution von Sourcecode übernimmt. Es treffen laufend Änderungen anderer Entwickler ein (falls man CVS nicht alleine nutzt) und die eigenen Änderungen werden umgekehrt genauso weiterverteilt. Das kann

Code-Distribution

anfangs etwas ungewohnt sein. Den Zeitpunkt des Abgleichs mit CVS bestimmt der Entwickler allerdings immer noch weitgehend selbst.

3.2 Betrachtungen zum ersten Kontakt

Viele Entwickler haben ihren ersten Kontakt zu CVS innerhalb eines Firmenprojekts, in dem die Zeit knapp bemessen ist. Das Projekt benötigt neue Ressourcen – also mehr Programmierer –, ist sowieso schon hinter dem Zeitplan und allgemein hat niemand der Projektmitglieder die Muße, einen in die Geheimnisse von CVS einzuführen. Oft bekommt der Entwickler vom Projektleiter eine kurze mechanische Einweisung, welche Befehlsfolgen auszuführen sind, um Sourcecode aus und in das CVS-System zu bekommen. Ein echtes Verständnis für das System bildet sich dabei meist nicht heraus, genauso mechanisch wie die Befehlsfolgen erlernt worden sind, werden sie auch ausgeführt. Es bleibt die Unsicherheit, etwas »kaputt zu machen« und das System nicht richtig zu bedienen. Meist macht ein einzelner Entwickler zwar aus Unwissenheit wenig »kaputt«, jedoch kann das Unverständnis des Systems durchaus zu Problemen und Mehrarbeit führen. Deswegen ist es wichtig, vor dem ersten Einsatz von CVS ein grundsätzliches Bild des Systems im Kopf zu haben. Dieses soll helfen, die durchgeführten Operationen und Befehle zu begreifen und in ihren Auswirkungen auf das Repository zu verstehen.

3.3 Der Entwicklungszyklus mit CVS

Arbeitsschritte im Entwicklungsprozess

Genau wie die Softwareentwicklung selbst ein zyklischer Prozess ist (im kleinsten ist das oft der Edit-Compile-Run-Zyklus), so ist auch die Arbeit mit CVS ein zyklischer Prozess. Die Arbeitsschritte in diesem Prozess sind nicht streng vorgegeben, normalerweise folgen sie aber etwa diesem Ablauf:

- Eine Arbeitskopie vom CVS-Server anfordern

oder

- Eine bestehende Arbeitskopie mit dem Repository abgleichen
- Auflösung von aufgetretenen Konflikten

dann

- Entwicklung auf der Arbeitskopie bis eine neue Teilversion erreicht ist

- Übernahme der Änderungen aus der lokalen Arbeitskopie in das Repository

und optional im Fall einer Projektunterbrechung

- Freigabe der lokalen Arbeitskopie

Mit Beginn des zweiten Durchlaufs wird im ersten Schritt normalerweise eine bestehende Arbeitskopie mit dem Repository abgeglichen, statt eine neue lokale Arbeitskopie anzufordern. Abbildung 3.1 zeigt den Entwicklungszyklus.

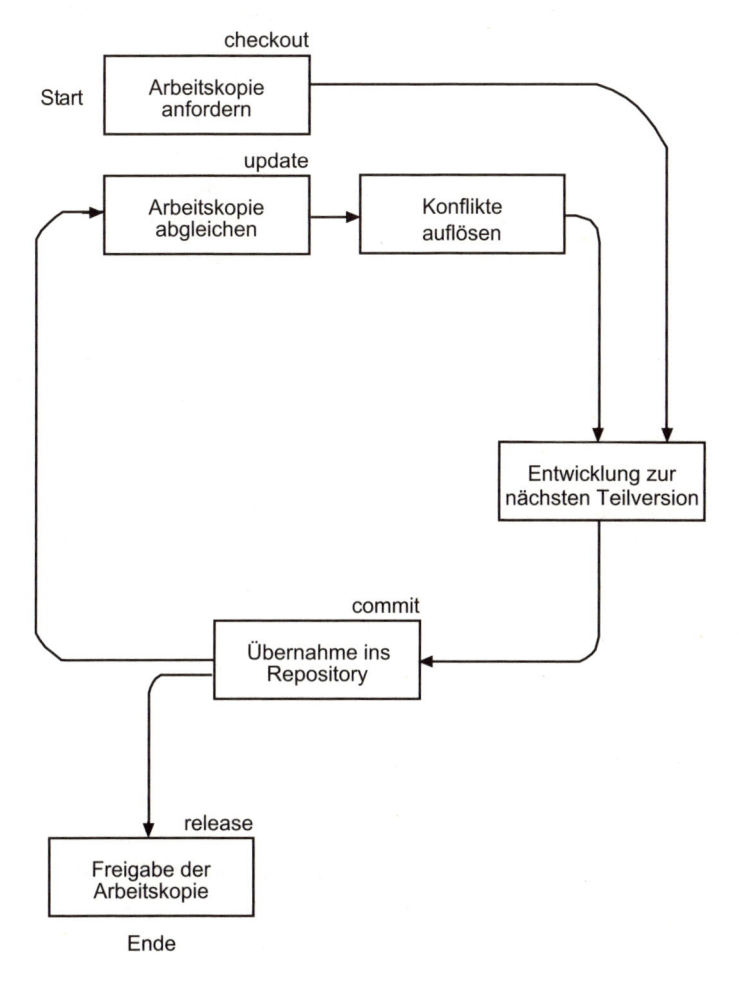

Abbildung 3.1 Der Entwicklungszyklus mit CVS

Die einzelnen Schritte sollen nun im Folgenden detailliert erläutert werden.

3.3.1 Eine Arbeitskopie vom CVS-Server anfordern: Checkout

Es wird immer auf einer Kopie gearbeitet

Der erste Schritt für einen Entwickler, vorausgesetzt es gibt bereits Sourcecode im Repository, ist eine lokale Arbeitskopie des Sourcecodes vom CVS-Server anzufordern. Ein Entwickler arbeitet **immer** auf einer Kopie des Sourcecodes, niemals auf denen im Repository befindlichen Orginaldateien. Die Anforderung von Sourcecode aus dem Repository wird als *Checkout* bezeichnet. Der Checkout liefert einen Baum von Sourcecode-Dateien und Verzeichnissen, die innerhalb des Repositories zu einem Modul zusammengefasst werden. Wie der Sourcecode ins Repository gekommen ist und was zu einem Modul gehört, soll an späterer Stelle beschrieben werden (siehe dazu Kapitel 6). Wichtig ist zunächst einmal nur, dass es Module gibt, die eine Reihe von Verzeichnissen und Dateien enthalten. Beim Checkout fordert der Entwickler eine Kopie aller Verzeichnisse und Dateien eines Moduls an. Wichtig für das Verständnis von CVS ist dabei zu wissen, dass ein Checkout keine Zustandsänderung auf dem Server bewirkt; der CVS-Server führt kein Buch über die Checkouts (der Server trägt das Checkout eventuell in seiner Historie ein, dies ist aber ein reines Protokollieren). Der Entwickler kann also eine Arbeitskopie anfordern, sie löschen und nochmals wieder eine Kopie anfordern. Dem CVS-Server ist es »egal« wie viele Kopien im Umlauf sind, er »weiß« es nicht.

Die Arbeit mit lokalen Kopien bedeutet auch, dass alle Änderungen, die an den lokalen Dateien vorgenommen werden, zunächst für niemand anderes sichtbar werden. Es werden normalerweise auch keine Dateien gesperrt, so dass jeder Entwickler jederzeit alles in seiner lokalen Kopie ändern kann.

3.3.2 Abgleich der Arbeitskopie mit dem CVS: Update

In den meisten Fällen besitzt der Entwickler bereits eine lokale Arbeitskopie. In diesen Fällen wird der Entwickler kein Checkout durchführen, sondern er wird die vorhandene lokale Arbeitskopie mit dem Repository abgleichen. Dieser Abgleich wird als *Update* bezeichnet. Beim Update werden die Änderungen aus dem Repository in die lokale Arbeitskopie übernommen. Es wird ausschließlich die lokale Arbeitskopie verändert, das Repository wird nicht berührt. Auch wird auf dem CVS-Server keine Zustandsänderung durch das Update bewirkt, genau wie ein Checkout ist auch ein Update ohne Auswirkung auf andere Entwickler.

Das Update überträgt alle Änderungen aus dem Repository in die lokale Arbeitskopie. Nicht veränderte Dateien werden übersprungen. Nur im Repository veränderte Dateien und neue Dateien im Repository werden einfach in die lokale Arbeitskopie übernommen, alte Dateien in der lokalen Arbeitskopie werden dabei überschrieben. Ausschließlich in der lokalen Arbeitskopie veränderte Dateien werden bei einem Update nicht angefasst. Sollten sich Änderungen an einer Datei sowohl im Repository als auch in der lokalen Arbeitskopie ergeben haben, so versucht CVS die beiden Dateien zu einer zusammenzuführen. Dieser Vorgang wird als *Merging* bezeichnet.

Beim Merging vergleicht CVS zeilenweise die Datei aus dem Repository mit der Datei aus der lokalen Arbeitskopie und erzeugt daraus eine neue Datei. Haben sich Änderungen an einer Stelle nur in einer der beiden Versionen ergeben, so werden diese in die Ergebnisdatei übernommen. Gibt es dagegen Änderungen an gleicher Stelle in beiden Dateien, so muss CVS aufgeben. Es lässt sich automatisch nicht mehr bestimmen, welche Version korrekt ist. Dieser Vorfall wird als *Konflikt* bezeichnet. Die Tabelle zeigt nochmals alle Fälle, die beim Update einer Datei auftreten können.

Merging

lokale Arbeitskopie	Repository	Aktion	Zustand danach in der lokalen Arbeitskopie
Datei nicht verändert	Datei nicht verändert	Keine Aktion: Überspringen	Nicht modifiziert
Datei verändert	Datei nicht verändert	Keine Aktion	Modifiziert
Datei nicht verändert	Datei verändert	Kopieren oder Patchen (d.h. Änderungen in die Datei hinein kopieren)	Nicht modifiziert
Datei verändert	Datei verändert	Merge	Falls Merge erfolgreich: modifiziert, sonst Konflikt
Datei nicht vorhanden	Neue Datei vorhanden	Kopieren	Nicht modifiziert
Neue Datei vorhanden	Datei nicht vorhanden	Keine Aktion	Datei unbekannt. Muss erst durch den Befehl **add** dem Repository hinzugefügt werden.

Der Entwicklungszyklus mit CVS

3.3.3 Auflösung von aufgetretenen Konflikten

Konfliktmarker — Bei einem Konflikt gibt CVS eine entsprechende Kennzeichnung aus und platziert so genannte *Konfliktmarker* innerhalb der Datei: Es werden beide Versionen in die Datei übernommen und durch deutlich erkennbare Strichlinien voneinander und vom Rest des Sourcecodes abgetrennt. Die Konfliktmarker sind so gewählt, dass sie in allen gängigen Programmiersprachen Fehlermeldungen beim Compilieren oder bei der Ausführung verursachen.

Konflikte auflösen — Sind Konflikte aufgetreten, so müssen diese vom Entwickler in der lokalen Arbeitskopie aufgelöst werden. Meist entscheidet er sich in Absprache mit seinen Entwicklerkollegen für eine der beiden Versionen oder baut ein Gesamtwerk aus den beiden Varianten. Konflikte betreffen nur die lokale Arbeitskopie; auf dem Server selbst gibt es keinen Konflikt.

Konflikte sind selten — Allen CVS-Anfängern sei an dieser Stelle gesagt, dass Konflikte seltener auftreten, als man zunächst vermuten sollte. Schließlich arbeiten die einzelnen Entwickler eines Entwicklerteams meist an unterschiedlichen Teilaspekten und damit auch an unterschiedlichen Stellen im Programmcode. Konflikte deuten daher meist auf mangelnde Absprache unter den Entwicklern hin.

3.3.4 Entwicklung auf der Arbeitskopie bis eine neue Teilversion erreicht ist

Nach dem Checkout oder dem Update tut der Entwickler, was er auch ohne CVS tun würde. Er arbeitet ganz normal mit seiner Entwicklungsumgebung auf den Dateien der lokalen Arbeitskopie. Es findet keine Interaktion mit CVS und damit auch nicht mit anderen Entwicklern statt.

Zeitpunkt der Übernahme ins Repository — Irgendwann erreicht der Entwickler einen Punkt, an dem er meint, dass alle anderen Entwickler seines Teams seine Änderungen übernehmen könnten. Wann dieser Punkt erreicht ist, liegt im Ermessen des Entwicklers selbst. Welchen Zustand die Software zu diesem Zeitpunkt haben sollte, wird meist durch den Projektleiter festgelegt. So sollten sich generell alle Änderungen übersetzen (compilieren) lassen und andere Entwickler sollten in ihrer Arbeit durch die Neuerungen nicht behindert werden. Hat der Entwickler beispielsweise zu Testzwecken die Hauptmenüleiste ausgebaut, so ist dies nicht unbedingt eine Version, die ins CVS übernommen werden sollte, da dann andere Entwickler nicht mehr testen können.

Beim Erreichen einer stabilen Version hat der Entwickler zwei Möglichkeiten: Entweder versucht er seine Änderungen direkt in das CVS zu übernehmen oder er gleicht zunächst seine Änderungen mit dem CVS ab. Schließlich können sich in der Zwischenzeit Änderungen durch andere Entwickler ergeben haben. Die erste Variante sollte nur gewählt werden, wenn die Entwicklungszeit kurz war und die im Repository gehaltene Version sich vermutlich kaum verändert hat. Die zweite Variante ist auf jeden Fall die defensivere Variante, da der Entwickler hier zunächst seine Änderungen mit denen der anderen Entwickler zusammenführt und auch testen kann, bevor er das Gesamtwerk in das Repository überführt. Ob der Entwickler vor der Übernahme seiner Änderungen ins Repository noch ein Update durchführt, wird oft auch von Erfahrungswerten bestimmt. Diese ergeben sich nach einer gewissen Zeit zwangsläufig bei der Arbeit an einem konkreten Projekt und dem Einsatz von CVS.

Zwei mögliche Herangehensweisen

3.3.5 Übernahme der Änderungen aus der lokalen Arbeitskopie in das Repository: Commit

Nun ist der Entwickler so weit, dass er seine Änderungen in das Repository überführen möchte. Bis jetzt hat alles, was er gemacht hat, keinerlei Auswirkungen auf das Repository oder auf andere Entwickler gehabt. Würde er an dieser Stelle seinen Sourcecode einfach löschen, so würde niemand bemerken, dass er überhaupt an der Entwicklung beteiligt war. Erst mit der Übernahme der Änderungen aus der lokalen Kopie in das Repository ändert sich dies, und damit bekommen auch alle anderen Entwickler diese Neuerungen mit ihrem nächsten Update in ihre jeweiligen Arbeitskopien überführt. Die Übernahme aus der lokalen Kopie in das Repository wird als *Commit* oder auch als *Einchecken* bezeichnet. Ein Commit wird normalerweise nur auf Dateien ausgeführt, die in der lokalen Kopie auch tatsächlich verändert worden sind.

Ein Commit kopiert die Änderungen des Entwicklers in das Repository. Für den Fall, dass eine Datei im Repository Änderungen enthält, die vom Entwickler noch nicht übernommen worden sind, verweigert CVS das Commit. Die Zurückweisung des Commits durch CVS darf nicht mit einem Konflikt verwechselt werden. Ein Konflikt kann grundsätzlich nur beim Update auftreten. Die Ablehnung des Commits durch CVS

CVS kann das Einchecken verweigern

erfolgt nur, weil die Revision im Repository neuer ist als in der lokalen Arbeitskopie. CVS kann aber nur ein Commit auf der gleichen Revision durchführen, daher erzwingt es das Update, um die aktuelle Revision aus dem Repository in die lokale Arbeitskopie zu übertragen. Erst dieses Update kann zu einem Konflikt führen, es muss aber nicht! Nach dem Update ist der Entwickler aufgefordert, eventuelle Konflikte zu beseitigen und dann das Commit erneut durchzuführen.

3.3.6 Freigabe der lokale Arbeitskopie

Ein neuer Zyklus

Nach dem Commit kann der Entwickler prinzipiell einfach auf der Arbeitskopie weiterarbeiten. Oft führt ein Entwickler ein Commit zum Abschluss seines Arbeitstages durch, so dass er nach dem Commit Feierabend macht und die Arbeit unterbricht. Am nächsten Arbeitstag führt der Entwickler dann ein Update auf der lokalen Arbeitskopie aus, um die Änderungen zu erhalten, die sich in der Zwischenzeit durch die Arbeit der anderen Entwickler ergeben haben. Damit leitet der Entwickler einen neuen Arbeitszyklus ein.

Release

Eine andere Möglichkeit besteht darin, den Sourcecode explizit freizugeben. Damit ist gemeint, dass der Entwickler eine lokale Arbeitskopie beim CVS-Server abmeldet. Der CVS-Befehl zum Abmelden einer lokalen Arbeitskopie heißt **release**. Allerdings ist das **release**-Kommando nicht wirklich notwendig. Der Befehl überprüft lediglich, ob es noch veränderte Dateien im betrachteten Verzeichnis der lokalen Arbeitskopie gibt, deren Änderungen noch nicht ins Repository übernommen worden sind. Findet der Befehl **release** noch veränderte Dateien vor, so gibt CVS eine Warnmeldung aus. Man kann dieses Verhalten ausnutzen, um zu überprüfen, ob man vergessen hat, Dateien der lokalen Arbeitskopie einzuchecken.

Die Freigabe ist nicht notwendig

Hat man **release** mit der Option –d aufgerufen, so löscht es die lokale Arbeitskopie. Eine Veränderung des Repositories durch **release** findet in keinem Fall statt, weshalb man auf das Kommando auch verzichten kann. Die einzige Spur, den der Aufruf des Befehls **release** hinterlässt, ist ein Eintrag in der History-Datei des CVS-Servers.

3.4 Der Entwicklungszyklus in der Zusammenfassung

Nun soll der Zyklus der Entwicklung mit CVS nochmals zusammengefasst dargestellt werden:

▶ Wenn ein Entwickler mit der Entwicklung an einem bereits bestehenden Projekt beginnt, so besitzt er noch keinen lokalen Sourcecode des Projekts. Dieser ist nur im Repository des CVS-Servers vorhanden. Dieser Zustand ist in Abbildung 3.2 dargestellt.

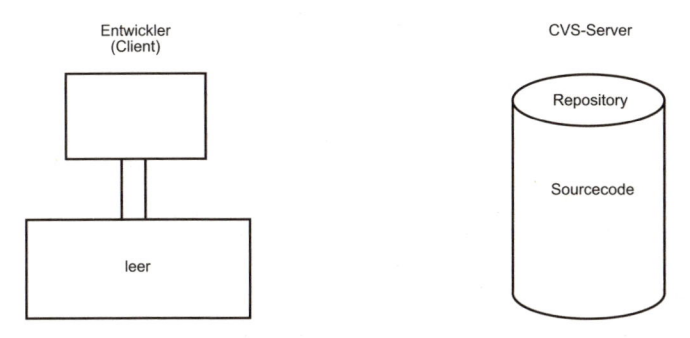

Abbildung 3.2 Entwickler besitzt noch keinen Sourcecode

▶ Um mit der Entwicklung zu beginnen, fordert der Entwickler den Sourcecode vom CVS-Server an. Dazu verwendet er den Befehl **checkout**. Der Sourcecode wird aus dem Repository in das Arbeitsverzeichnis des Entwicklers kopiert, es wird eine lokale Arbeitskopie angelegt. Dieser Vorgang wird nach dem gleichnamigen Befehl als *Checkout* bezeichnet und ist in Abbildung 3.3 zu sehen.

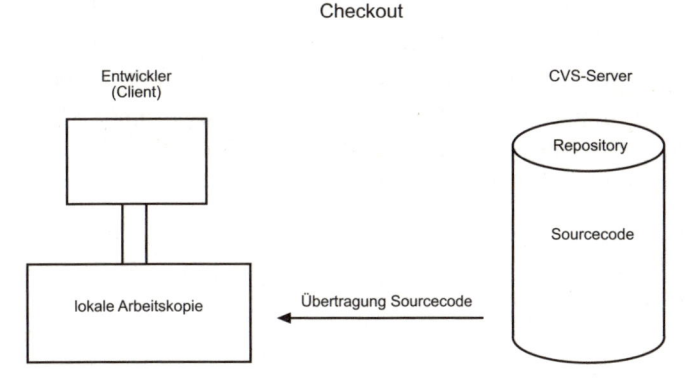

Abbildung 3.3 Entwickler fordert Sourcecode an

▶ In den meisten Fällen besitzt der Entwickler schon eine Kopie des Sourcecodes in Form einer lokalen Arbeitskopie. In diesem Fall führt der Entwickler keinen Checkout durch. Stattdessen wird die bereits vorhandene lokale Arbeitskopie zu Beginn eines neuen Zyklus mit dem Repository abgeglichen. Dazu verwendet der Entwickler den Befehl **update**. Der Vorgang wird – entsprechend dem Namen des Befehls – ebenfalls als Update bezeichnet. Die Änderungen aus dem Repository werden in die lokale Arbeitskopie des Entwicklers kopiert. Der Ablauf ist in Abbildung 3.4 gezeigt.

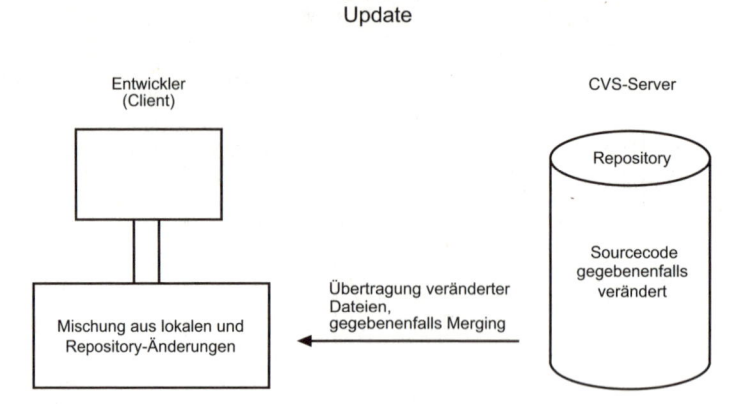

Abbildung 3.4 Abgleich des Repositories mit der lokalen Arbeitskopie

▶ Sind vor dem Update einzelne Dateien sowohl im Repository als auch in der lokalen Arbeitskopie verändert worden, so versucht CVS bei diesen Dateien, sie automatisch zusammenzuführen. CVS führt einen *Merge* auf den Dateien durch. Nun kann es sein, dass dabei Konflikte auftreten. Diese muss der Entwickler manuell in der lokalen Arbeitskopie beseitigen. Danach sollte der Entwickler aus dem Sourcecode eine neue Programmversion erstellen und diese testen. Schließlich können beim Merging oder auch nur beim Update Programmteile verschiedener Entwickler zusammengekommen sein, die von der Programmlogik her nicht miteinander harmonieren und im fertigen Programm Probleme verursachen. Konfliktbeseitigung und Test werden in Abbildung 3.5 gezeigt.

Konfliktbeseitigung und Test

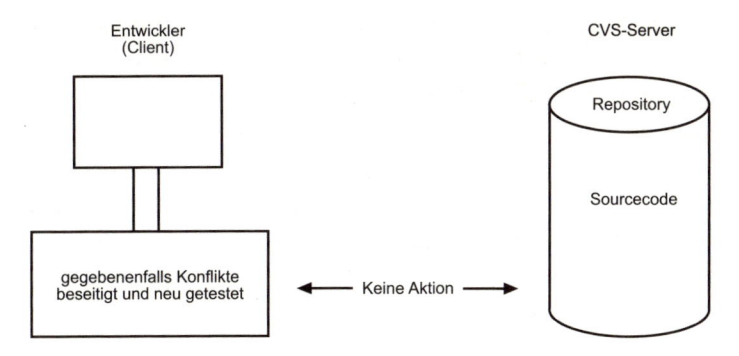

Abbildung 3.5 Konflikte beseitigen und testen

▶ Nun arbeitet der Entwickler auf seiner lokalen Arbeitskopie weiter bis er eine neue stabile Teilversion erreicht hat. Während dieser Zeit findet keine Interaktion mit dem CVS-Server statt. Dies zeigt Abbildung 3.6.

Entwicklung

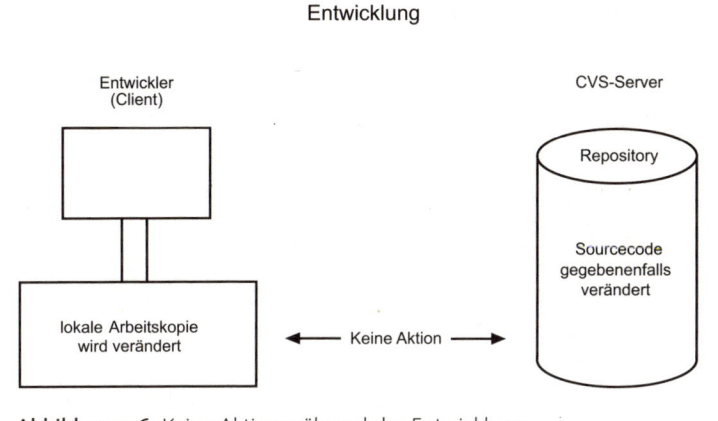

Abbildung 3.6 Keine Aktion während der Entwicklung

▶ Hat die Entwicklung der neuen Teilversion eine gewisse Zeit gebraucht, so kann der Entwickler nun nochmals seine Arbeitskopie mit dem Repository abgleichen (vergleiche Abbildung 3.4). Eventuell dabei auftretende Konflikte muss er beheben (vergleiche Abbildung 3.5). Er kann sich allerdings auch dazu entschließen, gleich zum nächsten Schritt zu gehen und seine Änderungen einzuchecken.

▶ Der Entwickler überführt nun seine Änderungen in das Repository. Dieser Vorgang wird als *Einchecken* oder als *Commit* bezeichnet und ist in Abbildung 3.7 gezeigt. Die Änderungen des Entwicklers werden aus der lokalen Arbeitskopie in das Repository kopiert. Dazu verwendet der Entwickler den Befehl **commit**. Hat der Entwickler zuvor keinen Abgleich mit dem Repository durchgeführt und eine Datei wurde in der lokalen Arbeitskopie und im Repository verändert, so verweigert CVS das Commit. In diesem Fall muss der Entwickler auf jeden Fall den Befehl **update** auf den Dateien durchführen, bevor er diese einchecken kann. Das Update ist notwendig, um die aktuellen Revisionen der betreffenden Dateien in die lokale Arbeitskopie zu übernehmen. Ein Commit wird nämlich von CVS nur auf der jeweils aktuellen Revision akzeptiert. Treten bei diesem Update Konflikte auf, so müssen diese beseitigt werden, bevor das Commit durchgeführt werden kann. Die Konflikte treten folglich immer beim Update in der lokalen Arbeitskopie auf, niemals beim Commit im Repository. Das Commit wird von CVS eben genau dann verweigert, wenn es zu Konflikten kommen *könnte*.

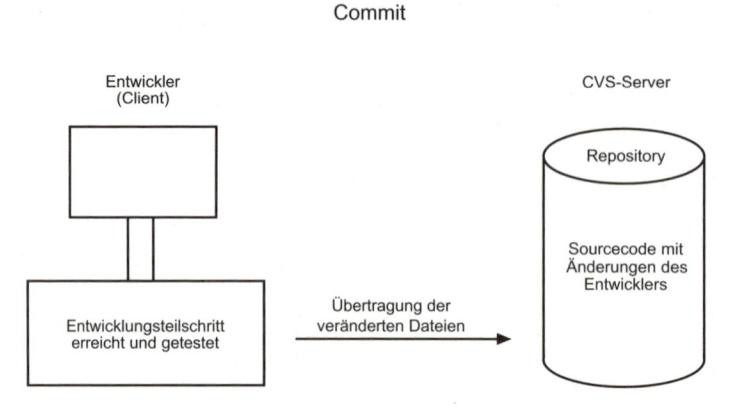

Abbildung 3.7 Änderungen ins Repository übernehmen

▶ Nach dem Einchecken braucht der Entwickler nichts Besonderes zu tun. Er kann optional den Befehl **release** aufrufen, um damit zu überprüfen, ob sich noch veränderte Dateien in der lokalen Arbeitskopie befinden und die lokale Arbeitskopie damit offiziell beim CVS-Server abzumelden. Notwendig ist das allerdings nicht. Den Vorgang zeigt Abbildung 3.8.

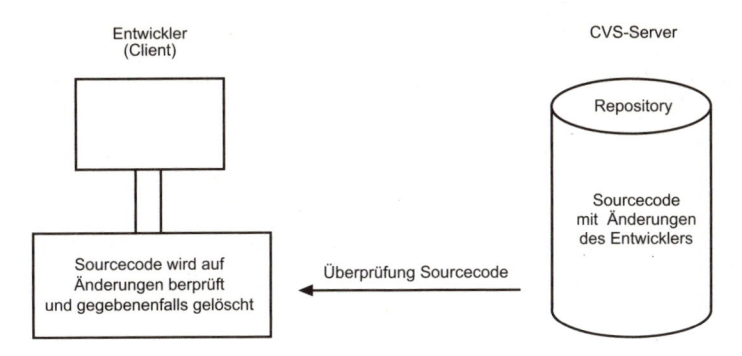

Abbildung 3.8 Freigabe der lokalen Arbeitskopie

3.5 Der Entwicklungszyklus mit mehreren Entwicklern

Innerhalb eines Entwicklungsteams greift jeder Entwickler auf den CVS-Server aus seinem eigenen Entwicklungszyklus heraus zu. Damit laufen mindestens genauso viele Entwicklungszyklen parallel ab, wie es Entwickler im Team gibt (es kann durchaus noch mehr Zyklen geben, wenn beispielsweise zu Testzwecken weitere Arbeitskopien aus dem Repository »gezogen« werden). Welcher Zyklus sich in welchem Zustand befindet, ist nicht bestimmbar, es ist jederzeit jede Kombination von Zuständen denkbar. Es ist weder für den CVS-Server noch für einen einzelnen Entwickler überhaupt feststellbar, wie viele Arbeitskopien und damit Entwicklungszyklen existieren (theoretisch kann man zwar die Log-Datei **history** des Servers auswerten, allerdings ist das nicht besonders praktikabel). Der CVS-Server führt über Arbeitskopien kein Buch. Jeder Zyklus kann jederzeit beendet werden, es können jederzeit neue Zyklen entstehen. Wenn ein Entwickler dies wünscht, kann er auch auf mehreren Arbeitskopien gleichzeitig arbeiten und damit mehrere Zyklen führen.

Daraus lässt sich folgern, dass ein Entwickler jederzeit davon ausgehen muss, dass sich das Repository seit dem letzten Zugriff auf den CVS-Server verändert hat. Der einzige Befehl im normalen Entwicklungszyklus, der das Repository verändert, ist der Befehl **commit**. Alle anderen Befehle verändern zunächst nur die lokale Arbeitskopie oder führen zu gar keiner Veränderung. Somit kann nur **commit** andere Entwickler beeinflussen.

Lokale Arbeitskopien können jederzeit gelöscht werden

Da der Server über lokale Kopien kein Buch führt, können diese jederzeit gefahrlos entsorgt werden. Weder der Server noch andere Entwickler werden davon betroffen.

Synchronisiert werden mehrere Entwicklungszyklen letztendlich durch die Befehle **update** und **commit**. Jeder ist dabei für eine Richtung zuständig. Aus Sicht des Entwicklers führt **update** die eingehende Synchronisation durch und **commit** die ausgehende.

Abbildung 3.9 zeigt einen CVS-Server mit drei Entwicklungszyklen:

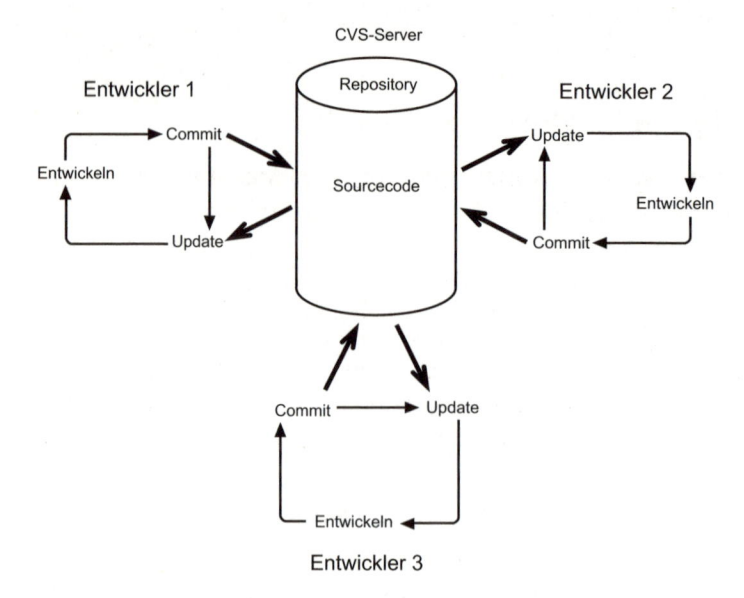

Abbildung 3.9 CVS-Server mit drei Entwicklungszyklen

3.6 CVS und Kommunikation

CVS kann die Kommunikation in einem Entwicklerteam nicht ersetzen. Im Gegenteil: Die Kommunikation der Entwickler untereinander ist unabdingbar! Eine gute Kommunikation und eindeutig verteilte Aufgaben der Entwickler helfen, Konflikte zu vermeiden. Wenn jeder Entwickler ein ungefähres Bild der Aufgaben und Arbeitsgebiete der anderen Entwickler im Kopf hat, so wird er hoffentlich den zuständigen Entwickler fragen, bevor er sich an die Veränderung von Dateien macht, die eigentlich gar nicht in seinem Zuständigkeitsbereich liegen.

CVS kann Kommunikation unterstützen

CVS ist zwar kein System zur Kommunikation der Entwickler untereinander, allerdings kann es die Kommunikation der Entwickler unterstützen. Dazu dient das Konzept des überwachten Arbeitens. Ein Entwickler kann dabei eine Menge von Dateien von CVS beobachten lassen. Welche Dateien der Entwickler beobachten möchte, muss er CVS explizit mitteilen. CVS verschickt eine E-Mail an den Entwickler, sobald eine der beobachteten Dateien von einem anderen Entwickler bearbeitet wird. Allerdings verlangt diese Arbeitsweise die aktive Mitarbeit aller Entwickler. Jeder Entwickler muss nämlich vor der Veränderung einer Datei dem CVS-System mitteilen, dass er diese Datei bearbeiten möchte. Dies ist ein zusätzlicher Arbeitsschritt zu der normalen Arbeitsweise mit CVS. Nur durch diesen weiteren Schritt funktioniert das überwachte Arbeiten, das ausführlich in Abschnitt 7.7 »Überwachtes Arbeiten« beschrieben wird.

3.7 Regeln im Umgang mit CVS

Für die Entwickler eines Teams ist es zur Verwendung von CVS meist sinnvoll, gewisse Regeln aufzustellen, um eine reibungslose Zusammenarbeit zu fördern. Oft werden diese Regeln durch den Projektleiter aufgestellt (siehe Anhang B). Generell sollte der Zustand der ins CVS eingecheckten Sourcecodedateien geregelt sein. So ist es sinnvoll, nur compilierbare Dateien einzuchecken und dafür Sorge zu tragen, dass die Lauffähigkeit des Gesamtsystems gegeben ist.

Ein paar Gedanken sollte sich der Entwickler auch dazu machen, wann und wie oft er Updates vornimmt und wann er seine eigenen Änderungen zurückführt (eincheckt). Häufige Updates halten einen immer auf den neuesten Stand, können bei konzentrierter Entwicklung aber auch stören, da sie zu sofortigen Änderungen zwingen und einen damit aus dem eigentlichen Problem herausreißen können. Zu seltene Updates können viele Konflikte auslösen; schließlich hat sich in der Zwischenzeit viel getan und damit steigt auch die Wahrscheinlichkeit für Konflikte. Auch ein Commit sollte wohl überlegt erfolgen. Meist bietet es sich an, wenn ein Teilproblem vollständig gelöst wurde und wenige Auswirkungen auf den Rest der Entwicklung zu erwarten sind. Idealerweise findet das gesamte Entwicklerteam zu einem gemeinsamen Rhythmus.

Häufigkeit von Updates

3.8 Zusammenfassung

Dieses Kapitel hat das theoretische Basiswissen vermittelt, das ein Entwickler besitzen sollte, wenn er mit CVS arbeiten möchte. Ein besonderer Schwerpunkt ist auf die Beschreibung der grundsätzlich ablaufenden Prozesse und auf die Auswirkungen der Zusammenarbeit mehrerer

Entwickler gelegt worden. Nun ist es an der Zeit, erste praktische Schritte zu unternehmen. Dazu werden in den nächsten beiden Kapiteln zunächst die Installation des notwendigen Client-Programms vorgenommen und danach eine erste Sitzung mit CVS durchgespielt.

4 Installation

Dieses Kapitel beschreibt zunächst die Installation des CVS-Kommandozeilen-Clients unter Windows und unter Linux. Danach werden die grafischen Clients WinCvs unter Windows und gCvs unter Linux installiert. Abschließend werden der Aufbau der Programme und die Verbindungseinstellungen zum CVS-Server beschrieben.

4.1 Installation

Wie schon in Kapitel 2 aufgezeigt wurde, gibt es für CVS eine ganze Palette an Clients, die sich auch je nach verwendetem Betriebssystem unterscheiden. Der »klassische« Zugang zu CVS ist die Kommandozeile; dazu lässt sich auf fast allen Betriebssystemen das entsprechende Client-Programm installieren. Da sich die Bedienung des Kommandozeilen-Clients auf verschiedenen Betriebssystemen kaum unterscheidet, soll zunächst dieser Client installiert werden. Alle CVS-Beispiele in diesem Buch werden auch immer den Kommandozeilen-Befehl aufführen. Die Bezugsquellen für die im Folgenden besprochenen Softwarepakete sind in Anhang D aufgeführt.

4.1.1 CVS-Kommandozeile unter Windows

Wer unter Windows den Kommandozeilen-Client verwenden möchte, muss eine manuelle Installation des Client-Programmes durchführen. Es gibt kein Setup-Programm! Zunächst besorgt man sich den Windows-Client in seiner aktuellen Version als gepacktes Zip-Archiv. Die Datei ist normalerweise nach der CVS-Version benannt, also beispielsweise **cvs-1.11.5.zip**.

Es gibt kein Installationsprogramm

Den Inhalt der Zip-Datei entpackt man in ein zuvor angelegtes Verzeichnis, beispielsweise **C:\Programme\cvs**. Innerhalb des Verzeichnisses sollten sich nun eine ausführbare Datei mit der Erweiterung **exe** und eine Reihe von Textdateien befinden (siehe Abbildung 4.1). Die Textdateien haben leider eine Unix-Zeilentrennung, so dass sie vom Windows-Editor nicht richtig angezeigt werden. Man sollte dazu einen anderen Editor verwenden, wie beispielsweise Ultraedit oder Scintilla, der mit Unix-Dateien umgehen kann. Auch Microsoft Word kann solche Dateien anzeigen. Die ausführbare Datei des CVS-Clients sollte man der Einfachheit halber in **cvs.exe** umbenennen.

Das Archiv entpacken

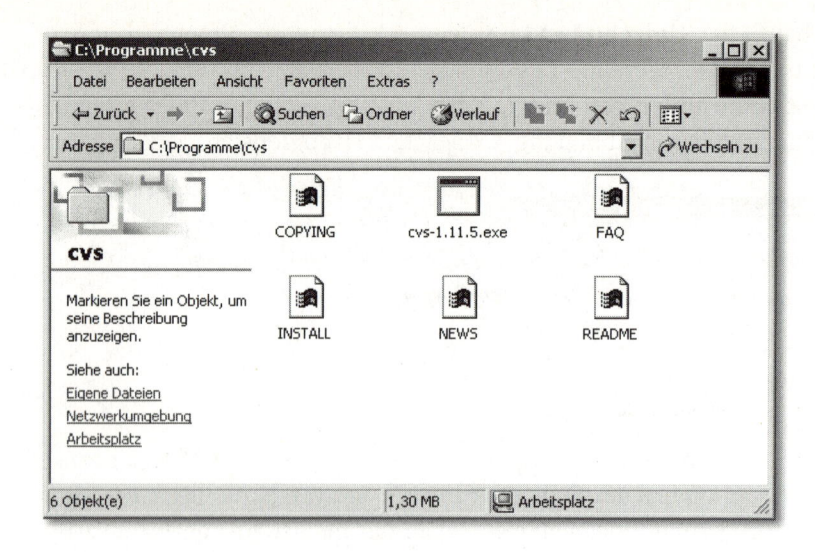

Abbildung 4.1 Im Zip-Archiv enthaltene Dateien

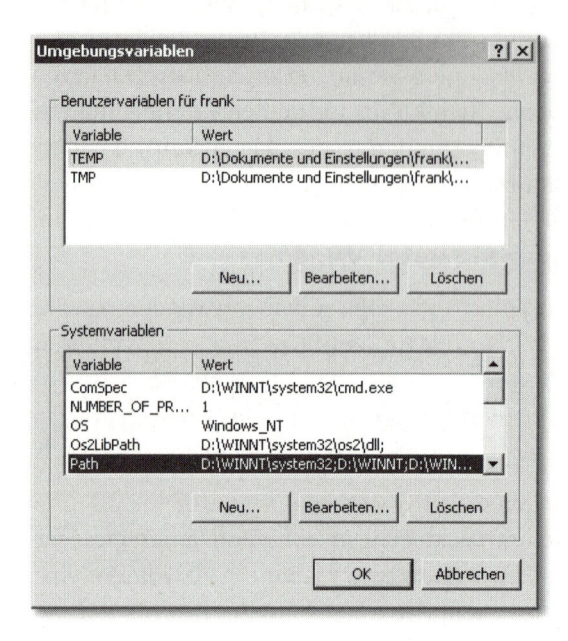

Abbildung 4.2 Änderung der Path-Variablen

Windows-Path-Variable

Theoretisch ist der CVS-Client damit bereits betriebsbereit, zur einfacheren Verwendung sollte man aber noch die Windows-Path-Variable so bearbeiten, dass der CVS-Client aus jedem Verzeichnis gefunden wird. Dazu öffnet man die Systemsteuerung und wählt das Symbol **System** aus. Man wechselt auf den Reiter **Erweitert** und klickt dann die

Schaltfläche **Umgebungsvariablen** an. Daraufhin öffnet sich das in Abbildung 4.2 gezeigte Dialogfenster. Man wählt im unteren Bereich **Systemvariablen** den Eintrag **Path** aus und klickt auf **Bearbeiten**. Es öffnet sich das in Abbildung 4.3 gezeigte Dialogfenster.

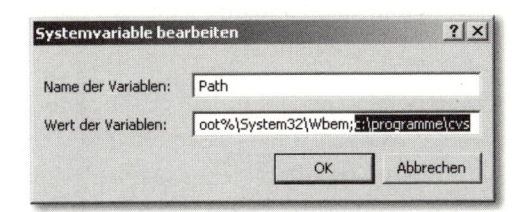

Abbildung 4.3 CVS-Pfad hinzufügen

Nun geht man an das Ende des Eintrags und fügt dort, durch ein Semikolon abgetrennt, das Verzeichnis an, das man zuvor für den CVS-Client angelegt hat. Man sollte beachten, dass man auf Windows NT, Windows 2000 und Windows XP Administratorrechte benötigt, um diese Änderung durchzuführen. Besitzt man keine Administratorrechte, so kann man den Pfad auch für den eigenen Benutzer setzen. Dazu legt man die Benutzervariable Path für den eigenen Benutzernamen an (oberes Feld in Abbildung 4.2, Schaltfläche **Neu**), wenn sie noch nicht vorhanden ist. Man sollte nicht vergessen, an dieser Stelle auf die systemweite Path-Variable zu verweisen, also beispielsweise folgendermaßen:

Eintragung ohne Administratorrechte

`%Path%;c:\programme\cvs`

Auf die gleiche Weise wie der Pfad lässt sich auch die Variable CVSROOT setzen, um dem CVS-Client mitzuteilen, welchen CVS-Server er verwenden soll und wo das Repository liegt. Ist diese Variable nicht gesetzt, so muss man Server und Repository jedes Mal mit der Option -d an den Kommandozeilen-Client übergeben, wenn dieser die CVSROOT nicht aus den lokalen Verwaltungsinformationen bereits ausgecheckter Dateien extrahieren kann. Die Variable CVSROOT könnte beispielsweise so angegeben werden:

CVSROOT

`CVSROOT=:pserver:frank@192.168.0.7:/var/lib/cvs`

Eine detaillierte Erklärung der Zugriffsverfahren auf einen CVS-Server wird in Abschnitt 4.3, »Die Verbindung zum Repository herstellen«, beschrieben.

4.1.2 CVS-Kommandozeile unter Linux

Client = Server

Wer unter Linux (oder auch anderen Unix-Derivaten) per Kommandozeile auf einen CVS-Server zugreifen möchte, der muss genau die gleichen Dateien installieren, wie jemand, der einen eigenen CVS-Server aufsetzen möchte. Die Unix-Version von CVS ist beides zugleich: Client und Server.

Auf Unix ist CVS oft bereits installiert

Oft ist CVS auf einem Unix-System bereits installiert, man sollte probeweise einfach einmal ausprobieren, es aufzurufen, beispielsweise mit `cvs --help`. Ist CVS noch nicht installiert, dann bietet es sich meist an, das passende Paket der eigenen Distribution zu installieren. Solche CVS-Pakete liegen den meisten Distributionen bei. Alternativ lässt sich CVS auch aus den Quellen selbst compilieren und installieren. Man sollte bei der Installation eines distributionsspezifischen Paketes darauf achten, dass das Installationsprogramm nicht auch gleich die Zugriffsmethode `pserver` einrichtet. Dazu wird ein Eintrag in der Datei **inetd.conf** vorgenommen, der Zugriffe auf dem Port 2401 an das CVS-Programm weiterleitet. Wer keinen eigenen CVS-Server betreiben möchte, sollte diese Änderung nicht vornehmen lassen, da der offene Port ein unnötiges Risiko darstellt!

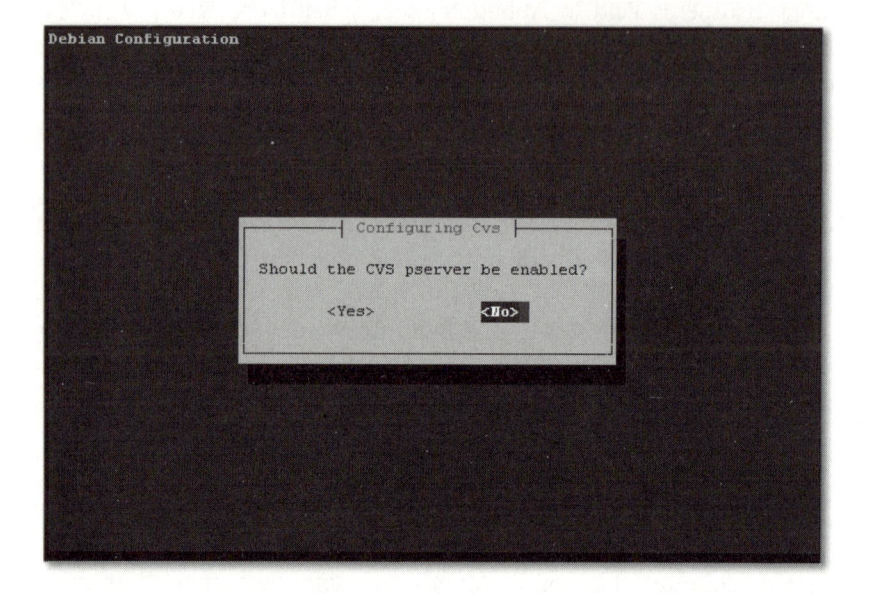

Abbildung 4.4 Zugriffsmethode pserver sollte bei Clients nicht aktiv sein

Debian

Als Beispiel sei hier die Installation des CVS-Paketes der Debian-Distribution genannt. Das Installationsprogramm fragt ausdrücklich nach, ob es die Zugriffsmethode `pserver` einrichten soll (siehe Abbildung 4.4). Diese Frage sollte verneint werden, wenn kein Server eingerichtet werden soll.

4.1.3 Die Installation von WinCvs

WinCvs ist der wohl meistverbreitetste CVS-Client für die Windows-Betriebssysteme. Zu einer vollständigen Installation müssen sowohl WinCvs selbst als auch die Skriptsprachen Python und Tcl installiert werden, da WinCvs einige Funktionen mithilfe dieser Sprachen implementiert. Dabei ist das Python-Paket für WinCvs ab Version 1.3 zwingend notwendig, Tcl ist optional. Anhang D führt die Quellen dieser Softwarepakete auf.

WinCvs benötigt Python

WinCvs wird als Zip-Datei ausgeliefert. Packt man diese aus, so erhält man eine einzelne ausführbare Datei mit dem Namen **setup.exe**. Zur Installation wird diese Datei gestartet. Hat man noch eine ältere Version von WinCvs installiert, so sollte man diese zunächst deinstallieren. Hierzu wählt man in der Systemsteuerung den Punkt Software aus und klickt auf **Ändern/Entfernen**.

Alte Versionen deinstallieren

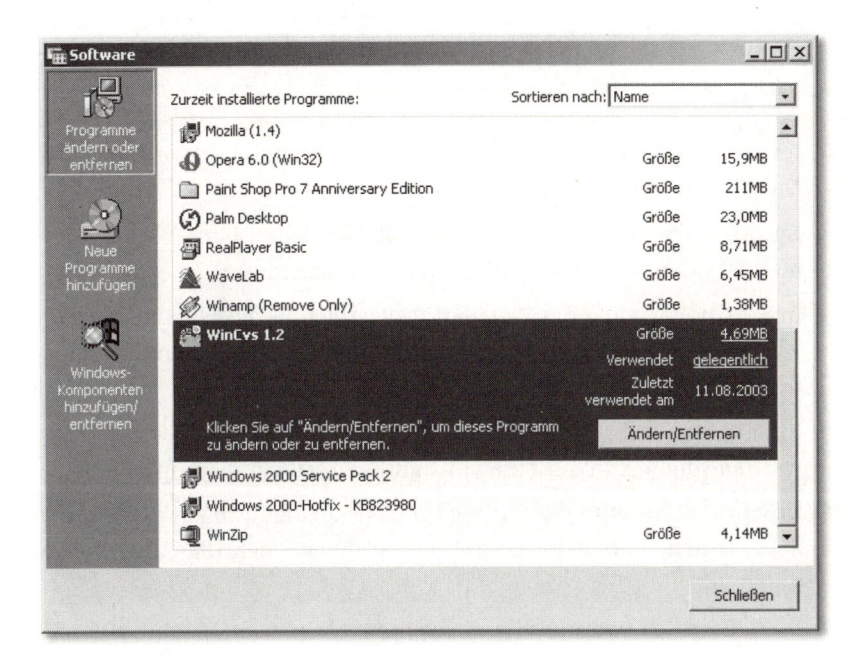

Abbildung 4.5 Eine alte WinCvs-Version deinstallieren

Setup.exe Nach dem Start der Datei **setup.exe** wird man mittels eines typischen Windows-Installationsprogramms durch die einzelnen Schritte der Installation geführt:

1. Im ersten Schritt wird eine Willkommensmeldung angezeigt.

Abbildung 4.6 Das WinCvs-Installationsprogramm

2. Im zweiten Schritt wird die GNU General Public License angezeigt. Diese muss akzeptiert werden.
3. Im dritten Schritt wird eine Liste mit nützlichen Links zu den Themen WinCvs und CVS im Allgemeinen präsentiert.
4. In Schritt vier muss das Installationsverzeichnis ausgewählt werden. Ist das Verzeichnis noch nicht vorhanden, so fragt das Installationsprogramm, ob es das Verzeichnis anlegen soll.
5. Im fünften Schritt werden die Komponenten abgefragt, die installiert werden sollen. Es wird eine vollständige Installation empfohlen.
6. In Schritt sechs wird der Eintrag für das Startmenü abgefragt. Möchte man keinen Eintrag im Startmenü, so klickt man die Auswahlbox unten an.
7. Im siebten Schritt kann man auswählen, ob man ein Symbol auf dem Desktop und in der Schnellstartleiste haben möchte.

8. In Schritt acht wird eine Liste aller ausgewählten Installationsoptionen angezeigt. Klickt man nun auf die Schaltfläche »Install«, so beginnt die Installation.

9. Nachdem alle Dateien installiert worden sind, bietet das Installationsprogramm die Möglichkeit WinCvs sogleich zu starten. Man sollte diese Auswahlbox deaktivieren, da WinCvs ohne die passende Python-Installation nicht richtig funktioniert. Ein Klick auf die Schaltfläche **Finish** beendet die Installation.

Direkt im Anschluss sollte man nun die Skriptsprache Python installieren. Python wird als Windows-Installationsprogramm ausgeliefert. Die Python-Version muss passend zur WinCvs-Version gewählt werden, man siehe hierzu Anhang D. Python wird nur für WinCvs-Versionen ab 1.3 benötigt, ältere WinCvs-Versionen verwenden kein Python.

Python installieren

Um die Installation von Python zu starten, führt man das Installationsprogramm aus. Wie bei WinCvs wird man Windows-typisch in mehreren Schritten durch die Installation geleitet:

1. Im ersten Schritt muss das Installationsverzeichnis ausgewählt werden.

2. In Schritt zwei fragt das Installationsprogramm, ob man Sicherungskopien bestimmter Dateien anfertigen lassen möchte, die während der Installation durch neuere Dateien ersetzt werden. Man sollte diese Frage mit Ja beantworten; eine spätere Deinstallation von Python ist dann weniger problematisch.

3. Im dritten Schritt wählt man die zu installierenden Komponenten aus. Normalerweise werden alle Komponenten installiert. Hinter der Schaltfläche **Advanced Options** verstecken sich einige weitere Einstellungen. Man kann hier wählen, ob Python für alle Benutzer (man braucht dazu Administrationsrechte) oder nur für den aktuellen Benutzer installiert werden soll. Man kann die gängigen Dateierweiterungen für Python registrieren und den Eintrag im Startmenü vornehmen lassen (siehe Abbildung 4.7).

4. Im vierten Schritt wird die Startmenügruppe ausgewählt. Dieser Schritt erscheint nur, wenn der Eintrag **Create Start Menu shortcuts** unter **Advanced Option** ausgewählt wurde.

5. Im fünften Schritt werden nochmals alle ausgewählten Installationsoptionen angezeigt. Mit einem Klick auf die Schaltfläche **Next** startet die Installation.

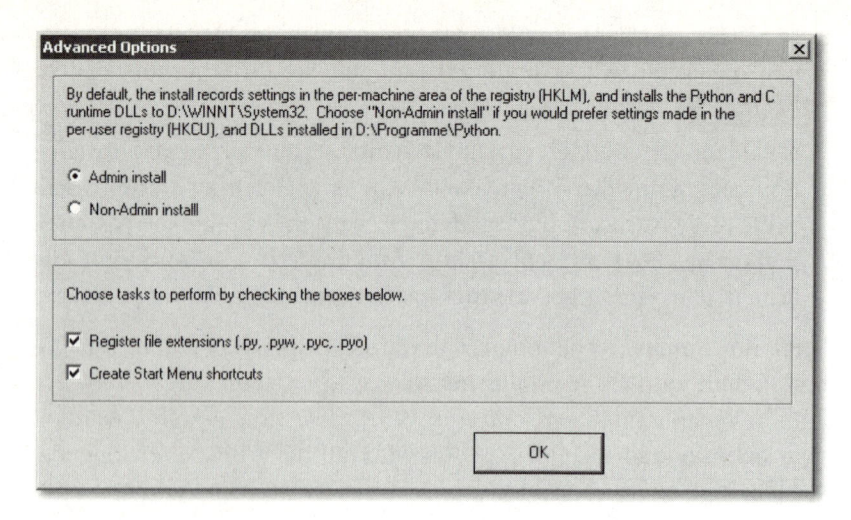

Abbildung 4.7 Erweiterte Optionen im Python-Installationsprogramm

6. Zum Abschluss wird schließlich noch ein **Installation Completed!** angezeigt. Damit ist Python installiert.

Tcl installieren

Nach erfolgreicher Python-Installation kann WinCvs verwendet werden. Allerdings bietet WinCvs auch die Möglichkeit Macros mittels der Scriptsprache Tcl zu erstellen. Möchte man diese Möglichkeit nutzen, so sollte man zusätzlich ActiveTcl installieren:

1. Auch ActiveTcl wird in Form eines Windows-Installationsprogramms ausgeliefert. Im ersten Schritt werden die einzelnen Pakete aufgelistet, die installiert werden.

2. Im zweiten Schritt müssen die Lizenzbedingungen bestätigt werden.

3. In Schritt drei wird festgelegt, ob Tcl nur für den aktuellen Benutzer oder für alle Benutzer installiert werden soll. Im zweiten Fall sind Administratorrechte notwendig. Man kann Dateierweiterungen für Tcl registrieren und den Installationspfad angeben (siehe Abbildung 4.8).

4. Im vierten Schritt muss ein Verzeichnis für die beigefügten Tcl-Demos angegeben werden.

5. Schritt fünf zeigt nochmals die Verzeichnisse für Installation und Demos an. Ein Klick auf die Schaltfläche **Next** startet die Installation. Es werden die während der Installation angelegten Verzeichnisse angezeigt.

6. Zum Abschluss erscheint die Schaltfläche **Finish**.

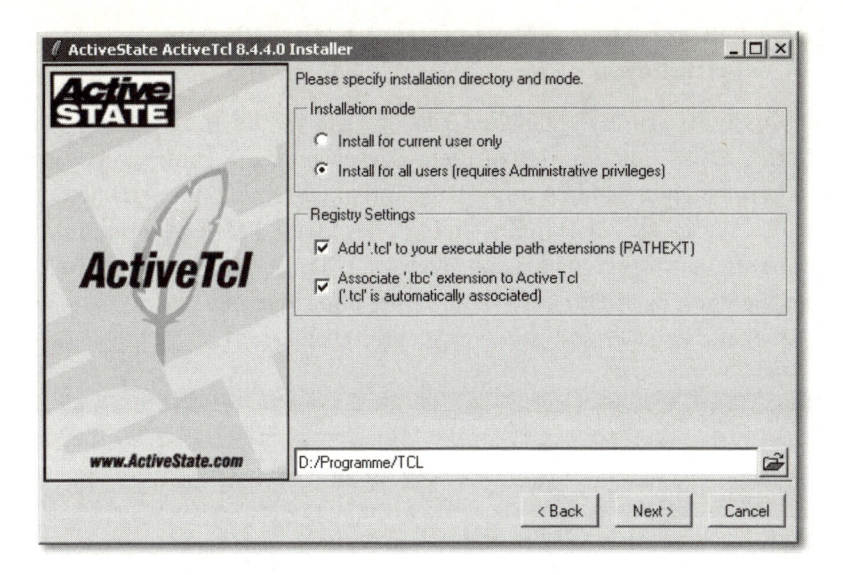

Abbildung 4.8 Optionen im ActiveTcl-Installationsprogramm

4.1.4 Die Installation von gCvs unter Linux

gCvs ist ein GUI-Client für Unix und X-Windows. gCvs lässt sich unter den meisten Unix-Varianten verwenden; fertige Pakete gibt es unter anderem für Solaris, FreeBSD und Linux (siehe Anhang D, CvsGui). Die Pakete sollten über die jeweilige Paketverwaltung des Betriebssystems installiert werden. Da hier fast jedes Unix-System sein eigenes Verwaltungssystem hat, kann an dieser Stelle keine allgemein gültige Beschreibung gegeben werden. Auf einem Debian-Linux beispielsweise kann gCvs durch den Aufruf

gCvs auf Debian-Linux

```
apt-get install gcvs
```

installiert werden.

Wer kein fertiges Paket einsetzen möchte, der installiert gCvs mit dem unter Unix typischen configure, make, make install-Zyklus.

Für gCvs wird das Gimp Toolkit GTK in einer Version >= 1.2 vorausgesetzt. Genau wie WinCvs wird für gCvs eine Tcl-Installation benötigt; Python wird dagegen von der aktuellen gCvs-Version nicht verwendet.

Installation

4.1.5 Ein externes Diff-Programm unter Windows installieren

ExamDiff
WinCvs bietet zum Vergleichen zweier Dateien die Möglichkeit, ein externes Diff-Programm aufzurufen. Dieses zeigt die Unterschiede in den verglichenen Dateien unter Umständen wesentlich übersichtlicher an, als CVS selbst. Für Windows gibt es das kleine Freeware-Programm ExamDiff (zum Download siehe Anhang D), das sich sehr gut zu diesem Zweck eignet. ExamDiff besteht aus einer einzelnen **exe**-Datei, die man beispielsweise im Programme-Verzeichnis abspeichert.

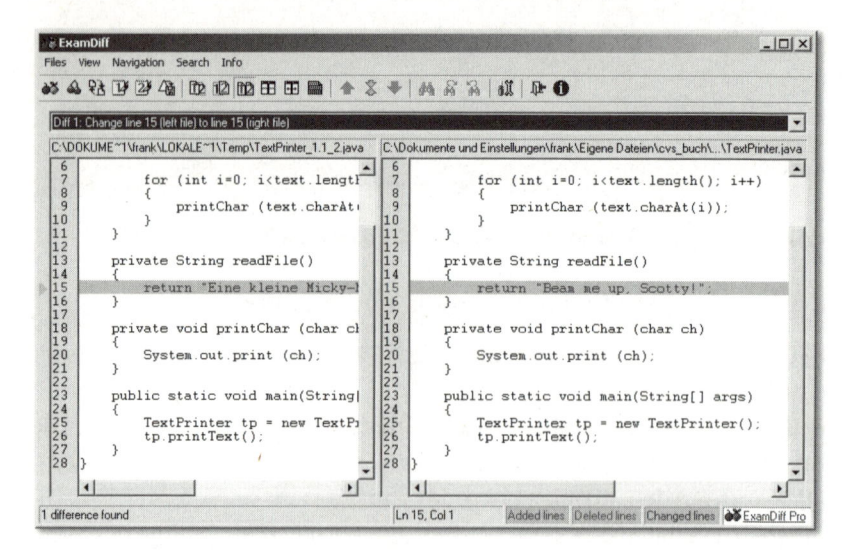

Abbildung 4.9 Das Programm ExamDiff

Damit WinCvs ExamDiff verwendet, stellt man unter **Admin · Preferences** auf dem Reiter WinCvs im unteren Teil des Dialogfeldes bei **External diff programm** den Pfad von ExamDiff ein und setzt den Haken im dazugehörigen Kontrollkästchen (siehe Abbildung 4.10).

Editor setzen
Neben dem externen Diff-Programm kann man im gleichen Dialogfeld auch den Standard-Editor setzen. Ist hier kein Eintrag vorhanden, verwendet WinCvs den Windows-Editor Notepad.

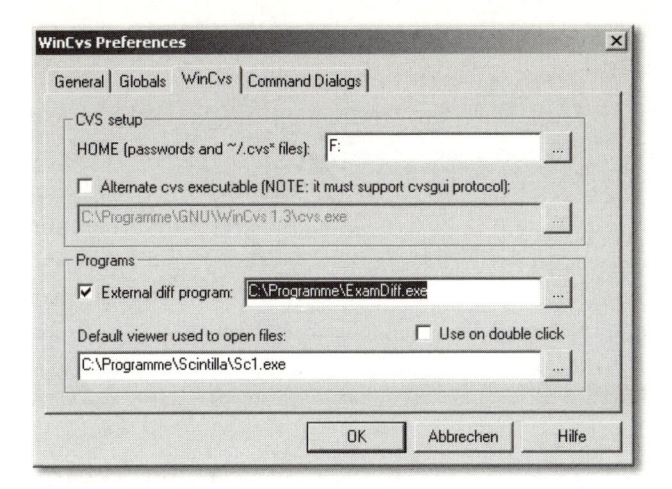

Abbildung 4.10 Externes Diff-Programm in WinCvs einbinden

4.2 Aufbau der Client-Programme

Naturgemäß sind die Bedienungskonzepte der Kommandozeilen-Clients und der GUI-Clients sehr verschieden. Allgemein kann man sagen, dass, wer auch sonst lieber auf der Kommandozeile arbeitet, wahrscheinlich die Kommandozeilen-Clients von CVS bevorzugen wird, während alle anderen lieber mit einem GUI-Client arbeiten. Die Kommandozeilen-Clients haben den Vorteil, dass sie sich auch in Shell-Skripten und Batch-Dateien einsetzen lassen. Allerdings ist die Auswahl an Befehlen und Optionen so groß, dass diese oft nachgeschaut werden müssen, da sie sich nicht alle im Kopf behalten lassen. GUI-Clients können mögliche Befehle, Befehlsoptionen und Zustände einfacher darstellen als die Werkzeuge für die Kommandozeile. Von den gebotenen Funktionen unterscheiden sich beide Ansätze allerdings kaum.

4.2.1 Die Kommandozeilen-Clients

Die Bedienung der Kommandozeilen-Clients auf Windows und Unix unterscheidet sich nicht, daher können beide gemeinsam betrachtet werden. Der CVS-Kommandozeilen-Client ist ein einzelnes Programm; Befehle werden in Form von Parametern an das Programm übergeben. Ruft man das Programm ohne weitere Parameter auf, so gibt es eine einfache Hilfestellung aus.

Die Clients für Unix und Windows sind identisch

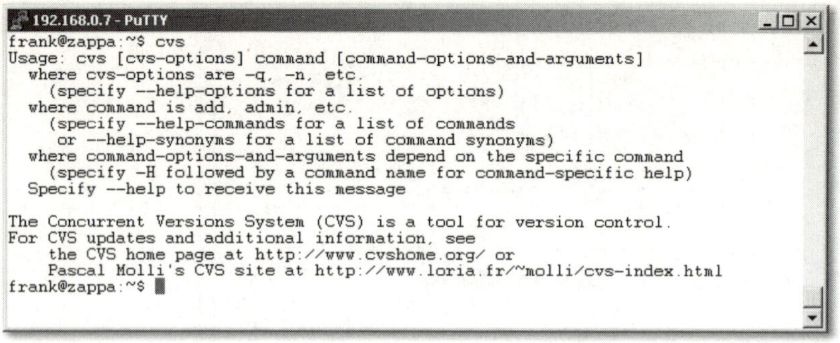

```
 192.168.0.7 - PuTTY                                        _|□|x|
frank@zappa:~$ cvs
Usage: cvs [cvs-options] command [command-options-and-arguments]
    where cvs-options are -q, -n, etc.
        (specify --help-options for a list of options)
    where command is add, admin, etc.
        (specify --help-commands for a list of commands
         or --help-synonyms for a list of command synonyms)
    where command-options-and-arguments depend on the specific command
        (specify -H followed by a command name for command-specific help)
    Specify --help to receive this message

The Concurrent Versions System (CVS) is a tool for version control.
For CVS updates and additional information, see
        the CVS home page at http://www.cvshome.org/ or
        Pascal Molli's CVS site at http://www.loria.fr/~molli/cvs-index.html
frank@zappa:~$
```

Abbildung 4.11 Aufruf von CVS ohne Parameter

Hilfeoptionen Der Befehl `cvs --help-commands` gibt eine Liste der zur Verfügung stehenden Befehle aus, `cvs --help-options` gibt alle befehlsunabhängigen globalen Optionen aus. Für die meisten Befehle gibt es zudem eine Kurzform, diese kann mit `cvs --help-synonyms` abgefragt werden. Ein CVS-Aufruf setzt sich dann folgendermaßen zusammen (in einer Zeile):

```
cvs [Option] Befehl [Befehlsoption]
    [Befehlsparameter] [Dateien]
```

Befehlsaufbau Dabei sind Option, Befehlsoption und Befehlsparameter je nach gewähltem Befehl optional, ein Befehl muss aber – mit Ausnahme der Hilfeoptionen – immer angegeben werden. Beispiele:

```
cvs -d :local:/var/lib/cvs login
cvs checkout editor
cvs update -d
```

Auf Unix-Systemen kann mit `man cvs` eine Manual-Seite zum Thema CVS aufgerufen werden.

4.2.2 WinCvs

Dreigeteilte Ansicht WinCvs ist ein typischer GUI-Client für Windows, der sich weitestgehend mit der Maus bedienen lässt. Beim Start des Programms findet man eine dreigeteilte Ansicht vor, oberhalb davon befinden sich die Menü- und mehrere Symbolleisten. Eine Referenz zu den Symbolleisten von WinCvs ist in Anhang E dieses Buchs abgedruckt.

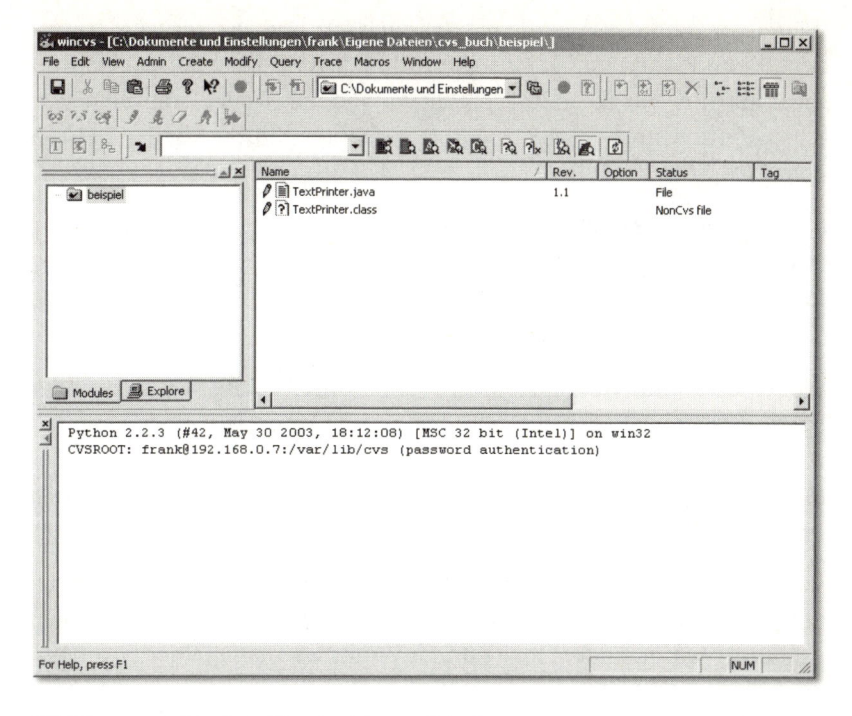

Abbildung 4.12 Die dreiteilige Ansicht von WinCvs

Links oben befindet sich das Workspace-Fenster. Dieses zeigt Verzeichnisse auf den zur Verfügung stehenden Windows-Laufwerken an. Mittels eines Reiters lässt sich zwischen einer Explorer-Ansicht und dem Modul-Browser umschalten. Der Modul-Browser sollte auf das eigene Entwicklungsverzeichnis gesetzt werden. Dies macht man unter **View · Browse Location · Change**.

Workspace-Fenster

Unten befindet sich das Ausgabefenster. Hier gibt WinCvs alle Meldungen aus, die auch der Kommandozeilen-Client ausgibt. Im Gegensatz zum Kommandozeilen-Client sind diese Ausgaben farbcodiert, so dass man beispielsweise Konflikte im Sourcecode schon an der roten Schrift erkennen kann. WinCvs gibt alle Kommandos, die es ausführt, in Form einer normalen CVS-Kommandozeile in diesem Fenster aus. Man kann WinCvs daher auch gut dazu verwenden, um den Umgang mit den Kommandozeilenoptionen zu üben und zu sehen, wie WinCvs seine Einstellungen in Kommandooptionen umsetzt.

Ausgabefenster

Aufbau der Client-Programme

Shell Weiterhin kann das Ausgabefenster auch zur Eingabe verwendet werden. Wenn Python und Tcl installiert sind, lässt sich das Ausgabefenster sogar als Shell für diese Interpreter verwenden. Dabei kann man zwischen Python und Tcl per Menü umschalten (**Edit · Shell · Python** oder **Edit · Shell · Tcl**).

Im restlichen Bereich – normalerweise rechts oben – werden die Dateien zu dem im Workspace ausgewählten Verzeichnis angezeigt. Aber auch eine grafische Ansicht der Versionshistorie kann hier als eigenes Fenster angezeigt werden.

Workspace und Ausgabefenster sind »andockende Fenster« oder Docking Windows, die sich selbst an andere Fenster »kleben« und den verbleibenden Platz zwischen anderen Fenstern und Rahmen einnehmen. Durch einen Doppelklick auf die obere Leiste lassen sie sich »lösen« und als eigenes Fenster darstellen.

Tastenkombinationen und Symbole Viele Kommandos in WinCvs lassen sich durch eine Tastenkombination, einen Menüeintrag oder ein Symbol auslösen. Die notwendigen Parameter werden dabei meist durch Windows-Dialogfelder abgefragt.

4.2.3 gCvs

gCvs bringt die Oberfläche von WinCvs auf Unix-Systeme. Der Aufbau des Programms gleicht dem der Windows-Version und auch die Menüstruktur und die verwendeten Symbole sind dieselben. Durch die unterschiedlichen Frameworks, mit denen die Programme entwickelt worden sind (WinCvs basiert auf den Microsoft Foundation Classes, MFC, gCvs dagegen auf dem Gimp Toolkit, GTK+), ist das »Look & Feel« der beiden nicht immer gleich, die Unterschiede sind aber eher marginal.

gCvs hat noch nicht den Reifegrad und Funktionsumfang von WinCvs erreicht, was an den Versionsständen der Programme (bei Abfassung des Buches hatte WinCvs die Version 1.3b, gCvs war erst bei 1.0 angekommen) abzulesen ist. Es lässt sich dennoch gut mit gCvs arbeiten. Wenn im Folgenden von WinCvs die Rede ist, so gilt das Gesagte meist auch für gCvs. Auf Unterschiede wird gesondert hingewiesen.

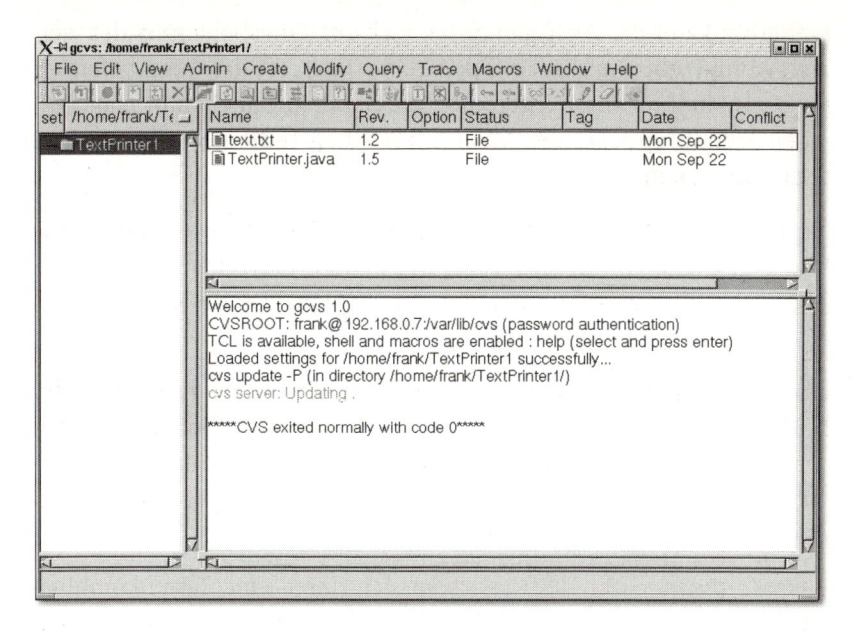

Abbildung 4.13 gCvs unter der KDE-Benutzeroberfläche auf Linux

4.3 Die Verbindung zum Repository herstellen

Hat man das jeweilige Client-Programm installiert, so muss zunächst die Verbindung zum CVS-Server und den dort gespeicherten Daten, dem Repository hergestellt werden. Es müssen – je nach Zugriffsmethode – folgende Daten angegeben werden:

Zugangsdaten

- Zugriffsmethode auf das Repository, wie beispielsweise `local` (lokales Verzeichnis), `ext` (extern) oder `pserver` (Passwort-Server). Die Zugriffsmethode wird normalerweise durch zwei Doppelpunkte abgetrennt, wie beispielsweise `:pserver:`.
- Name oder IP-Adresse des Servers
- Verzeichnis des Repositories
- Benutzername
- Port

Theoretisch kann das Passwort bereits an dieser Stelle angegeben werden, aus Sicherheitsgründen sollte man jedoch davon absehen, da es dann zusammen mit den anderen Informationen lokal in allen Arbeitsverzeichnissen gespeichert wird.

Passwort

Aus allen diesen Informationen wird ein Ausdruck zusammengesetzt, mit dem man dem Client-Programm den Zugriff auf das Repository bekannt gibt. Diese Informationen bekommt man normalerweise vom Systemadministrator oder Projektleiter mitgeteilt. Wer jedoch keinen Zugriff auf einen CVS-Server besitzt, kann sich selbst einen aufsetzen (siehe Anhang A).

Lokales Repository

Der Zugriff auf ein lokales Repository, das sich im Verzeichnis **c:\cvs-data** auf einer Windows-Partition befindet, könnte folgendermaßen angegeben werden:

```
:local:c:/cvsdata
```

Der unter Windows typische Backslash wird dabei durch einen unter Unix üblichen Slash ersetzt. Außerdem darf kein Slash am Ende stehen. Bei dieser Zugriffsmethode müssen weder Benutzername noch Servername angegeben werden, da sich das Repository auf dem gleichen Rechner befindet. Ein Zugriff auf ein Repository mittels der Methode pserver könnte folgendermaßen aussehen:

```
:pserver:frank@192.168.0.7:/var/lib/cvs
```

Repository auf einem Server

Hier wird auf einen Passwort-Server mit der IP-Adresse 192.168.0.7 zugegriffen; das Repository auf diesem Server liegt im Verzeichnis **/var/lib/cvs**. Der Benutzername zum Zugriff ist frank; dies ist im Fall der Zugriffsmethode pserver entweder ein normaler Benutzer-Account auf dem Server oder ein spezieller CVS-Account (siehe Abschnitt 8.3, »Authentifizierung«). Anstatt einer IP-Adresse kann natürlich auch ein Domainname angegeben werden.

4.3.1 Zugriff auf das Repository per Kommandozeile

Die Option –d

Verwendet man den Kommandozeilen-Client unter Windows oder Unix, so kann man dem Client den Zugang zum Repository mittels des Aufrufparameters –d übergeben. So würde der in Abschnitt 4.4 »Beim CVS-Server anmelden« beschriebene Befehl zum Anmelden auf dem CVS-Server folgendermaßen aussehen:

```
cvs -d :pserver:frank@192.168.0.7:/var/lib/cvs login
```

Nun ist es etwas umständlich, bei jedem Zugriff auf den CVS-Server das Repository mit angeben zu müssen. Einerseits speichert CVS in jedem vom Server erhaltenen Ordner eigene Informationen in Form eines Unterordners mit dem Namen **CVS**. In diesem Ordner befindet sich eine Datei **Root**, in der der Zugriff auf das Repository vermerkt wird. Man braucht das Repository also nur angeben, wenn noch keine Dateistruktur vom CVS-Server angefordert worden ist. Das ist nur bei wenigen Befehlen wie **login** oder **checkout** der Fall. Andererseits kann man dem CVS-Client das Repository auch in Form einer Umgebungs-Variablen bekannt machen. Man braucht dann das Repository gar nicht anzugeben. Unter Windows legt man dazu in der Systemsteuerung unter **System · Erweitert · Umgebungsvariablen** eine neue Variable mit dem Namen CVSROOT an. Hier trägt man den Zugriff auf das Repository wie oben beschrieben ein.

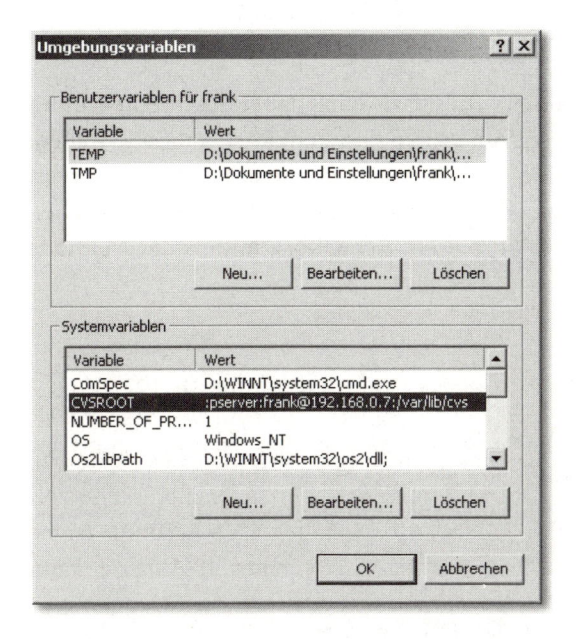

Abbildung 4.14 CVSROOT unter Windows

Auch auf Unix-Systemen kann die Variable CVSROOT gesetzt werden. Für ein Linux-System mit einer bash setzt man beispielsweise in einer Startdatei wie **.bash_profile** oder **.profile**:

CVSROOT setzen

```
CVSROOT=:pserver:frank@192.168.0.7:/var/lib/cvs
export CVSROOT
```

Für eine csh oder tcsh ist es entsprechend:

```
setenv CVSROOT =:pserver:frank@192.168.0.7:/var/lib/cvs
```

4.3.2 Zugriff auf das Repository mit WinCvs und gCvs

Bei WinCvs und gCvs kann das Repository einfach per Dialogfeld angegeben werden. Hierzu wählt man den Menüpunkt **Admin · Preferences** aus oder drückt die Tastenkombination [Strg]-[F1] (WinCvs) bzw.

Strg-F (gCvs). Bei WinCvs erscheint das in Abbildung 4.15 gezeigte Dialogfeld; das Dialogfeld in gCvs ist etwas einfacher aufgebaut.

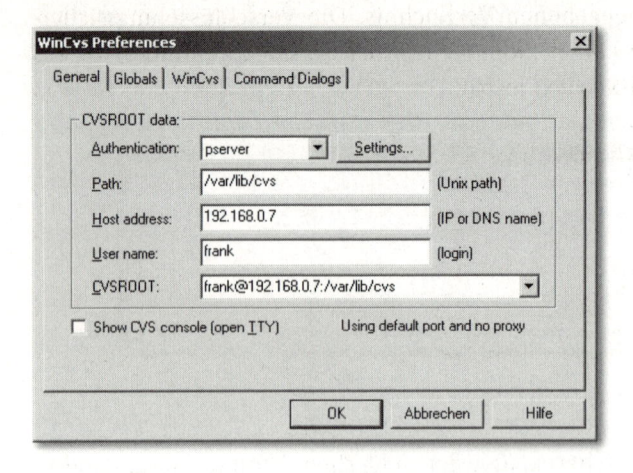

Abbildung 4.15 Zugriff auf das Repository in WinCvs

Zugangsdaten
Die Informationen zum Zugriff auf das Repository werden bei WinCvs einzeln eingegeben. Von oben nach unten sind dies die Zugriffsmethode, das Verzeichnis, die Serveradresse oder der Servername und der Benutzername. Das Feld CVSROOT wird von WinCvs automatisch zusammengesetzt. Bei gCvs muss CVSROOT als Ganzes eingegeben werden.

4.4 Beim CVS-Server anmelden

Verwendet man die Zugriffsmethode pserver, so muss man sich beim CVS-Server authentifizieren. Dazu dient der Befehl **login**.

4.4.1 Login von der Kommandozeile

Um sich beim CVS-Server anzumelden, ruft man das Kommando **login** auf. Hat man die Variable CVSROOT nicht gesetzt, so muss man den Zugang zum Repository mittels der Option -d angeben:

```
cvs -d :pserver:frank@192.168.0.7:/var/lib/cvs login
```

Ist die Variable CVSROOT gesetzt, so reicht es

```
cvs login
```

Die Datei .cvspass
zu tippen. Der CVS-Server fragt daraufhin das Passwort ab, und der Client merkt sich das Passwort in der lokal gespeicherten Datei **.cvspass**. Auf Unix-Systemen wird diese Datei im Home-Verzeichnis des Benut-

zers abgelegt, auf Windows-Systemen im Hauptverzeichnis des Windows-Laufwerks oder dem durch die Umgebungsvariablen HOMEDRIVE und HOMEPATH angegebenen Verzeichnis. Die Verschlüsselungssicherheit genügt dabei keinen hohen Ansprüchen, doch zumindest ist das Passwort nicht im Klartext lesbar.

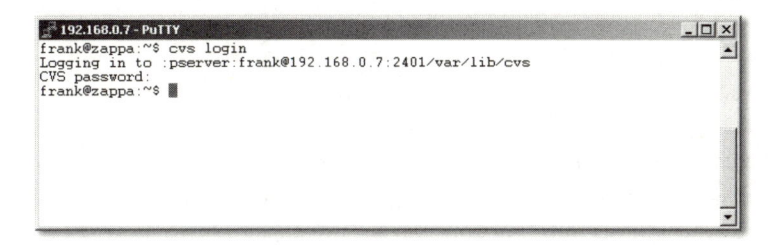

Abbildung 4.16 Anmelden beim CVS-Server

Um das lokal gespeicherte Passwort zu löschen, kann das Kommando

cvs logout

verwendet werden.

4.4.2 Login mit WinCvs und gCvs

In WinCvs und gCvs wird das Login aus dem **Admin**-Menü heraus aufgerufen (**Admin · Login**). Dabei werden normalerweise die in WinCvs eingetragenen Präferenzen für den Repository-Zugang verwendet. Entfernt man jedoch im Login-Dialogfeld das Häkchen bei **Force Using the CVSROOT** (in gCvs nicht vorhanden), dann wird ein eventuell in der Umgebungsvariablen CVSROOT gesetzter Repository-Zugang verwendet. Zur Eingabe des Passwortes erscheint ein kleines Windows-Dialogfeld.

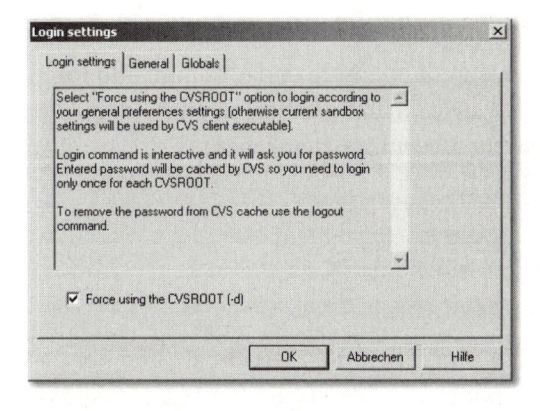

Abbildung 4.17 Login bei WinCvs

Abmelden kann man sich in WinCvs und gCvs aus dem Menü mit **Admin · Logout**.

4.5 Andere Zugriffsverfahren

Kerberos, SSH Neben den bereits genannten Zugriffsverfahren `local` und `pserver` bietet CVS noch eine ganze Reihe anderer Verfahren. So kann der CVS-Zugang beispielsweise mit dem Kryptografieprotokoll Kerberos abgesichert werden. Das gängigste Verfahren neben `pserver` dürfte allerdings der Zugriff per SSH darstellen. Hierbei werden alle Zugriffe auf den CVS-Server durch das SSH-Protokoll getunnelt, das heißt, alle Zugriffe werden verschlüsselt über den SSH-Port übertragen. SSH in der Version 2 gilt als abhörsicher. Um SSH in Verbindung mit CVS zu verwenden, muss auf dem Client ein SSH-Client wie beispielsweise OpenSSH installiert werden. Auf dem CVS-Server muss entsprechend ein SSH-Server installiert werden. Am besten generiert man ein Schlüsselpaar für die Verwendung mit SSH, so dass keine Passworteingaben notwendig sind.

Die genaue Beschreibung aller Zugriffsverfahren würde an dieser Stelle zu weit führen. Sie ist für den Benutzer von CVS auch nicht so wichtig, da das Zugriffsverfahren immer in der gleichen Form beim Client angegeben werden muss. Was genau in das in Abbildung 4.15 gezeigte Dialogfeld eingetragen werden muss, teilt einem normalerweise der für den CVS-Server zuständige Systemadministrator mit.

4.6 Zusammenfassung

Nach den theoretischen Überlegungen zum Entwicklungszyklus mit CVS und der Installation eines CVS-Clients ist es nun an der Zeit, erste praktische Schritte mit CVS durchzuführen. Das nachfolgende Kapitel startet mit einer einfachen Beispielsitzung.

5 Erste Schritte

Dieses Kapitel zeigt zunächst eine einfache Beispielsitzung mit CVS. Danach wird eine weitere Sitzung mit mehreren Entwicklern durchgespielt.

5.1 Ein erster Test

Hat man alle Programme installiert und die Verbindung zum CVS-Server hergestellt, so sollte man einen ersten Test durchführen. Als Grundlage sollen die in Anhang A beschriebenen Beispiele dienen. Möchte man die Befehlsfolgen für diesen ersten Test wie beschrieben ausführen, so muss man die Beispieldatei **TextPrinter1.tgz** bzw. **TextPrinter1.zip** installieren.

Das Beispiel TextPrinter1

Für den ersten Test soll das Modul **TextPrinter1** verwendet werden. Um mit der Entwicklung an diesem Modul beginnen zu können, muss es zunächst in ein lokales Arbeitsverzeichnis ausgecheckt werden. Dazu dient der Befehl **checkout**. Auf der Kommandozeile gibt man dazu ein:

Checkout

```
cvs checkout TextPrinter1
```

Die Dateien aus dem Repository werden dabei in das aktuelle Verzeichnis kopiert, in dem man sich gerade befindet. Bei WinCvs ruft man zum Auschecken den Menüpunkt **Create · Checkout Module** auf. Es erscheint das in Abbildung 5.1 gezeigte Dialogfeld.

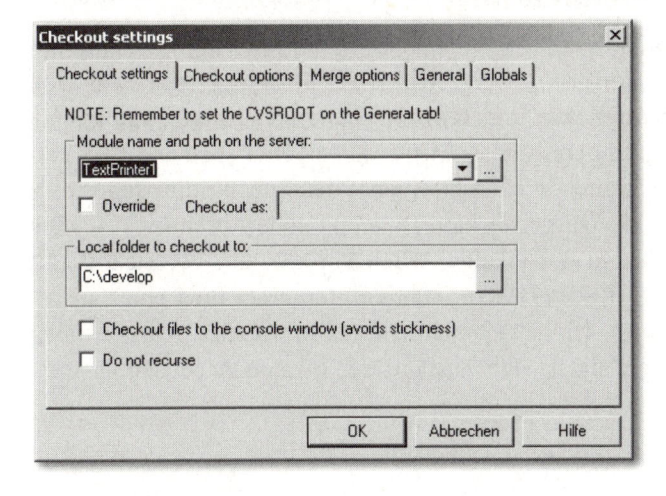

Abbildung 5.1 Checkout-Dialogfeld in WinCvs

Im Gegensatz zum Kommandozeilen-Client muss man bei WinCvs zusätzlich das Verzeichnis angeben, in das ausgecheckt werden soll.

Ausgabe von checkout

Der Befehl **checkout** erzeugt folgende Ausgabe (bei WinCvs wird die Ausgabe im unteren Ausgabefenster angezeigt, bei den Kommandozeilen-Clients wird direkt in die Konsole ausgegeben):

```
cvs checkout -P TextPrinter1 (in directory C:\develop)
cvs server: Updating TextPrinter1
U TextPrinter1/TextPrinter.java
U TextPrinter1/text.txt
```

WinCvs gibt den verwendeten Kommandozeilen-Befehl (WinCvs greift selbst über einen Kommandozeilen-Client auf den CVS-Server zu!) im Shellfenster aus. Die Option –P (sie löscht leere Verzeichnisse) hat WinCvs an den Befehl angehängt. Die Ausgabe der weiteren drei Zeilen ist für WinCvs und die Kommandozeilen-Clients gleich, allerdings wird sie von WinCvs noch farbig aufbereitet.

Bedeutung des Buchstabencodes

In Zeile zwei meldet CVS, dass ein Update auf dem Modul **TextPrinter1** durchgeführt wird. Dies deutet bereits darauf hin, dass der Befehl **checkout** nur als Sonderfall des Befehls **update** betrachtet wird. Danach wird jede ausgecheckte Datei in einer eigenen Zeile ausgegeben. Das »U« vor dem Dateinamen bedeutet Update. Mit diesen Buchstabencodes kennzeichnet CVS die auf der Datei durchgeführte Operation. In WinCvs ist jedem Buchstabencode zusätzlich eine Farbe zugeordnet. So sind Updates immer grün. Nach dem Buchstabencode werden Verzeichnis und Dateiname relativ zum gewählten Arbeitsverzeichnis ausgegeben.

Das ausgecheckte Modul TextPrinter1

Bei diesem Checkout ist das Verzeichnis **TextPrinter1** mit den beiden Dateien **TextPrinter.java** und **text.txt** entstanden. Daneben hat CVS ein Verzeichnis mit dem Namen **CVS** angelegt. Hier speichert CVS Verwaltungsinformationen wie beispielsweise den Zugang zum Repository und die Namen der ausgecheckten Dateien (siehe Abschnitt 7.4, »Die CVS-Verzeichnisse in der lokalen Arbeitskopie«). Ein Verzeichnis mit dem Namen CVS findet sich in jedem Unterverzeichnis eines ausgecheckten Projektes. Diese Verzeichnisse sollten weder gelöscht noch verändert werden, da sie den Zustand der lokalen Arbeitskopie speichern!

Die Datei **text.txt** enthält eine Textzeile:

```
Beam me up, Scotty!
```

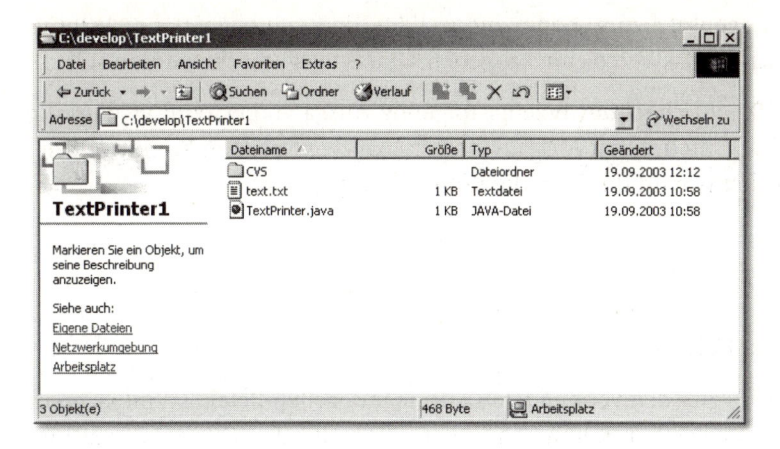

Abbildung 5.2 Das ausgecheckte Modul TextPrinter1

Nun soll die Datei geöffnet und eine weitere Textzeile hinzugefügt werden:

Eine Änderung vornehmen

```
Beam me up, Scotty!
Energize!
```

Nachdem die Änderung gespeichert wurde, färbt WinCvs die Datei rot ein, um deutlich zu machen, dass sich die Datei verändert hat. Hier hat WinCvs eindeutig Vorteile gegenüber den Kommonadozeilen-Clients, da diese Zustandsänderungen nicht so einfach sichtbar machen können. Zusätzlich zur roten Farbe wechselt der Status von »File« auf »Mod. File«, um die Änderung zu dokumentieren.

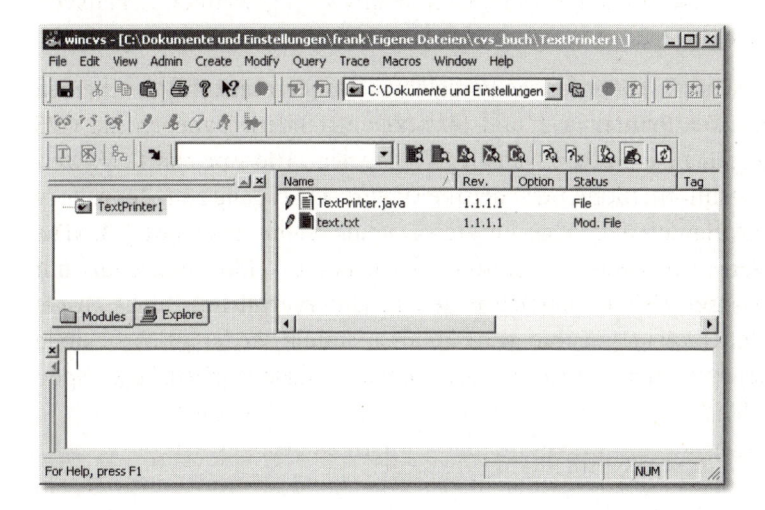

Abbildung 5.3 Modifizierte Datei in WinCvs

Ein erster Test

Ein Update durchführen

Als Nächstes soll nun das Projekt TextPrinter1 mit dem Repository abgeglichen werden, um mögliche Änderungen aus dem Repository zu übernehmen. Da in diesem Beispiel kein anderer Entwickler auf dem Modul arbeitet, wird es zwar keine Änderungen geben, der Fall soll aber trotzdem ausgeführt werden. Auf der Kommandozeile gibt man dazu im Verzeichnis **TextPrinter1** ein:

```
cvs update
```

In WinCvs selektiert man das Verzeichnis **TextPrinter1** und führt den Befehl **Modify · Update Selektion** aus (alternativ [Strg]-[U] oder das kleine Symbol mit dem grünen Pfeil). CVS gibt nun aus:

```
cvs server: Updating .
M text.txt
```

Die Bedeutung des Buchstabencodes

Die erste Zeile bedeutet, dass ein Update auf das aktuelle Verzeichnis erfolgt. Die zweite Zeile gibt mittels des Buchstabencodes »M« – und in WinCvs zusätzlich mit der Farbcodierung Magenta – an, dass die Datei **text.txt** in der lokalen Arbeitskopie verändert worden ist. Das »M« steht für »Modified«, also modifiziert. »M« bedeutet weiterhin, dass **text.txt** im Repository *nicht* verändert worden ist! Da **text.txt** im Repository nicht verändert worden ist, hat der **update**-Befehl auch keine Änderungen in der lokalen Arbeitskopie bewirkt.

Die Änderung einchecken

Als Nächstes soll die an der Datei **text.txt** vorgenommene Änderung ins Repository überführt werden. Dazu wird der Befehl **commit** aufgerufen:

```
cvs commit -m "neue Textzeile" text.txt
```

In WinCvs ist der Befehl Commit über das Menü **Modify · Commit**, die Tastenkombination [Strg]-[M] oder das kleine Symbol mit dem roten Pfeil zu erreichen. Mit der Option –m wird ein Text (Log Message) eingegeben, der die veränderte Version beschreibt. Lässt man diese Option weg, so öffnen die Kommandozeilen-Clients einen Editor, mit dem dann diese Beschreibung eingegeben werden sollte (welcher Editor geöffnet wird, bestimmt eine Umgebungsvariable, siehe hierzu Abschnitt 7.8, »Umgebungsvariablen«). Weglassen kann man diese Beschreibung nicht; man kann sie lediglich leer lassen, was aber keine gute Idee ist. Schließlich weiß man dann später nicht mehr, was sich an der neuen Version gegenüber der vorherigen geändert hat. In WinCvs gibt man die Beschreibung in das Dialogfeld **Commit settings** ein (siehe Abbildung 5.4).

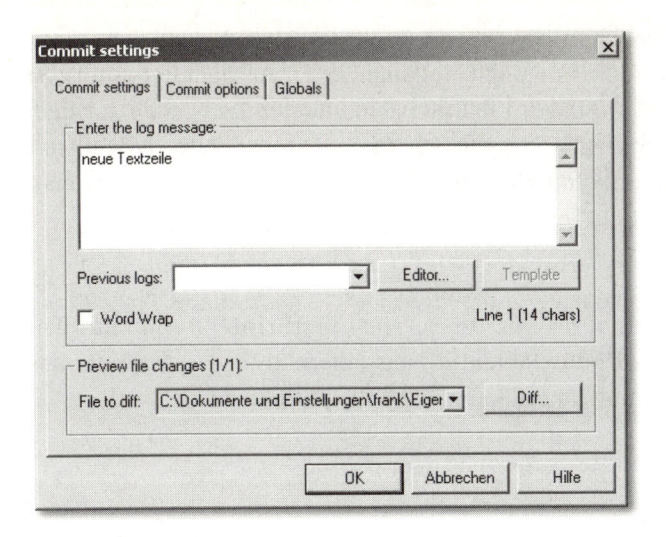

Abbildung 5.4 Log Message in WinCvs

Die Ausführung des Befehls **commit** auf der Datei **text.txt** erzeugt folgende Ausgabe:

Die Ausgabe des Befehls commit

```
Checking in text.txt;
/var/lib/cvs/TextPrinter1/text.txt,v  <--  text.txt
new revision: 1.2; previous revision: 1.1
done
```

Die Ausgabe beschreibt die Übernahme der Änderungen aus der lokalen Arbeitskopie in das Repository. Die bestehende Revision 1.1 der Datei wird durch die neue Revision 1.2 ersetzt (zu Revisionen und Releases siehe Abschnitt 6.1, »Revisionen und Releases«). Damit ist die Übernahme der Änderungen in das Repository abgeschlossen. Die neue Version der Datei steht ab sofort allen anderen Entwicklern zur Verfügung! Nun kann man die lokale Arbeitskopie noch mit dem Kommando **release** freigeben, was normalerweise aber nicht notwendig ist. Damit ist ein erster Entwicklungszyklus auf dem Projekt **TextPrinter1** abgeschlossen!

5.2 Protokoll einer Beispielsitzung

Um das bisher zu CVS gesagte in der Praxis zu sehen, soll nun eine etwas umfangreichere Beispielsitzung mit zwei Entwicklern gezeigt werden. Wer die Beispielsitzung selbst nachvollziehen möchte, kann die verschiedenen Entwickler durch mehrere lokale Arbeitskopien simulieren. Für jeden Entwickler wird eine lokale Arbeitskopie ange-

Ein Beispiel mit zwei Entwicklern

legt; die Änderungen des Entwicklers werden jeweils auf der lokale Arbeitskopie dieses Entwicklers durchgeführt. Lediglich der Benutzername des Entwicklers wird bei dieser Simulation nicht richtig mitgeführt, dazu müsste man sich auch jeweils mit einem anderen Benutzernamen beim CVS-Server anmelden.

Entwickler 1 checkt aus

Als Basis soll wieder das Projekt **TextPrinter1** dienen. Es wird das Projekt in der Form verwendet, wie es nach der Änderung der Datei **text.txt** zurückgelassen wurde. Entwickler 1 checkt dieses Projekt aus:

```
cvs checkout TextPrinter1
```

CVS erzeugt folgende Ausgabe:

```
cvs server: Updating TextPrinter1
U TextPrinter1/TextPrinter.java
U TextPrinter1/text.txt
```

Entwickler 1 ändert und checkt ein

Entwickler 1 fügt nun in **TextPrinter.java** einen neuen Kommentar ein. Da die Änderung kurz nach dem Update erfolgte, verzichtet Entwickler 1 auf ein Update und führt direkt ein Commit auf der veränderten Datei durch:

```
cvs commit -m "Kommentar zu readFile eingefügt"
    TextPrinter.java
```

CVS gibt aus:

```
Checking in TextPrinter.java;
/var/lib/cvs/TextPrinter1/TextPrinter.java,v  <--
    TextPrinter.java
new revision: 1.2; previous revision: 1.1
done
```

Entwickler 2 checkt aus

Damit ist die Änderung von Entwickler 1 in das Repository übernommen worden. Kurz danach entschließt sich Entwickler 2 das Projekt auszuchecken, also seine eigene lokale Arbeitskopie anzufordern:

```
cvs checkout TextPrinter1
```

Entwickler 2 ändert und checkt ein

Entwickler 2 bekommt bereits die Änderungen von Entwickler 1 in seine lokale Arbeitskopie überspielt. Entwickler 2 findet es gut, dass Entwickler 1 mit dem Kommentieren des Projektes begonnen hat und beschließt seinerseits ein paar Kommentare zu schreiben. Die Änderungen in **TextPrinter.java** übernimmt er in das Repository:

```
cvs commit -m "Mehr Kommentare" TextPrinter.java
```

CVS gibt aus:

```
Checking in TextPrinter.java;
/var/lib/cvs/TextPrinter1/TextPrinter.java,v  <--
   TextPrinter.java
new revision: 1.3; previous revision: 1.2
done
```

Die Revisionsnummer ist von CVS also wieder hochgezählt worden, von 1.2 auf 1.3. Mittlerweile entschließt sich Entwickler 1 ein Update auf das Projekt zu machen; er möchte sehen, ob es neue Änderungen des anderen Entwicklers gibt:

Entwickler 1 führt ein Update aus

```
cvs update
```

CVS gibt aus:

```
cvs server: Updating .
U TextPrinter.java
```

Die Ausgabe von CVS bedeutet, dass ein Update auf der Datei **Text-Printer.java** durchgeführt worden ist: Die Datei ist aus dem Repository in die lokale Arbeitskopie von Entwickler 1 kopiert worden. Dies war möglich, da Entwickler 1 seit seinem letzen Commit keine lokalen Änderungen an dieser Datei vorgenommen hat. Nun haben beide Entwickler den gleichen Versionstand, allerdings ohne dies zu wissen, da ein Entwickler den Versionsstand des anderen Entwicklers nicht kennen kann. Beide Entwickler setzen nun ihre Entwicklungsarbeit fort. Entwickler 2 ist zuerst fertig. Er hat nur einen weiteren Kommentar geschrieben, diesmal zum Programm als Ganzem. Er führt zunächst den Befehl **update** aus, um zu sehen, ob sich im Repository etwas verändert hat:

Entwickler 2 führt ein Update aus und entwickelt weiter

```
cvs update
```

CVS gibt aus:

```
cvs server: Updating .
M TextPrinter.java
```

Das »M« bedeutet, dass die Datei **TextPrinter.java** von Entwickler 2 nur lokal verändert worden ist. Daraufhin checkt Entwickler 2 seine Änderung ein:

Entwickler 2 checkt ein

```
cvs commit -m "Programmkommentar" TextPrinter.java
```

Entwickler 1 führt ein Update durch

Die Datei **TextPrinter.java** bekommt dadurch die Revision 1.4. Wenig später ist dann auch Entwickler 1 mit seiner Weiterentwicklung fertig. Auch er führt zunächst ein Update auf dem Verzeichnis TextPrinter1 durch:

```
cvs update
```

Entwickler 1 bekommt einen Konflikt

CVS gibt aus:

```
RCS file: /var/lib/cvs/TextPrinter1/TextPrinter.java,v
retrieving revision 1.3
retrieving revision 1.4
Merging differences between 1.3 and 1.4 into
    TextPrinter.java
rcsmerge: warning: conflicts during merge
cvs server: conflicts found in TextPrinter.java
C TextPrinter.java
```

Entwickler 1 hatte bisher noch auf Revision 1.3 der Datei **TextPrinter.java** gearbeitet. CVS hat nun festgestellt, dass es im Repository bereits die Revision 1.4 gibt (eingecheckt durch Entwickler 2). Außerdem hat Entwickler 1 die Revision 1.3 bei sich lokal weiterentwickelt. CVS versucht nun beide Dateien zusammenzuführen. Im vorliegenden Beispiel funktioniert das leider nicht, da beide Entwickler an der gleichen Stelle gearbeitet haben. CVS gibt daher aus, dass es einen Konflikt bei dem Versuch der Zusammenführung (Merging) entdeckt hat. Als Codierung für diesen Zustand verwendet CVS den Buchstaben »C«. In WinCvs wird die Ausgabe zusätzlich rot markiert. CVS hat diesen Konflikt nun in die lokale Arbeitskopie von Entwickler 1 eingearbeitet. Wenn dieser die Datei **TextPrinter.java** öffnet, so findet er folgende Programmcodestelle:

```
<<<<<<< TextPrinter.java
import java.io.BufferedReader;
import java.io.FileReader;
import java.io.FileNotFoundException;
import java.io.IOException;


=======
/**
 *
 * Das Programm TextPrinter liest die Textdatei test.txt
 * ein und gibt diese zeichenweise wieder aus.
```

```
 * Im Endausbau soll die Ausgabe verzögert werden, um einen
 * altmodischen, langsamen Computer zu
 * simulieren.
 */
>>>>>>> 1.4
```

Die einzelnen Teile des Konflikts sind durch Konfliktmarker voneinander abgetrennt. Eingeleitet wird der Bereich durch eine Reihe von <-Zeichen. Danach folgen die Änderungen durch Entwickler 1 selbst. Die Abtrennung zur zweiten Variante erfolgt durch eine Reihe von =-Zeichen. Die zweite Variante ist die im Repository enthaltene Version. Der Endbereich des Konflikts wird durch eine Reihe von >-Zeichen abgeschlossen. Es können natürlich mehrere Konflikte innerhalb von einer Datei auftreten; in diesem Beispiel ist allerdings nur ein Konflikt aufgetreten.

Die Datei enthält Konfliktmarker

Aufgabe von Entwickler 1 ist es nun, den entstandenen Konflikt zu beseitigen. Im gezeigten Beispiel sind beide Versionen eigentlich voneinander unabhängig, denn Entwickler 1 hat import-Statements hinzugefügt und Entwickler 2 einen Kommentar das Programm betreffend. Beide Erweiterungen befanden sich allerdings am Beginn der Datei, so dass CVS sie nicht als separate Erweiterungen ausmachen konnte. Die Lösung besteht in diesem Fall einfach daraus, die Konfliktmarker zu entfernen und import-Statements und Kommentar zusammen einzuchecken. Die einzucheckende Version sieht dann folgendermaßen aus:

Entwickler 1 muss den Konflikt beheben

```
import java.io.BufferedReader;
import java.io.FileReader;
import java.io.FileNotFoundException;
import java.io.IOException;

/**
 *
 * Das Programm TextPrinter liest die Textdatei test.txt
 * ein und gibt diese zeichenweise wieder aus.
 * Im Endausbau soll die Ausgabe verzögert werden, um einen
 * altmodischen, langsamen Computer zu
 * simulieren.
```

Entwickler 1 führt nun den Befehl **commit** auf der Datei **TextPrinter.java** aus:

```
cvs commit -m "imports" TextPrinter.java
```

CVS gibt aus:

```
Checking in TextPrinter.java;
/var/lib/cvs/TextPrinter1/TextPrinter.java,v  <--
   TextPrinter.java
new revision: 1.5; previous revision: 1.4
done
```

Damit ist die zusammengeführte Version als Revision 1.5 ins Repository überführt worden.

5.3 Zusammenfassung

Dieses Kapitel hat den ersten praktischen Kontakt zu CVS gezeigt. Es sollte ein Gefühl für den Umgang mit dem System vermittelt werden. Zusammen mit dem vorher vermittelten theoretischen Wissen zum Entwicklungsprozess mit Versionsmanagementsystemen im Allgemeinen und CVS im Besonderen ist es nun an der Zeit, den Entwicklungsprozess mit CVS im Detail kennen zu lernen.

6 Der Entwicklungsprozess im Detail

Dieses Kapitel wirft zunächst einen Blick auf die Mechanismen, mit denen CVS verschiedene Versionen von Dateien unterscheidet und verwaltet. Danach beschreibt es ausführlich die gängigsten Vorgänge und Befehle im Entwicklungsprozess mit CVS.

6.1 Revisionen und Releases

Bevor nun die meist verwendeten Arbeitsprozesse mit CVS beschrieben werden, soll erst einmal ein Blick auf die Mechanismen geworfen werden, mit denen CVS unterschiedliche Versionen verwaltet.

Der Begriff »Version« taucht im Zusammenhang mit CVS eigentlich gar nicht auf, da er zu unspezifisch ist. Version könnte den Zustand einer Datei meinen. Sie könnte aber auch den Zustand eines ganzen Moduls oder Programms bezeichnen. Im Kontext von CVS werden daher zwei neue Begriffe eingeführt: *Revision* und *Release*. Eine Revision bezeichnet genau einen Versionsstand genau einer Datei, ein Release bezeichnet den Versionsstand einer Menge von Dateien, beispielsweise eines Moduls.

6.1.1 Revisionen

Revisionen werden von CVS mittels *Revisionsnummern* gekennzeichnet. Zu jeder im Repository gespeicherten Datei wird jedem einzelnen Versionsstand dieser Datei eine eigene Nummer zugeordnet. Die Revisionsnummern werden normalerweise von CVS automatisch vergeben. Sie bestehen aus einer Kombination aus Ziffern und Punkten. Gestartet wird (außer beim Import) mit der Revision 1.1. Bei jeder Änderung, die ins Repository überführt wird, zählt CVS die Revisionsnummer weiter hoch: 1.2, 1.3, 1.4 usw.

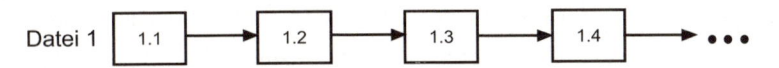

Datei 1 | 1.1 | → | 1.2 | → | 1.3 | → | 1.4 | → ...

Abbildung 6.1 Einfache Revisionsfolge

Diese Art der Zählung wird fortgesetzt, solange nicht durch äußere Ereignisse auf die Revisionsnummer Einfluss genommen wird (was die Revisionsnummer ändern kann, dazu gleich mehr). Nach längerer Ent-

Zählweise

wicklung ist es durchaus normal, Revisionsnummern wie 1.132 oder 1.94 zu haben. Dabei haben die Revisionsnummern verschiedener Dateien keine Beziehung zueinander. Bei jeder einzelnen Datei wiederholt sich der gleiche Prozess: mit jeder Revision wird die Revisionsnummer hochgezählt. Die Revisionsnummer ist bestenfalls ein Indikator für die Häufigkeit von Änderungen an einer Datei, eine besondere Bedeutung kommt der Revisionsnummer im Entwicklungsprozess nicht zu. Man sollte die Revisionsnummer vielmehr als internes Verwaltungsinstrument von CVS verstehen. Man kann Revisionsnummern ändern, indem man beim Commit mittels der Option –r eine eigene Revisionsnummer erzwingt. Im Allgemeinen ist jedoch davon abzuraten, selbst in die Vergabe von Revisionsnummern einzugreifen; es ist auch völlig unnötig. Die für den Entwickler wichtige Kennzeichnung von Versionsständen wird durch Releases erreicht.

6.1.2 Verzweigungen

Revisionsnummern können durchaus mehr als einen Punkt enthalten. Dies ist immer der Fall, wenn mit Verzweigungen gearbeitet wird (siehe Abschnitt 6.17, »Die Arbeit mit Verzweigungen«). Bei einem Abzweig aus dem Hauptzweig besteht die Revisionsnummer aus vier Zahlen und drei Punkten, wie beispielsweise 1.3.2.1. Verzweigt man aus einem Nebenzweig weiter, so erhält man sechsteilige Revisionsnummern usw.

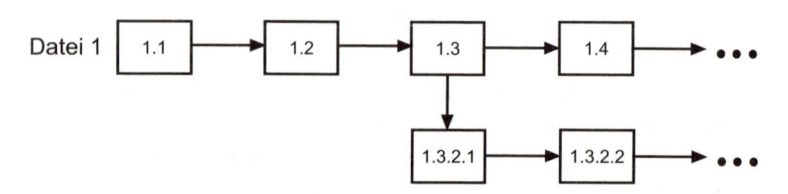

Abbildung 6.2 Revisionsfolge mit Verzweigung

Eine Besonderheit stellt die Revisionsnummer 1.1.1.1 dar. Diese wird von CVS beim Import von Dateien vergeben. Nach dem Import trägt jede Datei des Imports die Revisionsnummer 1.1.1.1. Nach dem ersten Commit wird diese auf 1.2 gesetzt und dann normal weiter hochgezählt.

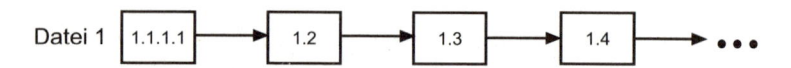

Abbildung 6.3 Revisionsfolge nach Import

Dieses Verhalten von CVS beim Import dient der Verwaltung so genannter *Vendor Branches*. In Vendor Branches speichert CVS Quelltexte dritter, die in einem eigenen Projekt verwendet werden. So kann man beispielsweise die Quellen eines Open Source-Projektes als Basis für ein eigenes Projekt verwenden und mittels Vendor Branches verwalten. Zum Thema Vendor Branches siehe Abschnitt 7.11, »Vendor Branches«.

Vendor Branches

6.1.3 Releases

Im Gegensatz zu Revisionen spricht man bei für den Entwickler sinnvollen Versionsständen von Releases. Releases sind dadurch gekennzeichnet, dass sie normalerweise immer den Versionsstand einer ganzen Menge von Dateien umfassen. Ein Release enthält daher für jede in diesem Release vorhandene Datei genau eine Revision jeder Datei. Die einzelnen Revisionsnummern der Dateien können (und werden normalerweise) in einem Release völlig unterschiedlich sein, wichtig ist nur, dass es nur genau eine Revision einer Datei in einem Release gibt.

Da nur der Entwickler weiss, wann ein Release erreicht ist, muss ein Release dem CVS-System mitgeteilt werden. Dazu wird ein Release mithilfe eines Bezeichnungstextes, eines *Tags*, gekennzeichnet. Ein Tag wird einer Menge von Dateien zugeordnet, oftmals allen Dateien eines Moduls. Das Tag wird genau einer (meist der aktuellen) Revision jeder Datei zugeordnet. Es kennzeichnet damit eine Momentaufnahme in der Entwicklung, die durch das Tag auch später jederzeit wieder abgerufen werden kann. Abbildung 6.4 zeigt ein Release über vier Dateien.

Tags

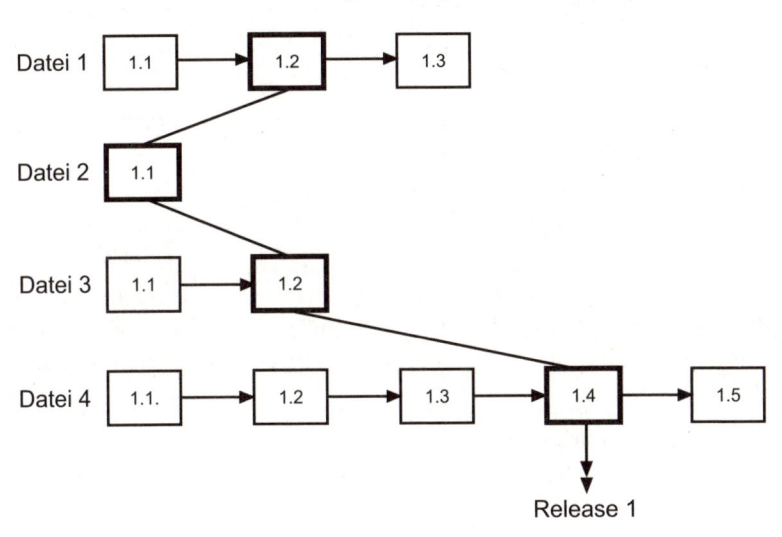

Abbildung 6.4 Ein Release über unterschiedliche Revisionen

Die Anzahl an Tags, die im Repository vergeben werden, ist völlig beliebig. Man kann auch gleiche Revisionsstände mehrfach »taggen«. Wenn sich eine Datei während der Entwicklung kaum ändert, also nur in wenigen Revisionen existiert, so wird eine Revision dieser Datei im Laufe der Zeit wahrscheinlich sowieso zu mehreren Releases gehören. Abbildung 6.5 zeigt einen solchen Fall:

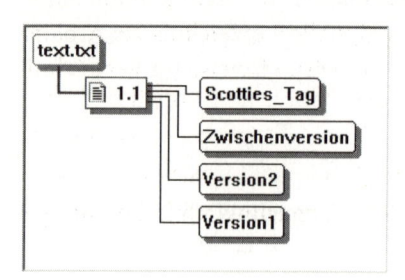

Abbildung 6.5 Eine Revision mit mehreren Tags

tag und rtag Um Tags anzulegen und zu löschen, gibt es die CVS Befehle **tag** und **rtag**. Ihre Verwendung wird in Abschnitt 6.14 »Arbeiten mit Tags: tag und rtag« beschrieben. Bei vielen CVS-Befehlen kann ein Tag angegeben werden, um auf der Version des dadurch bestimmten Releases zu arbeiten. Tags werden außerdem zur Verwaltung von Verzweigungen verwendet; dies wird in Abschnitt 6.17 »Die Arbeit mit Verzweigungen« gezeigt.

6.2 Ein Wort zu Verzeichnissen

Bevor die Verwendung von CVS im Detail beschrieben wird, sollen noch ein paar Worte zu CVS und seinem Verhalten bei Verzeichnissen gesagt werden. Dateien und Verzeichnisse werden von CVS leider nicht konsistent behandelt. Dies ist ein klarer Schwachpunkt von CVS und soll bei seinem voraussichtlichen Nachfolger Subversion (siehe Kapitel 9, »Die Zukunft von CVS«) behoben werden. Verzeichnisse werden von CVS nicht unter die Revisionsverwaltung gestellt. Stattdessen werden Verzeichnisse einfach in das Repository übernommen. Dies hat zur Folge, dass sich einige Befehle – angewandt auf Verzeichnisse statt auf Dateien – anders verhalten und einige Besonderheiten haben. Daher muss im Folgenden an vielen Stellen auf das spezielle Verhalten bei Verzeichnissen eingegangen werden.

6.3 Implizite Argumente und Rekursion

6.3.1 Implizite Argumente

CVS ist ein Programm, das in der Kommandozeilenversion viel mit impliziten Argumenten arbeitet. Ruft man CVS mit einem Befehl auf, gibt aber keinen Datei- oder Verzeichnisnamen als Argument mit an, so wird bei vielen Befehlen implizit das aktuelle Verzeichnis als Arbeitsgrundlage verwendet. Befindet man sich beispielsweise im Verzeichnis **TextPrinter1** und gibt den Befehl

```
cvs update
```

ein, so führt CVS ein Update auf dieses Verzeichnis und alle untergeordneten Verzeichnisse aus:

```
cvs server: Updating .
U TextPrinter.java
P text.txt
```

Dieses Verhalten ist oft praktisch, denn es spart Tipparbeit. Man sollte sich allerdings dessen bewusst sein, denn ein

```
cvs commit
```

checkt alle Dateien des aktuellen Verzeichnisses und der darin enthaltenen Unterverzeichnisse ein!

6.3.2 Rekursion

Viele CVS-Befehle arbeiten rekursiv, wenn sie auf ein Verzeichnis angewandt werden. Das bedeutet, dass der Befehl nicht nur alle Dateien des angegebenen Verzeichnisses bearbeitet, sondern dass CVS weiter durch alle Unterverzeichnisse geht und auch dort den Befehl auf alle Dateien anwendet. Dieses Verhalten ist oft gewünscht, so möchte man ein Update meist auf ein ganzes Teilprojekt ausführen und nicht jedes Unterverzeichnis einzeln abgleichen müssen. Manchmal möchte man die Rekursion jedoch abschalten, beispielsweise weil man nur den Inhalt eines Verzeichnisses einchecken möchte, den Inhalt der Unterverzeichnisse jedoch noch nicht. Dazu verstehen alle rekursiv arbeitenden CVS-Befehle die Option –l, die das rekursive Verhalten abschaltet. Das aktuelle lokale Verzeichnis ohne die weiteren Unterverzeichnisse checkt man dann beispielsweise so ein:

```
cvs commit -l
```

Im Gegenzug kann man die Rekursion auch erzwingen, indem man die Option –R angibt.

Rekursion in WinCvs In WinCvs gibt es für alle rekursiv arbeitenden Befehle die Auswahlbox »Do not recurse into sub-folders«, die die Rekursion abschaltet. Abbildung 6.6 zeigt dies für den Befehl **update**:

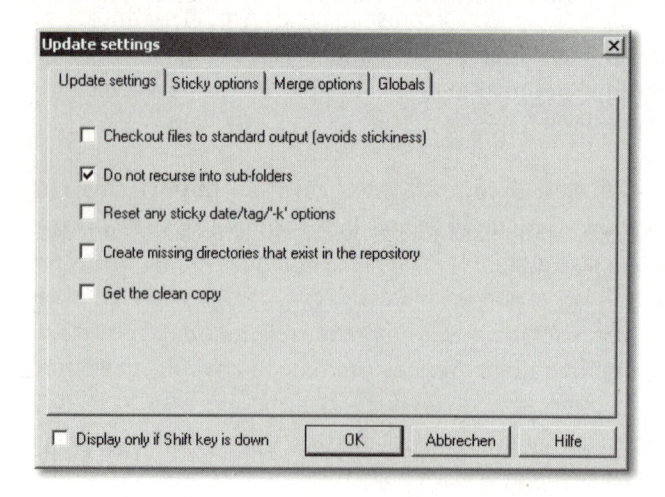

Abbildung 6.6 Rekursion in WinCvs abschalten

6.4 Ein neues Projekt beginnen: import

6.4.1 Eine Projektstruktur anlegen

Zu Beginn eines neuen Projektes muss dieses vom Entwickler »aufgesetzt« werden. Normalerweise bedeutet dies, dass der Entwickler als Erstes eine Verzeichnisstruktur anlegt, in der er arbeiten möchte. Danach legt er Dateien an, die für seine jeweilige Entwicklungsumgebung benötigt werden. Je nach verwendeter Programmiersprache und der gewählten Entwicklungsumgebung können das beispielsweise Make-Dateien oder Projekt-Dateien der Entwicklungsumgebung sein. Oft kommen auch Programmcodegeneratoren zum Einsatz, die ein Grundgerüst zur Entwicklung automatisch nach Vorgaben des Entwicklers erzeugen.

6.4.2 Die Struktur importieren

Hat der Entwickler sich so ein Grundgerüst zur Entwicklung geschaffen, dann bietet es sich an, dieses gleich ins in das Repository des CVS-Servers zu überführen. Dazu gibt es den CVS-Befehl **import**. Der Befehl

import überführt einen Verzeichnisbaum ins Repository und vergibt dafür einen so genannten *Modulnamen*. Der Modulname bezeichnet das *Modul*, also die logische Verwaltungseinheit, die per **import**-Befehl ins Repository überführt worden ist. Ein Modul kann ein ganzes Projekt oder aber auch nur ein Teilprojekt repräsentieren. Die genaue Aufteilung und Strukturierung ist dem Entwickler selbst überlassen.

Ein Beispiel (in einer Zeile):

```
cvs import -m "Projekt wird gestartet"
   TextPrinter1 avendor arelease
```

Genau wie bei dem Befehl **commit** muss auch bei **import** eine Log Message eingegeben werden, also eine Beschreibung des Importvorgangs. Die Log Message dient der Projektdokumentation und kann später über den Befehl **log** abgefragt werden. Lässt man die dafür zuständige Option –m weg, so öffnen die Kommandozeilen-Clients selbstständig einen Editor, mit dem man die Beschreibung dann eingeben kann. Weiterhin ist beim Import zwingend die Angabe eines Vendor- und eines Release-Tags notwendig. Meist werden diese allerdings nicht benötigt; man setzt sie dann einfach auf »avendor« und »arelease« oder einen anderen beliebigen Text. Beide Tags werden in ihrer Bedeutung in Abschnitt 7.11, »Vendor Branches« erklärt.

Log Message

6.4.3 Dateien vom Import ausschließen

Beim Import sollte darauf geachtet werden, ob sich im zu importierenden Verzeichnisbaum Dateien befinden, die nicht importiert werden sollen. Dies können beispielsweise bereits aus dem Sourcecode generierte Dateien wie **exe**-, **dll**- oder **class**-Dateien sein. Diese sollen natürlich nicht importiert werden. Ein Mittel, dies sicherzustellen ist, diese Dateien vor dem Import zu löschen. Bei den Kommandozeilen-Clients kann man außerdem die Option –I verwenden, um Dateien vom Import auszuschließen. Beispiel:

```
cvs import -I *.class -m "Projekt wird gestartet"
   TextPrinter1 avendor arelease
```

Es sei angenommen, dass sich bereits eine übersetzte Java-Klasse als Datei **TextPrinter.class** im Verzeichnis **TextPrinter1** befunden hat. CVS liefert dann folgende Ausgabe:

```
I TextPrinter1/TextPrinter.class
N TextPrinter1/TextPrinter.java
```

```
N TextPrinter1/text.txt
No conflicts created by this import
```

Ausgaben von CVS
Das »I« bedeutet dabei, dass CVS die Datei ignoriert hat; sie wurde nicht importiert. »N« bedeutet, dass die betreffende Datei neu in das Repository aufgenommen worden ist. Der angegebene Modulname wird im Repository in Form eines Verzeichnisses gespeichert. Beim Auschecken wird dann dieses Verzeichnis angelegt.

6.4.4 Dateitypen beim Import

Ein Problem beim Import ist der Dateityp, mit dem eine Datei ins Repository überführt werden soll. Grundsätzlich nimmt CVS erst einmal an, dass alle Dateien Textdateien sind. Dies ist problematisch, da alle Dateien, die nicht wirklich Textdateien sind, durch eine mögliche Zeilentrennerkonvertierung (CR/LF auf Windows und nur LF auf Unix) zerstört werden können. Außerdem hängt es vom Typ der Datei ab, ob CVS bei Updates versucht, einen Merge durchzuführen. Dieser kann bei Binärdateien jedoch nicht gelingen. Es ist daher wichtig, Binärdateien als solche zu kennzeichnen. CVS bietet dazu so genannte *Wrapper* an. Ein Wrapper legt für eine Dateiendung fest, wie CVS mit dieser umgehen soll. Sollen beispielsweise mehrere **gif**-Dateien importiert werden, so müssen diese als Binärdateien gekennzeichnet werden. Beispiel:

```
cvs import -W "*.gif -k 'b'" -m "Bilder" MyGif avendor
    arelease
```

Wrapper
Die Option –W definiert einen Wrapper beim Import. Man kann mehrere Wrapper angeben. Neben der Eingabe als Option kann man Wrapper auch in der Datei **.cvswrappers** definieren. Siehe dazu Abschnitt 7.15 »Wrapper«; dort wird die Syntax der Wrapper beschrieben.

6.4.5 Der Befehl import in WinCvs

In WinCvs ruft man den Menüpunkt **Create · Import Module...** auf, um einen Import durchzuführen. Dabei wird das gerade im Modul-Browser oder in der Explorer-Ansicht selektierte Verzeichnis als zu importierendes Verzeichnis angenommen. Allerdings kann man in WinCvs keine Dateien vom Import direkt ausschließen. Ein Ausweg bietet die Datei **.cvsignore** (siehe Abschnitt 7.3, »Dateien ignorieren:

cvsignore«) oder man löscht einfach alle Dateien, die nicht importiert werden sollen.

Bei WinCvs gestaltet sich der Importvorgang komfortabler als in der Kommandozeilenversion von CVS. WinCvs selbst untersucht die zu importierenden Dateien und präsentiert dann vor dem eigentlichen Import ein Dialogfeld, das die Typen der zu importierenden Dateien auflistet (siehe Abbildung 6.7).

Dateitypen in WinCvs

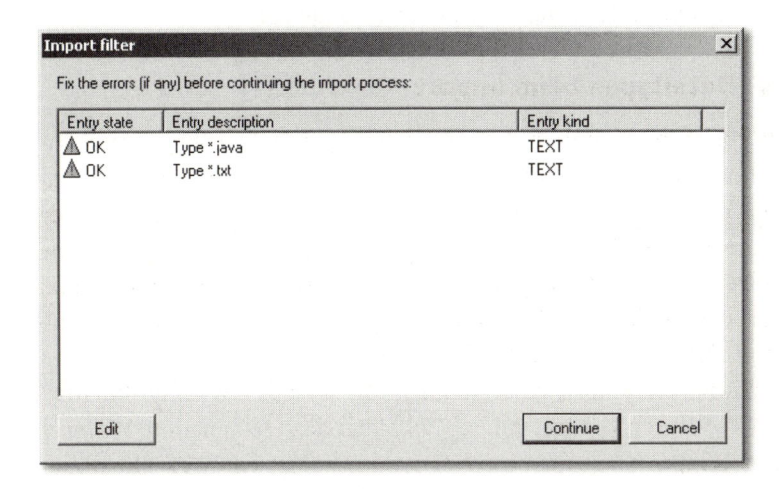

Abbildung 6.7 Dateitypen beim Import in WinCvs

Wenn man der Meinung ist, dass WinCvs die Dateitypen richtig erkannt hat, so kann man den Import durch Klick auf die Schaltfläche **Continue** fortsetzen. Anderenfalls kann man einen Typen selektieren und durch Klick auf die Schaltfläche **Edit** den zugewiesenen Typen ändern. WinCvs setzt die Wrapper gemäß der gemachten Angaben beim Import automatisch! Nach dem Bestätigen des Dateitypendialogfelds erscheint das eigentliche Dialogfeld für den Import. Dieses ist in Abbildung 6.8 gezeigt. Man macht hier die gleichen Angaben wie auf der Kommandozeile: Modulname (das kann auch ein ganzer Verzeichnispfad sein), Vendor-Tag und Release-Tag (man kann diese meist wie vorgegeben auf avendor und arelease stehen lassen; zur Bedeutung siehe Abschnitt 7.11, »Vendor Branches«) und die Log Message.

WinCvs setzt Wrapper automatisch

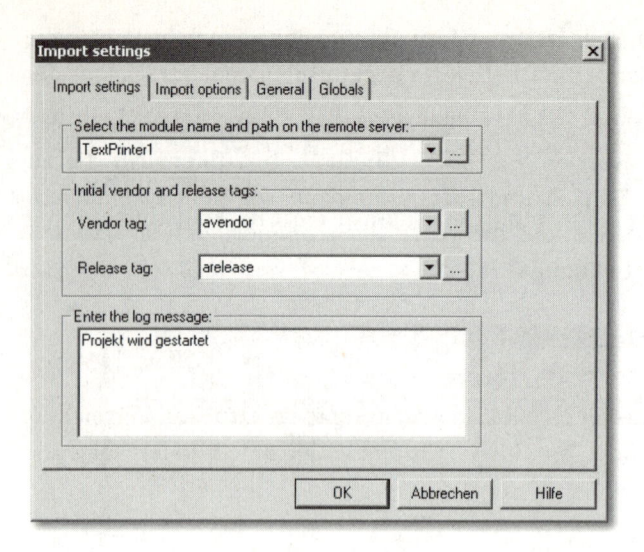

Abbildung 6.8 Import-Dialogfeld in WinCvs

Auf den anderen Reitern des Import-Dialogfelds kann man weitere Einstellungen vornehmen, was aber meistens nicht notwendig ist. Alle weiteren Optionen von Import werden im Referenzteil dieses Buches erläutert.

6.4.6 Nach dem Import

Nach dem Import ist es wichtig, sich eine lokale Arbeitskopie des importierten Projektes auszuchecken. Auf den soeben importieren Sourcecode-Dateien kann nicht weiter gearbeitet werden, da diese nicht die notwendigen lokalen Zustandsinformationen besitzen. Möchte man wieder an gleicher Stelle mit den Sourcen arbeiten, so muss man zunächst die soeben importierten Dateien an einen anderen Ort verschieben (man könnte sie natürlich auch gleich löschen, allerdings hätte man dann kein Backup, falls beim Import etwas schief gegangen ist). Man sollte außerdem daran denken, dass der Modulname auch als Verzeichnis angelegt wird!

6.5 Eine lokale Arbeitskopie anlegen: checkout

6.5.1 Die Arbeit an einem Projekt beginnen

Möchte man mit der Arbeit an einem Projekt beginnen, so muss man sich als Erstes eine lokale Arbeitskopie des Sourcecodes besorgen. Dazu dient der CVS-Befehl **checkout**. Dieser Befehl kopiert alle Dateien eines Moduls aus dem Repository in eine lokale Arbeitskopie, die damit angelegt wird. Zusätzlich legt **checkout** in jedem Verzeichnis der lokalen Arbeitskopie ein Verzeichnis mit dem Namen CVS an, in dem Verwaltungsinformationen von CVS gespeichert werden. Diese Verzeichnisse dürfen nicht gelöscht werden. Sie sind auch der Anlass, weshalb man nach einem Import erst einmal ein Checkout durchführen muss.

Beispiel:

```
cvs checkout TextPrinter1
```

Dieser Befehl erzeugt eine lokale Arbeitskopie im aktuellen Verzeichnis mit den Dateien des Moduls TextPrinter1. Der Befehl liefert folgende Ausgabe:

```
cvs server: Updating TextPrinter1
U TextPrinter1/TextPrinter.java
U TextPrinter1/text.txt
```

Zunächst meldet der CVS-Server, dass er ein Update auf dem Modul TextPrinter1 durchführt. Hier wird deutlich, dass der Befehl **checkout** lediglich als Sonderfall des Befehls **update** betrachtet wird. Es wird für jede Datei eine einzelne Zeile ausgegeben. Zu Beginn jeder Zeile steht der Buchstabe »U«, auch das bedeutet **update**. Danach wird der Pfad der Datei ausgegeben, wie er sich zum aktuellen Verzeichnis darstellt.

Ausgaben von checkout

6.5.2 Die Optionen des Befehls checkout

Der Befehl **checkout** bietet einige Optionen. So kann man den lokalen Modulnamen anders wählen als den Modulnamen im Repository. Dazu dient die Option –d. Beispiel:

```
cvs checkout -d MyPrinter TextPrinter1
```

Die Ausgabe dazu ist:

```
cvs server: Updating MyPrinter
U MyPrinter/TextPrinter.java
U MyPrinter/text.txt
```

Die Option –P löscht leere Verzeichnisse beim Auschecken, d.h., in der lokalen Arbeitskopie werden Verzeichnisse gelöscht, die keine Dateien enthalten.

Leere Verzeichnisse löschen

Die Option –l beschränkt das Auschecken auf das angegebene Modulverzeichnis; CVS geht dann nicht rekursiv in die Tiefe, d.h., es werden keine Unterverzeichnisse ausgecheckt.

Eine Revision auschecken

Mit der Option –r lässt sich ein bestimmtes Tag oder eine Revisionsnummer auschecken. Das Auschecken von bestimmten Revisionsnummern ist normalerweise nur bei einzelnen Dateien sinnvoll, daher wird man bei Modulen oder Verzeichnissen meist ein Tag angeben. Beispiel:

```
cvs checkout -r version_1_0 TextPrinter1
```

Im Beispiel wird der Versionsstand mit dem Tag **version_1_0** des Moduls TextPrinter1 ausgecheckt.

Revision zu einem Datum auschecken

Analog zu –r lässt sich mit –D eine Version auschecken, wie sie an einem bestimmten Datum zu einer bestimmten Uhrzeit im Repository existiert hat. Beispiel:

```
cvs checkout -D "1 Sep" TextPrinter1
```

Datumsformate

Zur Angabe des Datums unterstützt CVS mehrere Formate. Auch Folgendes ist möglich:

```
cvs checkout -D "2003-09-01" TextPrinter1
```

Beide Beispiele checken den Stand vom 1. September aus. Auch die Angabe einer Uhrzeit ist möglich. Zu Datums- und Uhrzeitformaten in CVS siehe Abschnitt 7.18, »Datumsformate in CVS«.

Die Option –A checkt die aktuelle Version aus dem Repository aus und setzt damit zuvor mit den Optionen –r oder –D ausgecheckte Versionen zurück.

> Es ist nicht notwendig, in ein leeres Verzeichnis auszuchecken. Möchte man den Stand eines bestimmten Tags oder eines bestimmten Datums auschecken, so kann dies auch in eine bereits bestehende lokale Arbeitskopie hinein geschehen! Man beachte dabei aber, dass CVS wie bei einem Update versucht, lokal veränderte Dateien mit der aus dem Repository angeforderten Version zusammenzuführen (Merging)!

6.5.3 Der Befehl checkout in WinCvs

In WinCvs startet man einen Checkout durch den Menübefehl **Create · Checkout Module...** Es erscheint dann das in Abbildung 6.9 gezeigte

Dialogfeld. Hier gibt man zunächst den vollständigen Modulnamen ein (das kann auch ein Pfad sein). Möchte man bei WinCvs den lokalen Modulnamen anders wählen als dieser im Repository gespeichert ist, so setzt man das Häkchen »Override« und trägt den neuen Namen unter »Checkout as« ein. Bei »Local folder to check out to« trägt man das Verzeichnis ein, in dem die lokale Arbeitskopie angelegt werden soll.

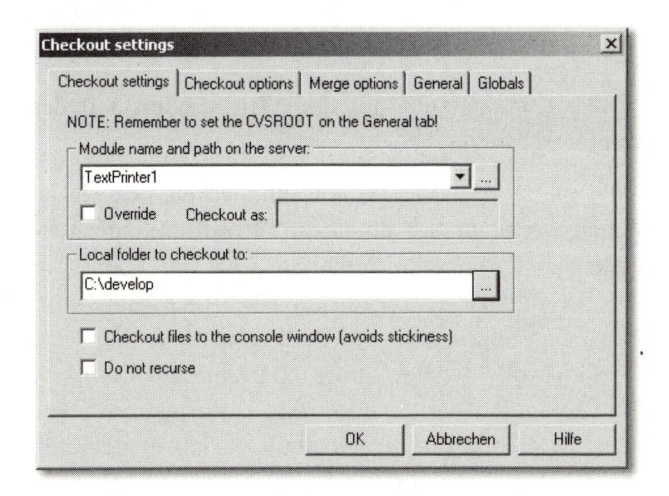

Abbildung 6.9 Checkout-Dialogfeld in WinCvs

»Checkout files to the console window« gibt die Dateien aus dem Repository in der CVS-Konsole aus, anstatt sie zu speichern. Das kann zu Kontrollzwecken nützlich sein. »Do not recurse« entspricht der Option –l der Kommandozeilen-Clients: Unterverzeichnisse werden dann nicht mit ausgecheckt.

Eine vollständige Übersicht aller Optionen des Befehls **checkout** findet sich im Referenzteil dieses Buches.

6.6 Eine lokale Arbeitskopie aktualisieren: update

6.6.1 Mögliche Fälle beim Befehl update

Der Befehl **update** gleicht das Repository mit der lokalen Arbeitskopie ab. Ein Update kann auf eine einzelne Datei oder rekursiv auf ganze Verzeichnisse angewandt werden. Ein Update verändert ausschließlich

Dateien in der lokalen Arbeitskopie, das Repository bleibt in jedem Fall unverändert! Bei einem Update können verschiedene Fälle auftreten:

- Die Versionen einer Datei in der lokalen Arbeitskopie und im Repository haben den gleichen Stand. In diesem Fall überspringt CVS die Datei: es ist nichts zu tun.

- Eine Datei wurde nur in der lokalen Arbeitskopie verändert, nicht aber im Repository. In diesem Fall kennzeichnet CVS die Datei mit einem »M« und lässt die Datei unverändert in der lokalen Arbeitskopie.

- Eine Datei wurde im Repository verändert, nicht jedoch in der lokalen Arbeitskopie. In diesem Fall kopiert CVS die Datei aus dem Repository in die lokale Arbeitskopie. Die dort vorhandene Datei wird überschrieben, sie ist veraltet. Bei neu im Repository vorhandenen Dateien zeigt sich das gleiche Verhalten. CVS verwendet den Buchstaben »U« zur Kennzeichnung dieses Falls; manchmal wird auch »P« für Patch angezeigt, welches aber die gleiche Wirkung hat (CVS hat dann die lokale Version nicht überschrieben, sondern gepatched, also verändert. Das kann geringe Performancevorteile mit sich bringen, ist allerdings bei den heutigen leistungsstarken Computern und Netzwerkverbindungen kaum noch relevant).

- Eine Datei wurde in der lokalen Arbeitskopie hinzugefügt, sie befindet sich aber noch nicht im Repository. Eine solche Datei wird von CVS beim Update mit einem »?« gekennzeichnet, da CVS diese Datei (noch) nicht kennt. Man muss sie mit dem Befehl **add** hinzufügen.

- Eine Datei wurde aus dem Repository entfernt, befindet sich aber noch unverändert in der lokalen Arbeitskopie. In diesem Fall gibt CVS eine Meldung aus (»<Datei> is no longer in the repository«) und löscht die Datei in der lokalen Arbeitskopie.

- Eine Datei wurde in der lokalen Arbeitskopie *und* im Repository verändert. In diesem Fall versucht CVS die beiden Dateiversionen zusammenzuführen und unternimmt einen Merge auf der lokalen Datei. CVS vergleicht die beiden Versionen der Datei zeilenweise und erzeugt daraus eine neue Version. Treten Änderungen nur an verschiedenen Stellen der Datei auf, so ist CVS meist erfolgreich in der Zusammenführung der Dateiversionen. Gibt es dagegen Änderungen an gleichen Stellen, so kann CVS keine gültige Version herstellen. Es kommt zu einem Konflikt. CVS platziert in einem solchen Fall die überschneidenden Änderungen beider Versionen in der Datei und trennt die betroffenen Abschnitte mit so genannten *Kon-*

fliktmarkern. Konfliktmarker sind Textmarken, die aus den Zeichen <, > und = bestehen und die Abschnitte eindeutig kennzeichnen. Sie führen in allen gängigen Programmiersprachen zu Compiler- oder Laufzeitfehlern, so dass man sie nicht übersehen kann. Im Falle eines Konflikts kennzeichnet CVS die Datei mit dem Buchstaben »C«; im Falle eines erfolgreichen Merge mit dem Buchstaben »M«, wobei das »M« für modifiziert steht und nicht für Merge, denn die Datei ist nach der Zusammenführung ja immer noch lokal modifiziert, nur enthält sie bereits die Änderungen aus dem Repository.

Zunächst ein Beispiel für ein einfaches Update:

Ein Beispiel

```
cvs update TextPrinter1
```

Eine mögliche Ausgabe wäre:

```
cvs server: Updating TextPrinter1
M TextPrinter1/text.txt
```

In diesem Fall wäre die Datei **text.txt** in der lokalen Arbeitskopie verändert worden. Alle anderen Dateien des Moduls TextPrinter1 sind weder lokal noch im Repository verändert worden, daher erscheinen sie in der Ausgabe nicht.

Eine andere mögliche Ausgabe wäre:

```
RCS file: /var/lib/cvs/TextPrinter1/text.txt,v
retrieving revision 1.3
retrieving revision 1.4
Merging differences between 1.3 and 1.4 into text.txt
M TextPrinter1/text.txt
```

Dieser Fall zeigt eine erfolgreiche Zusammenführung (Merge) der Revisionen 1.3 und 1.4 der Datei **text.txt** an. In der ersten Zeile gibt CVS den Pfad und Dateinamen der Datei im Repository aus. Das angehängte »,v« zeigt die im Repository übliche Bennenung von Dateien. Im Beispiel war lokal noch die Revision 1.3 der Datei **text.txt** vorhanden. Diese wurde in der Arbeitskopie durch den Entwickler verändert. Im Repository gibt es schon die Revision 1.4 von **text.txt**. CVS hat nun die lokalen Änderungen aus der Revision 1.3 mit den Änderungen der Revision 1.4 aus dem Repository zusammengeführt. Das Ergebnis ist in der Datei **text.txt** in der lokalen Arbeitskopie gespeichert worden. Da dieses Ergebnis noch nicht zurück in das Repository überführt worden ist (dazu ist ein Commit notwendig), kennzeichnet CVS das Resultat mit einem »M« für modifiziert.

Merging

Nun sei noch eine weitere mögliche Ausgabe betrachtet:

```
RCS file: /var/lib/cvs/TextPrinter1/text.txt,v
retrieving revision 1.3
retrieving revision 1.4
Merging differences between 1.3 and 1.4 into text.txt
rcsmerge: warning: conflicts during merge
cvs server: conflicts found in text.txt
C TextPrinter1/text.txt
```

Ein Konflikt   Dieser Fall ähnelt dem vorherigen. Allerdings konnte CVS in diesem Fall die beiden Dateiversionen nicht erfolgreich zusammenführen; es ist zu einem Konflikt gekommen! CVS gibt aus, dass es zu einem Konflikt gekommen ist und kennzeichnet die betroffene Datei mit einem »C«.

In diesem Fall ist es nun die Aufgabe des Entwicklers, die Konflikte in der Datei **text.txt** zu finden und aufzulösen. Die Datei **text.txt** könnte nach dem Konflikt beispielsweise so aussehen:

```
<<<<<<< text.txt
Beam me up, Scotty!
Energize!
=======
Beam mich hoch, Scotty!
Energie!
>>>>>>> 1.4
```

Konfliktmarker   In diesem Fall waren sich die beiden betroffenen Entwickler nicht einig, in welcher Sprache der Text in der Datei **text.txt** verfasst werden sollte. CVS leitet die erste Version (aus der lokale Arbeitskopie) mit einer Folge von <-Zeichen ein. Eine Folge von =-Zeichen trennt beide Versionen. Danach wird die Version aus dem Repository ausgegeben. Eine Folge von >-Zeichen schließt den Konfliktbereich ab. Dabei wird auch noch die Revisionsnummer aus dem Repository angegeben (hier 1.4). Um den Konflikt zu lösen, einigen sich die beiden Entwickler nun auf eine Version, löschen die Konfliktmarker und die andere Version aus der Datei **text.txt** heraus und checken das Resultat in das Repository ein.

6.6.2 Die Optionen des Befehls update

Der Befehl **update** besitzt eine ganze Reihe von Optionen. Ein paar der gebräuchlichsten sollen hier vorgestellt werden.

Die Option –d fordert CVS auf, beim Update eventuell neu hinzugekommene Verzeichnisse mit auszuchecken. Anderenfalls kopiert CVS neue Verzeichnisse aus dem Repository nicht in die lokale Arbeitskopie. Wenn im Projekt mit vielen Unterverzeichnissen gearbeitet wird, so ist es oft eine gute Idee die Option –d mit anzugeben.

Neue Verzeichnisse auschecken

Möchte man lokale Änderungen rückgängig machen, so kann man **update** mit der Option –C aufrufen, es wird dann wieder der Stand des Repositories hergestellt, die lokalen Änderungen werden verworfen.

Änderungen rückgängig machen

Die Optionen –P, –l, –r, –D und –A funktionieren analog zum Befehl **checkout**. Sie werden außerdem im Referenzteil nochmals beschrieben.

Wichtig beim Update ist auch die Option –j, mit der man Revisionen aus verschiedenen Zweigen zusammenführen kann. Wie das im Einzelnen funktioniert, wird in Abschnitt 6.17, »Die Arbeit mit Verzweigungen« gezeigt.

Zweige zusammenführen

6.6.3 Der Befehl update in WinCvs

Bei WinCvs ruft man Update aus dem Menü (**Modify · Update Selection**), mit der Tastenkombination [Strg]-[U] oder aus der Symbolleiste (Symbol mit grünem Pfeil nach unten) auf. Dabei wird das Update auf dem gerade selektierten Verzeichnis oder der selektierten Datei durchgeführt. Wie bei WinCvs üblich, kann man alle Optionen per Windows-Dialogfeld eingeben.

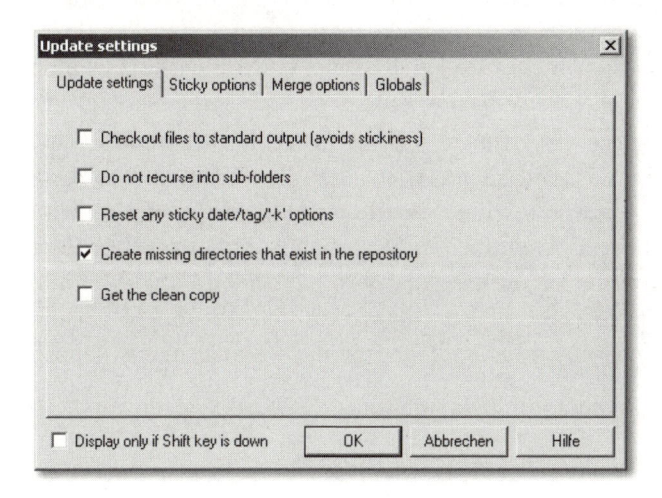

Abbildung 6.10 Update-Optionen in WinCvs

Auf dem ersten Reiter »Update Settings« (siehe Abbildung 6.10) lassen sich einfache parameterlose Optionen angeben, die den Optionen der Kommandozeilen-Clients entsprechen.

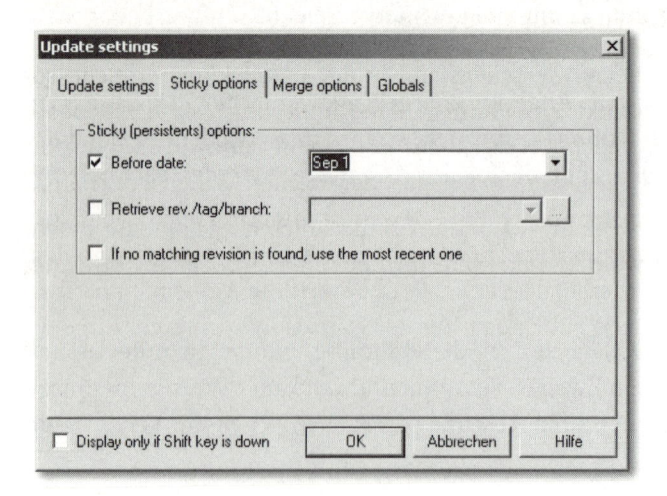

Abbildung 6.11 Update-Optionen für Daten, Revisionen und Tags

Oft möchte man nur wissen, welche Dateien von einem Update betroffen wären und ob dabei Konflikte entstehen würden. Dazu kann man CVS anweisen, ein Update vorzunehmen, aber keine Veränderungen an der lokalen Arbeitskopie durchzuführen; das Update wird also nur simuliert. Auf der Kommandozeile gibt man dazu die globale Option –n an, die Änderungen an der lokalen Arbeitskopie verbietet. Beispiel:

```
cvs -n update TextPrinter1
```

CVS macht danach die gleichen Ausgaben, wie bei einem »echten« Update. Die lokale Arbeitskopie wird aber nicht verändert, so dass man in Ruhe studieren kann, welche Auswirkungen ein Update hätte.

Query Update

In WinCvs gibt es eigens den Befehl **Query Update**, um das gleiche Verhalten zu erreichen. **Query Update** lässt sich aus dem Menü über **Query · Query Update** mittels der Funktionstaste [F4] oder aus der Symbolleiste (Symbol mit kleinem grünen Fragezeichen) aufrufen.

6.7 Änderungen ins Repository übernehmen: commit

6.7.1 Überführung ins Repository

Hat man einen neuen Zwischenstand in der Entwicklung erreicht, so kommt der Zeitpunkt, zu dem man seine Änderungen in das Repository überführen möchte. Dazu dient der Befehl **commit**. Der Befehl **commit** nimmt die Änderungen aus der lokalen Arbeitskopie und schreibt sie in das Repository. Ein Commit ist nur erfolgreich, wenn die Revision der Datei im Repository nicht neuer ist als die Revision der lokalen Datei. Anderenfalls verweigert **commit** die Annahme und fordert dazu auf, zuerst ein Update auf der Datei durchzuführen. Ein Beispiel:

```
cvs commit -m "Franks Änderung" text.txt
```

Ist die Revision im Repository neuer, so gibt CVS zurück:

```
cvs server: Up-to-date check failed for 'text.txt'
cvs [server aborted]: correct above errors first!
cvs commit: saving log message in /tmp/cvsxxYFYI
```

In diesem Fall muss man zunächst ein Update auf der Datei durchführen, bevor man sie einchecken kann. Treten bei diesem Update Konflikte auf, so müssen diese zunächst behoben werden. Tut man dies nicht, so ist das Einchecken weiterhin nicht möglich:

Der Befehl commit funktioniert nur auf aktuellen Revisionen

```
cvs server: file 'text.txt' had a conflict and has not
    been modified
cvs [server aborted]: correct above errors first!
```

Allerdings verwendet CVS bei seiner Analyse der Situation lediglich das Änderungsdatum der Datei. CVS kann nicht prüfen, ob der Konflikt wirklich behoben worden ist:

Verhalten bei Konflikten

```
touch text.txt; cvs commit -m "Franks Änderung" text.txt
```

ergibt:

```
cvs server: warning: file 'text.txt' seems to still
    contain conflict indicators
Checking in text.txt;
/var/lib/cvs/test1/text.txt,v  <--  text.txt
new revision: 1.3; previous revision: 1.2
done
```

Suche nach Konfliktmarkern — Immerhin gibt CVS aus, dass es noch einen Konfliktmarker gefunden hat. Allerdings ist dies lediglich eine Warnung; die Datei wurde trotzdem eingecheckt! Diesen Fall sollte man natürlich vermeiden!

6.7.2 Log Messages

Beim Einchecken sollte man immer eine so genannte *Log Message* mit angeben. Diese beschreibt die Änderung, die an den eingecheckten Dateien vorgenommen worden sind und ergibt im Laufe der Zeit eine ausführliche Historie über den Werdegang der Datei, die sich mit dem Befehl **log** (siehe Abschnitt 6.10, »Log Messages ansehen: log und rlog«) abrufen lässt.

Externer Editor — CVS versucht das Weglassen dieser Log Messages zu verhindern. Gibt man sie nicht mittels der Option −m direkt an, so öffnet CVS automatisch einen Editor, in den man dann seine Beschreibung eingeben kann. Erst nach dem Speichern wird das Commit dann ausgeführt. Welchen Editor CVS startet, lässt sich durch Umgebungsvariablen festlegen (siehe Abschnitt 7.8, »Umgebungsvariablen«). Ist kein Editor gesetzt, so nimmt CVS den Windows-Notepad oder vi auf Unix. Man kann die Log Message natürlich leer lassen, was sich allerdings nicht empfiehlt, da die Log Messages den Projektverlauf sinnvoll dokumentieren sollen.

6.7.3 Die Implementierung des Befehls commit

Die Ausführung von **commit** auf einem Verzeichnis kann rekursiv eine Menge von Dateien gleichzeitig einchecken. Im Gegensatz zu modernen Datenbanksystemen betrachtet CVS diese Aktion allerdings nicht als einen in sich geschlossenen unteilbaren Vorgang; das Commit ist nicht atomar! Wenn also bei der Ausführung des Befehls **commit** sich Dateien nicht einchecken lassen, weil deren Revisionen im Repository neuer sind, so werden alle Dateien, bei denen kein Fehler aufgetreten ist, trotzdem eingecheckt! Es gibt andere Versionsmanagementsysteme, bei denen das Einchecken in diesem Fall komplett fehlschlägt, was wohl auch eher dem gewünschten Verhalten entspricht. Schließlich überführt ein teilweises Commit eine Version ins Repository, die mit einer gewissen Wahrscheinlichkeit nicht mehr lauffähig ist, da entscheidende Teile fehlen. Ein System, das es anders macht, wird in Kapitel 9, »Die Zukunft von CVS«, beschrieben.

6.7.4 Der Befehl commit in WinCvs

In WinCvs ruft man **commit** aus dem Menü über **Modify · Commit...**, die Tastenkombination [Strg]-[M] oder das Symbol mit dem kleinen roten Pfeil nach links auf. Es erscheint das in Abbildung 6.12 gezeigte Windows-Dialogfeld.

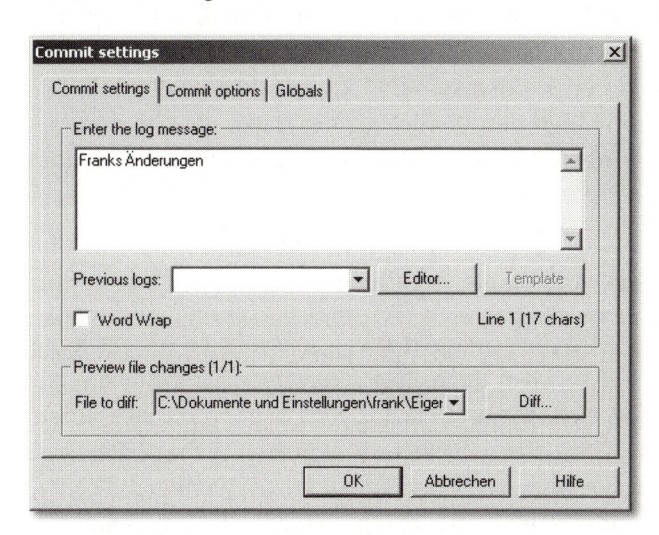

Abbildung 6.12 Commit-Dialogfeld in WinCvs

Die Log Message wird bei WinCvs direkt in diesem Dialogfeld eingegeben. Es besteht allerdings auch hier die Möglichkeit, einen externen Editor zu starten. Außerdem kann man sich aus diesem Dialogfeld heraus den Unterschied (Diff) zwischen lokaler Version und einzucheckender Version anzeigen lassen.

6.8 Unterschiede zwischen lokaler Arbeitskopie und Repository bestimmen: diff

6.8.1 Unterschiede anzeigen lassen

Oft möchte man vor einem Update wissen, welche Unterschiede zwischen lokaler Arbeitskopie und Repository bestehen. Dazu bietet CVS den Befehl **diff** an. Mittels **diff** lassen sich Unterschiede zwischen verschiedenen Revisionen einer Datei und zwischen lokaler Arbeitskopie und Repository anzeigen. Wenn man **diff** ohne Optionen aufruft, dann zeigt es die Unterschiede zwischen den Dateien der lokalen Arbeitskopie und den neuesten Revisionen aus dem Repository an. Ein Beispiel:

```
cvs diff text.txt
```

gibt aus:

```
Index: text.txt
===================================================================
RCS file: /var/lib/cvs/TextPrinter1/text.txt,v
retrieving revision 1.2
diff -r1.2 text.txt
1,2c1,2
< Beam me up, Scotty!
< Energize!
---
> Beam mich hoch, Scotty!
> Energie!
```

Die Ausgabe von diff

In diesem Beispiel wird die Datei **text.txt** aus der lokalen Arbeitskopie mit der Revision 1.2 aus dem Repository verglichen. Die beiden Versionen unterscheiden sich in zwei Zeilen. Zuerst werden die sich unterscheidenden Zeilen aus dem Repository angezeigt. Jede Zeile wird durch ein < gekennzeichnet. Nach den Trennstrichen werden die Zeilen der lokalen Datei angezeigt. Diese Zeilen werden mit dem Zeichen > eingeleitet.

Eine Datei kann sich natürlich durchaus an mehreren Stellen von der entsprechenden Version im Repository unterscheiden. Diff zeigt immer alle Änderungen vom Start der Datei an. Die Abschnitte zwischen lokaler Datei und der Datei aus dem Repository wechseln sich dabei unter Umständen ab, je nachdem, wo sich der nächste Unterschied findet.

Das Unix-Programm diff

Das Format von **diff** ist relativ schwer zu lesen, es handelt sich hierbei um ein Format, das auch zur automatischen Verwaltung von Unterschieden in Dateien verwendet werden kann. Diff steht auf Unix-Systemen als normales Programm zur Verfügung und zeigt dort Unterschiede zwischen beliebigen Dateien in diesem Format an. Das Unix-Programm Patch kann solche Unterschiede auf andere Dateien »anwenden«, sie also in diese einfügen. Wer Zugang zu einem Unix-System hat, gebe dort einfach einmal `man diff` und `man patch` ein.

Etwas leichter lesbar ist das Kontext-Format, das sich mit der Option –c von CVS ausgeben lässt:

```
cvs diff -c text.txt
```

gibt aus:

```
Index: text.txt
===================================================================
RCS file: /var/lib/cvs/TextPrinter1/text.txt,v
retrieving revision 1.2
diff -c -r1.2 text.txt
*** text.txt    22 Sep 2003 07:54:19 -0000       1.2
--- text.txt    13 Oct 2003 07:37:11 -0000
***************
*** 1,2 ****
! Beam me up, Scotty!
! Energize!
--- 1,2 ----
! Beam mich hoch, Scotty!
! Energie!
```

Über eine Reihe von Optionen lässt sich **diff** eine ganze Palette weiterer Formate entlocken. Sehen Sie hierzu auch den Referenzteil!

6.8.2 Vergleich mit anderen Revisionen

Man kann **diff** nicht nur verwenden, um gegen die aktuelle Revision zu vergleichen, man kann auch eine beliebige andere Revision angeben. Diese können durch eine Revisionsnummer, ein Tag oder ein Datum spezifiziert werden.

Beispiele:

```
cvs diff -r 1.1 text.txt
```

vergleicht mit der Revision 1.1,

```
cvs diff -r Version1 text.txt
```

vergleicht mit der Revision, die das Tag »Version1« trägt, und

```
cvs diff -D "24 Sep 2003" text.txt
```

vergleicht mit der Revision, die am 24. September 2003 gültig war.

Man kann mittels **diff** auch verschiedene Revisionen aus dem Repository miteinander vergleichen. Man gibt dann einfach zwei Revisionen (oder Tags oder Daten) an:

Angabe von zwei Revisionen

```
cvs diff -r 1.1 -r 1.2 text.txt
```

6.8.3 Der Befehl diff in WinCvs

In WinCvs und gCvs gibt man die Optionen wie gewohnt über Dialogfelder ein. Dabei können gewünschte Tags oder Revisionen einfach angegeben werden.

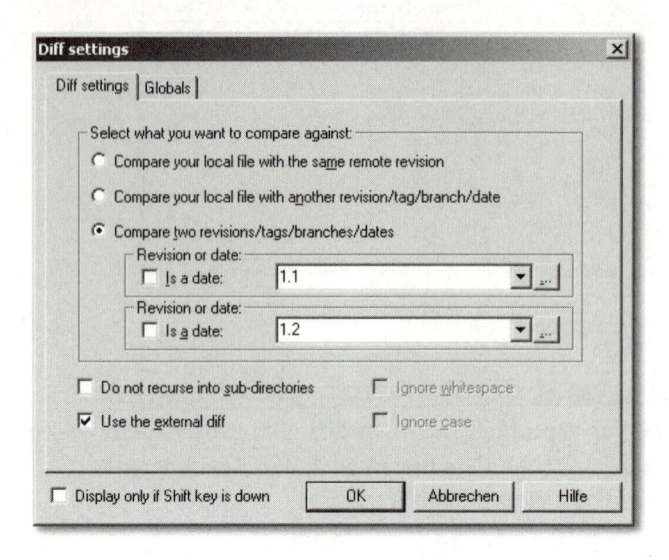

Abbildung 6.13 Diff-Optionen in WinCvs

Externe Diff-Programme

Ein großer Vorteil von WinCvs und gCvs gegenüber den Kommandozeilen-Clients ist die mögliche Einbindung externer Diff-Programme. Diese Programme zeigen Unterschiede in Dateien meistens deutlich schöner und übersichtlicher an, als CVS dies mit seinem Diff-Format tut. Die Installation des Programms ExamDiff für Windows wurde bereits in Abschnitt 4.1.5, »Ein externes Diff-Programm unter Windows installieren«, beschrieben. Für Unix gibt es ebenfalls eine ganze Reihe solcher Programme, als Beispiele seien hier gtkdiff und xxdiff genannt (siehe Abbildung 6.14).

Benutzt man ein solches externes Programm, so holen WinCvs und gCvs die zu vergleichenden Dateien per **update**-Befehl vom Server. CVS-Diff wird dann gar nicht mehr verwendet.

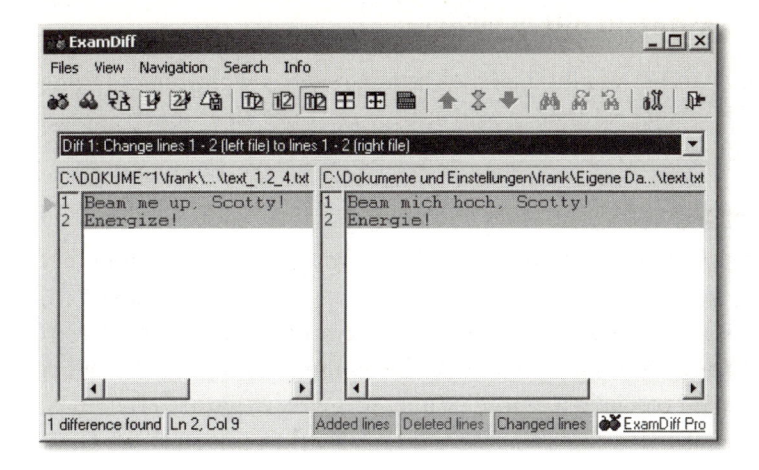

Abbildung 6.14 Diff im externen Programm

6.9 Den Zustand der Arbeitskopie abfragen: status

6.9.1 Die Ausgaben des Befehls status

Möchte man zu einer oder mehreren Dateien die lokale Revisionsnummer, die Revisionsnummer im Repository, eventuell zugeordnete Sticky Tags (siehe Abschnitt 6.15, »Sticky Tags«) und weitere zugeordnete Tags erfragen, so kann man dazu den Befehl **status** verwenden. Status kann auf eine oder mehrere Dateien oder Verzeichnisse angewendet werden. Ein Beispiel:

```
cvs status TextPrinter.java text.txt
```

gibt beispielsweise aus:

```
File: TextPrinter.java   Status: Up-to-date

Working revision:    1.5
Repository revision: 1.5
   /var/lib/cvs/TextPrinter1/TextPrinter.java,v
   Sticky Tag:         (none)
   Sticky Date:        (none)
   Sticky Options:     (none)


===========================================================

File: text.txt          Status: Needs Patch
```

```
Working revision:    1.2
Repository revision: 1.3
   /var/lib/cvs/TextPrinter1/text.txt,v
   Sticky Tag:          (none)
   Sticky Date:         (none)
   Sticky Options:      (none)
```

Von den untersuchten Dateien werden jeweils die Revisionsnummer der Datei in der lokalen Arbeitskopie und im Repository ausgegeben. Zusätzlich gibt CVS an, was die Datei für einen Status hat (»Needs Patch«, »Up-to-date« etc.). Der Status bestimmt, was mit der Datei bei einem Update geschehen würde. Schließlich werden Informationen zu Sticky Tags, also den Tags, die durch das Auschecken mit einer der Optionen –r oder –D mitgeführt werden, angezeigt. Im gezeigten Beispiel sind keine Sticky Tags vorhanden. Ruft man **status** mit der Option –v (verbose) auf, so werden auch Informationen zu normalen Tags ausgegeben, in der Standardeinstellung ist das nicht der Fall.

6.9.2 Der Befehl status in WinCvs

In WinCvs ruft man den Befehl **status** über den Menüeintrag **Query · Status** auf. Es erscheint dann das in Abbildung 6.15 gezeigte Dialogfeld. Dort kann man zwischen den möglichen Ausgabeformaten des Befehls umschalten.

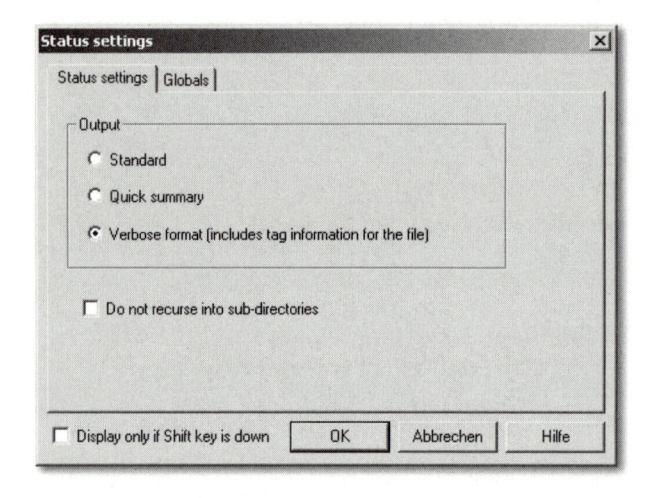

Abbildung 6.15 Ausgabeformat des Befehls status auswählen

Der Befehl **status** ist für die Benutzer von WinCvs deutlich weniger interessant, als für Leute, die einen der Kommandozeilen-Clients verwenden. WinCvs zeigt schon in der normalen Ansicht viele Statusinformationen an, die ein Kommandozeilen-Benutzer erst abfragen muss. So lassen sich Status, lokale Revisionsnummer und ein Sticky Tag bereits in der normalen Detailansicht von WinCvs auf einen Blick erkennen.

6.10 Log Messages ansehen: log und rlog

6.10.1 Die Angaben der Befehle log und rlog

Bei den Befehlen **import** und **commit** werden die CVS-Benutzer angehalten, Log Messages einzugeben, die den Projektverlauf beschreiben. Diese Messages lassen sich mit dem Befehl **log** anzeigen. Ein Beispiel:

```
cvs log text.txt
```

ergibt beispielsweise:

```
RCS file: /var/lib/cvs/TextPrinter1/text.txt,v
Working file: text.txt
head: 1.3
branch:
locks: strict
access list:
symbolic names:
keyword substitution: kv
total revisions: 3;     selected revisions: 3
description:
----------------------------
revision 1.3
date: 2003/10/10 08:00:24;  author: frank;  state: Exp;
lines: +4 -0
Franks Änderungen
----------------------------
revision 1.2
date: 2003/10/10 07:38:01;  author: elke;   state: Exp;
lines: +1 -0
Mein Text
----------------------------
revision 1.1
date: 2003/10/09 09:32:31;  author: frank;  state: Exp;
Erste Version
=============================================================
```

Der Befehl **log** zeigt also nicht nur die eigentliche Log Messages an, sondern auch weitere Informationen zu der Datei und ihren Revisionen. Durch eine ganze Reihe von Optionen kann man **log** dazu veranlassen, nur bestimmte Informationen auszugeben oder nur bestimmte Revisionen zu betrachten (siehe hierzu den Referenzteil dieses Buchs). Neben **log** gibt es den Befehl **rlog**. Dieser gibt die entsprechenden Informationen gleich für ein ganzes Modul aus.

6.10.2 Grafisches Log in WinCvs und gCvs

WinCvs und gCvs bieten die Möglichkeit, sich die Log Messages in grafischer Form aufbereiten zu lassen. Dabei werden die einzelnen Revisionen als Graph angezeigt, die neuste Revision zuunterst. Bei WinCvs lassen sich einzelne Revisionen zusätzlich anklicken, man bekommt dann weitere Informationen zu dieser Revision im Ausgabefenster angezeigt. gCvs bietet diese Möglichkeit leider (noch) nicht.

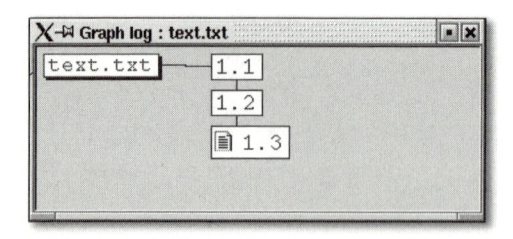

Abbildung 6.16 Grafisches Log in gCvs

6.11 Dateien und Verzeichnisse hinzufügen: add

Oft tritt der Fall ein, dass zu einem Projekt neue Dateien hinzugefügt werden. Diese müssen dann natürlich auch dem Repository des CVS-Server hinzugefügt werden. Das Hinzufügen von einzelnen Dateien oder Verzeichnissen wird nicht durch den bereits beschriebenen Befehl **import** erledigt, denn **import** bringt nur ganze Module ins Repository. Stattdessen besitzt CVS einen eigenen Befehl zum Hinzufügen von Dateien und Verzeichnissen, den Befehl **add**.

6.11.1 Verzeichnisse hinzufügen

Der Befehl **add** verhält sich bei Dateien und Verzeichnissen unterschiedlich. Nur Verzeichnisse werden sofort in das Repository übernommen:

```
cvs add subdir
```

erzeugt als Ausgabe:

```
Directory /var/lib/cvs/TextPrinter/subdir added to the
   repository
```

CVS hat das Verzeichnis **subdir** im Repository angelegt und in der lokalen Arbeitskopie innerhalb von **subdir** ein Unterverzeichnis CVS für die lokalen Verwaltungsinformationen angelegt.

6.11.2 Dateien hinzufügen

Dateien hingegen fügen **add** selbst noch nicht ins Repository ein; **add** bereitet das Einfügen lediglich vor, in dem es die Dateien zum Einfügen markiert. Die dazu notwendigen Informationen speichert CVS lokal in den Verwaltungsinformationen der Arbeitskopie. Erst der anschließend ausgeführte Befehl **commit** überführt neue Dateien ins Repository. Beispiel:

```
cvs add text.txt
```

CVS gibt daraufhin aus:

```
cvs server: scheduling file 'text.txt' for addition
cvs server: use 'cvs commit' to add this file permanently
```

Dass CVS hier behauptet, der Server würde die Datei zum Einfügen vorbereiten, ist irreführend. In Wirklichkeit kennt der Server die Datei zu diesem Zeitpunkt noch gar nicht. Erst das nachfolgende Commit erledigt dies:

```
cvs commit text.txt
```

Und die Ausgabe:

```
RCS file: /var/lib/cvs/TextPrinter1/text.txt,v
done
Checking in text.txt;
/var/lib/cvs/ TextPrinter1/text.txt,v  <--  text.txt
initial revision: 1.1
done
```

CVS tut hier kund, dass es die Datei im Repository angelegt hat und mit der Revisionsnummer 1.1 belegt hat. Damit ist die neue Datei im Repository gespeichert.

6.11.3 Die Angabe des Dateityps

Wichtig bei dem Befehl **add** ist es, den korrekten Dateityp anzugeben. Binärdateien und Unicode-Dateien (Unicode wird derzeit nur vom CVSNT-Server unterstützt) müssen als solche gekennzeichnet werden. Nur einfache Textdateien dürfen ohne weiteres hinzugefügt werden. Zur Kennzeichnung von Binär- und Unicode-Dateien dient die Option –k. Nach dem Buchstaben »k« folgen ein oder mehrere weitere Buchstaben, die den Dateityp und das Modul der Schlüsselwortersetzung bestimmen (zu Schlüsselwortersetzung siehe Abschnitt 7.14, »Schlüsselwortersetzung«). Zum Beispiel fügt

```
cvs add -kb image.bmp
```

eine Binärdatei hinzu,

```
cvs add -ku text.txt
```

eine Unicode-Datei. Der Befehl

```
cvs add -kkv text.txt
```

würde eine Textdatei hinzufügen, man kann jedoch die Option in diesem Fall weglassen, da sie der Voreinstellung entspricht.

Verzeichnisse werden bei Benutzung von **add** immer einzeln hinzugefügt. Anders als bei dem Befehl **import** können Verzeichnisstrukturen nicht rekursiv hinzugefügt werden.

6.11.4 Der Befehl add in WinCvs

In WinCvs gibt es statt einer Option drei verschiedene Befehle: **Modify · Add selection**, **Modify · Add binary** und **Modify · Add unicode**. Es werden dabei die selektierten Dateien hinzugefügt. Bei Verzeichnissen ist nur **Modify · Add selection** möglich und es kann nur ein Verzeichnis zur Zeit hinzugefügt werden. WinCvs in der älteren Version 1.2 und gCvs besitzen den Befehl **Add unicode** nicht. Neben den Menüeinträgen gibt es auch Symbole für den Befehl **add**. Alle zeigen ein kleines rotes Kreuz auf weißem Hintergrund. Ein zusätzliches »01« kennzeichnet die binäre Variante von Add, ein »U« die Unicode-Variante.

6.12 Dateien und Verzeichnisse löschen: remove

Genau wie Dateien und Verzeichnisse zu einem Projekt hinzugefügt werden, so müssen manchmal auch Dateien und Verzeichnisse aus einem Projekt entfernt werden. CVS behandelt hier Dateien und Verzeichnisse verschieden.

6.12.1 Dateien löschen: remove

Lediglich zum Löschen von Dateien aus dem Repository gibt es einen Befehl: **remove**. Genau wie bei dem Befehl **add**, so wird auch bei **remove** eine Datei nicht sofort gelöscht, sondern das Löschen der Datei aus dem Repository wird vorbereitet. Erst ein nachfolgendes **commit** löscht die Datei tatsächlich. Zuvor muss die Datei auch in der lokalen Arbeitskopie gelöscht werden, sonst führt CVS den **remove**-Befehl nicht aus. Ein Beispiel:

```
cvs remove text.txt
```

gibt aus:

```
cvs server: file 'text.txt' still in working directory
cvs server: 1 file exists; remove it first
```

Man muss die Datei also vorher löschen. Ein Beispiel auf Unix:

```
rm text.txt; cvs remove text.txt
```

CVS gibt aus:

```
cvs server: scheduling 'text.txt' for removal
cvs server: use 'cvs commit' to remove this file
   permanently
```

Das anschließende

```
cvs commit
```

gibt dann aus:

```
Removing text.txt;
/var/lib/cvs/TextPrinter1/text.txt,v  <--  text.txt
new revision: delete; previous revision: 1.1
done
```

Die Revision der Datei wird nun als »delete« bezeichnet, das bedeutet, dass CVS die Datei aus dem »normalen« Teil des Repositories herausgenommen hat. CVS darf die Datei nicht wirklich löschen, schließlich könnte sie noch in alten Releases enthalten sein. Fordert ein Entwickler einen solchen alten Releasestand aus dem Repository an, so muss er natürlich auch die zu einem späteren Zeitpunkt gelöschte Datei bekommen.

Der »Dachboden« von CVS

Statt die Datei zu löschen, verschiebt CVS sie in ein Verzeichnis mit dem Namen **Attic** (englisch für Dachboden). Dort wird die Datei weiterhin aufbewahrt. Jedes Modul besitzt seinen eigenen Dachboden.

Führt nun ein anderer Entwickler ein Update auf der betreffenden Datei durch, so wird diese aus seiner lokalen Arbeitskopie gelöscht. CVS gibt eine entsprechende Meldung aus:

```
cvs server: Updating .
cvs server: text.txt is no longer in the repository
```

Danach ist die Datei verschwunden.

Der Befehl remove in WinCvs

In WinCvs löscht man Dateien über den Befehl **Modify · Remove**. Im Gegensatz zu den Kommandozeilen-Clients darf die Datei hier vorher nicht lokal gelöscht werden, WinCvs übernimmt das Löschen selbst! Aus der Symbolleiste wird **remove** durch ein geschwungenes schwarzes »X« ausgelöst.

6.12.2 Verzeichnisse löschen

Beim Löschen von Verzeichnissen trifft man auf die konzeptionellen Probleme, die CVS mit Verzeichnissen hat. Da Verzeichnisse nicht der Revisionskontrolle unterliegen, haben sich die CVS-Entwickler einen eher ungewöhnlichen Ansatz einfallen lassen: Verzeichnisse werden beim Update aus der lokalen Arbeitskopie gelöscht, wenn sie keine Dateien enthalten. Dazu muss beim Aufruf des Befehls **update** die Option –P angegeben werden:

```
cvs update -P subdir
```

Wenn **subdir** keine Dateien enthält, dann wird es automatisch in der lokalen Arbeitskopie gelöscht. Im Repository bleibt es allerdings für alle Zeiten enthalten.

Leere Verzeichnisse

Als Konsequenz aus diesem Verhalten lassen sich mit CVS keine leeren Verzeichnisse verwalten. Man sollte immer mindestens eine Datei hinein tun, auch wenn es nur ein »Dummy« ist.

6.13 Dateien und Verzeichnisse umbenennen

6.13.1 Vorgehensweise bei Dateien

CVS besitzt keine direkten Befehle für das Umbenennen von Dateien und Verzeichnissen. Bei einer Datei geht man folgendermaßen vor: Man löscht die Datei unter ihrem alten Namen und fügt sie mit dem neuen Namen wieder hinzu. Unter Unix sieht das dann so aus:

```
$mv datei.alt datei.neu

$cvs remove datei.alt
cvs server: scheduling 'datei.alt' for removal
cvs server: use 'cvs commit' to remove this file
    permanently

$cvs add datei.neu
cvs server: scheduling file 'datei.neu' for addition
cvs server: use 'cvs commit' to add this file permanently

$cvs commit -m "datei.alt in datei.neu umbenannt"
    datei.alt datei.neu
Removing datei.alt;
/var/lib/cvs/test/datei.alt,v  <--  datei.alt
new revision: delete; previous revision: 1.1
done
RCS file: /var/lib/cvs/test/datei.neu,v
done
Checking in datei.neu;
/var/lib/cvs/test/datei.neu,v  <--  datei.neu
initial revision: 1.1
done
```

6.13.2 Vorgehensweise bei Verzeichnissen

Prinzipiell geht man beim Umbenennen von Verzeichnissen genauso vor. Man löscht das alte Verzeichnis und legt es unter dem neuen Namen erneut an. Darin enthaltene Dateien müssen natürlich kopiert werden. In dem alten Verzeichnis werden alle Dateien entfernt, im neuen Verzeichnis müssen sie wieder hinzugefügt werden. Das leere alte Verzeichnis wird durch ein **update –P** aus der lokalen Arbeitskopie entfernt. Dies soll an einem Beispiel – es wird eine Unix-Shell verwendet – gezeigt werden:

Zunächst wird ein Verzeichnis für das Beispiel angelegt, es heißt **subdir**:

```
$mkdir subdir
```

Dieses Verzeichnis wird nun mit dem Befehl **add** dem Repository hinzugefügt:

```
$cvs add subdir
```

CVS gibt aus:

```
Directory /var/lib/cvs/TextPrinter1/subdir added to the
    repository
```

Daraufhin wechselt man in dieses Verzeichnis

```
$cd subdir
```

und legt eine leere Datei an. Diese heißt **afile**:

```
$touch afile
```

Auch diese Datei wird dem Repository hinzugefügt:

```
$cvs add afile
```

CVS gibt aus:

```
cvs server: scheduling file 'afile' for addition
cvs server: use 'cvs commit' to add this file permanently
```

Für Dateien muss der Befehl **commit** ausgeführt werden:

```
$cvs commit -m "afile hinzugefügt" afile
```

CVS gibt aus:

```
RCS file: /var/lib/cvs/TextPrinter1/subdir/afile,v
done
Checking in afile;
/var/lib/cvs/TextPrinter1/subdir/afile,v  <--  afile
initial revision: 1.1
done
```

Das eben angelegte und eingecheckte Verzeichnis **subdir** soll nun in **newsubdir** umbenannt werden. Dazu wechselt man zunächst wieder eine Verzeichnisebene nach oben und legt dort das neue Verzeichnis an:

```
$cd ..
$mkdir newsubdir
```

Jetzt kopiert man die Datei **afile** aus dem alten Verzeichnis in das neue Verzeichnis:

```
$cp subdir/afile newsubdir/
```

Nun wechselt man in das alte Verzeichnis und löscht dort die Datei **afile**

```
$cd subdir
$rm afile
```

Mit dem Befehl **remove** wird die Datei auch aus dem Repository entfernt:

```
$cvs remove afile
```

CVS gibt aus:

```
cvs server: scheduling 'afile' for removal
cvs server: use 'cvs commit' to remove this file
   permanently
```

Dies bestätigt man mit **commit**:

```
cvs commit afile
Removing afile;
/var/lib/cvs/TextPrinter1/subdir/afile,v  <--  afile
new revision: delete; previous revision: 1.1
done
```

Jetzt wechselt man wieder das Verzeichnis und fügt **newsubdir** dem Repository hinzu:

```
$cd ..
$cvs add newsubdir
```

CVS gibt aus:

```
? newsubdir/afile
Directory /var/lib/cvs/TextPrinter1/newsubdir added to the
   repository
```

Man wechselt nun in das neue Verzeichnis und fügt dort die Datei **afile** hinzu:

```
$cd newsubdir
$ cvs add afile
```

CVS gibt aus:

```
cvs server: scheduling file 'afile' for addition
cvs server: use 'cvs commit' to add this file permanently
```

Man ruft dann noch ein **commit** auf:

```
$cvs commit -m "afile wieder hinzugefuegt" afile
```

CVS gibt aus:

```
RCS file: /var/lib/cvs/TextPrinter1/newsubdir/afile,v
done
Checking in afile;
/var/lib/cvs/TextPrinter1/newsubdir/afile,v  <--  afile
initial revision: 1.1
done
```

Nun wechselt man nochmals eine Verzeichnisebene nach oben. Das alte Verzeichnis mit dem Namen **subdir** soll aus der Arbeitskopie gelöscht werden. Dazu ruft man den Befehl **update** mit der Option –P auf:

```
$cd ..
$cvs update -P
```

CVS gibt aus:

```
cvs server: Updating .
cvs server: Updating newsubdir
cvs server: Updating subdir
```

CVS führt **subdir** zwar noch in seiner Ausgabe auf, wenn man allerdings nachsieht, ist das Verzeichnis **subdir** nicht mehr vorhanden:

```
$ls -l
```

gibt aus:

```
total 16
drwxr-xr-x  2 frank   src   4096 Nov 24 11:02 CVS
-rw-r--r--  1 frank   src   1402 Nov 19 12:27 TextPrinter.java
```

```
drwxr-xr-x  3 frank    src    4096 Nov 24 11:02 newsubdir
-rw-r--r--  1 frank    src      30 Nov 19 12:24 text.txt
```

Allerdings existiert das Verzeichnis im Repository weiter. Vergisst man CVS beim Update mit der Option –P aufzurufen, so wird das Verzeichnis **subdir** in der lokalen Arbeitskopie wieder angelegt! Dies ist eine der Stellen, an denen CVS leider nicht vollständig durchdacht worden und somit inkonsistent ist.

6.14 Arbeiten mit Tags: tag und rtag

6.14.1 Ein Release anlegen

Irgendwann kommt in jedem Projekt der Zeitpunkt, an dem man einen Versionsstand erreicht hat, den man aufbewahren möchte. In der CVS-Terminologie heißt das, man möchte ein Release anlegen. Dazu gibt es die CVS-Befehle **tag** und **rtag**. Diese Befehle kennzeichnen ein Menge von Dateien oder ein Modul mit einem textlichen Bezeichner, einem *Tag*. Ein Tag muss immer mit einem Buchstaben beginnen, darf dann aber auch Ziffern, Bindestriche und Unterstriche enthalten. Die beiden Befehle **tag** und **rtag** bewirken grundsätzlich das Gleiche, sie unterscheiden sich nur in ihrer Arbeitsgrundlage: **tag** arbeitet auf Dateien der lokalen Arbeitskopie, **rtag** auf ganzen Modulen im Repository. Ein Beispiel:

```
cvs rtag Version1 TextPrinter1
```

CVS gibt aus:

```
cvs rtag: Tagging TextPrinter1
```

CVS kennzeichnet in diesem Fall alle Dateien des Moduls **TextPrinter1** mit dem Tag **Version1**. Dabei wird das Tag immer der neuesten Revision jeder Datei zugewiesen. Man kann das Tag allerdings auch aus der lokalen Arbeitskopie heraus zuweisen:

```
cvs tag Version1 TextPrinter1
```

CVS gibt aus:

```
cvs server: Tagging TextPrinter1
T TextPrinter1/TextPrinter.java
T TextPrinter1/text.txt
```

CVS läuft hierbei sichtbar über jede Datei der lokalen Arbeitskopie und setzt das angegebene Tag. Im Gegensatz zum Befehl **rtag** wird dabei

tag vs. rtag

immer die Revision mit dem Tag belegt, die sich in der lokalen Arbeitskopie befindet. Der Befehl **tag** ist somit die etwas sicherere Variante, schließlich weiß man genau, was man als Release kennzeichnet; bei der Verwendung von **rtag** könnte immer noch jemand gleichzeitig Dateien einchecken und damit den Releasestand durcheinander bringen. Nachteilig am Befehl **tag** ist, dass er für jede Datei einzeln auf den CVS-Server zugreift und damit langsamer arbeitet als **rtag**. Außerdem sollte man sich darüber im Klaren sein, dass lokale Veränderungen natürlich nicht in das Release eingehen. Diese müssen erst eingecheckt werden und damit erhöht sich die Revisionsnummer. Setzt man das Tag vor dem **commit**, so sitzt das Tag eine Revisionsnummer »zu tief«, das Tag bezeichnet dann die Version, die die Änderungen noch nicht enthält.

6.14.2 Tags löschen

Genauso einfach, wie sich Tags setzen lassen, können sie auch wieder gelöscht werden. Dazu dient die Option –d. Sie wird von **tag** und **rtag** unterstützt:

```
cvs tag -d Version1 TextPrinter1
```

gibt aus:

```
cvs server: Untagging TextPrinter1
D TextPrinter.java
D text.txt
```

6.14.3 Die Befehle tag und rtag in WinCvs

In WinCvs und gCvs ruft man **rtag** aus dem Menü über **Create · Create a tag by module...** auf. Es erscheint das in Abbildung 6.17 gezeigte Dialogfeld.

Tags löschen in WinCvs
Gelöscht werden Tags in WinCvs durch einen eigenen Befehl: **Create · Delete a tag...** Dazu müssen dann wieder Tag-Bezeichner und Modulname in das zuständige Window-Dialogfeld eingetragen werden.

Tags aus der lokalen Arbeitskopie werden in WinCvs und gCvs aus dem Menü über **Modify · Create a tag on selection...** oder das Symbol mit dem blauen »T« angelegt. Dabei werden die jeweils selektierten Dateien und Verzeichnisse »getagged«. Über **Modify · Delete a tag...** kann man Tags wieder löschen.

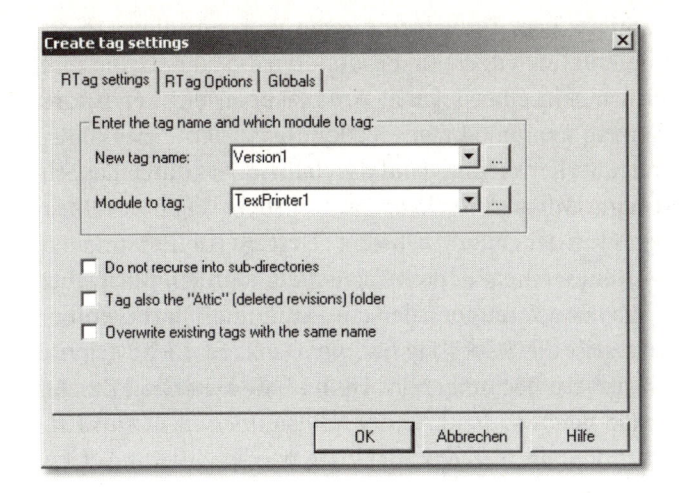

Abbildung 6.17 rtag in WinCvs

6.14.4 Einen alten Versionsstand rekonstruieren

Hat man nun Releases mittels Tags angelegt, so ist es ein Leichtes, den entsprechenden Versionsstand später wieder zu rekonstruieren. Möchte man eine eigene lokale Arbeitskopie mit dem entsprechenden Releasestand auschecken, so verwendet man den Befehl **checkout** mit der Option –r:

```
cvs checkout -r Version1 TextPrinter1
```

Möchte man hingegen eine bestehende Arbeitskopie auf den Stand des Releases bringen, so verwendet man den Befehl **update** mit der Option -r:

```
cvs update -r Version1 TextPrinter1
```

Man beachte allerdings, dass hierbei die normalen Merging-Mechanismen des Befehls **update** zum Zuge kommen und deshalb Konflikte auftreten können. Dies ist vor allen Dingen dann der Fall, wenn der gegenwärtige Zustand der lokalen Arbeitskopie und des angegebenen Releases sehr unterschiedlich sind.

Konflikte sind möglich

6.15 Sticky Tags

Sticky Tags sind Tags, die an einer oder mehreren Dateien einer lokale Arbeitskopie »kleben« bleiben. Damit ist gemeint, dass eine Datei mit einem Sticky Tag sich anders verhält, als eine Datei ohne ein solches Tag. Der Begriff »Sticky Tag« ist irreführend. Man könnte meinen, es hier mit einer besonderen Art von Tags zu tun zu haben, was allerdings nicht der Fall ist. Sticky Tags sind ganz normale Tags, nur die Datei an der sie »kleben« befindet sich in einem besonderen Zustand. Daher gibt es Sticky Tags auch nur in einer lokalen Arbeitskopie, das Repository und der CVS-Server kennen keine Sticky Tags. Ein Sticky Tag beschränkt die Datei, an der es hängt, auf das Release, das durch das Sticky Tag definiert wird. Mit anderen Worten: Ein Sticky Tag friert einen bestimmten Zustand einer oder mehrerer Dateien in der lokalen Arbeitskopie ein. Neben einem echten Tagnamen kann ein Sticky Tag auch durch eine Revisionsnummer oder ein Datum definiert werden. Setzt man beispielsweise ein Sticky Tag für eine Datei auf die Revisionsnummer 1.2, so kann ein nachfolgendes Update die Datei nicht mehr verändern. Die Datei bleibt so lange in der Revision 1.2 in der lokalen Arbeitskopie vorhanden, bis man das Sticky Tag wieder aufhebt. Setzen lässt sich ein Sticky Tag mit den Optionen –r oder –D.

Ein Beispiel:

```
cvs update -r 1.1 TextPrinter.java
```

setzt ein Sticky Tag auf der Datei **TextPrinter.java**. Die Datei wird auf den Stand der Revision 1.1 gebracht, egal welchen Stand die Datei vorher hatte. Nachfolgende Updates verändern die Datei nicht, sie bleibt auf dem Revisionsstand 1.1.

Abfrage mit dem Befehl status

Ob eine Datei mit einem Sticky Tag belegt ist, lässt sich durch den Befehl **status** herausfinden. Status gibt ein eventuell vorhandenes Sticky Tag aus:

```
cvs status TextPrinter.java
```

gibt aus:

```
File: TextPrinter.java  Status: Up-to-date

Working revision:    1.1
Repository revision: 1.1
   /var/lib/cvs/TextPrinter1/TextPrinter.java,v
Sticky Tag:          1.1
Sticky Date:         (none)
Sticky Options:      (none)
```

Ein Sticky Tag zurücksetzen

Zurücksetzen lässt sich ein Sticky Tag mit der Option –A des Befehls **update**:

```
cvs update -A TextPrinter.java
```

Danach enthält die Datei **TextPrinter.java** wieder den aktuellen Revisionsstand aus dem Repository.

Sticky Tags in der bisher beschriebenen Funktion werden von Entwicklern kaum verwendet. Richtig sinnvoll werden Sticky Tags erst, wenn man mit Verzweigungen arbeitet. Bei Verzweigungen »klebt« das Sticky Tag an der Revision des Zweigs selbst und nicht an den Revisionen einzelner Dateien. Dies hat zur Folge, dass die Dateien innerhalb des Zweigs wieder einer normalen Revisionsfolge unterliegen und nicht auf einer Revision festgehalten werden.

Sticky Tags werden für Verzweigungen benötigt

6.16 Zu einer alten Version zurückkehren

6.16.1 Die Optionen –r und –D des Befehls update

Wie es schon im vorherigen Abschnitt beschrieben wurde, gibt es die Optionen –r und –D des Befehls **update**, um zu einer alten Version einer oder mehrerer Dateien zurückzukehren. Ein Beispiel:

```
cvs update -r 1.1 TextPrinter.java
```

Bei der Option –r ist die Angabe einer Revisionsnummer oder eines Tags zulässig. Die Angabe einer Revisionsnummer ist meistens nur bei einzelnen Dateien sinnvoll, da sich die Dateien eines Projekts fast immer unterschiedlich schnell verändern und daher verschiedene Revisionsstände haben. Bei mehreren Dateien oder einem ganzen Modul wird man daher meist mit Tags arbeiten:

```
cvs update -r Version1 TextPrinter1
```

Dieser Befehl bringt die lokale Arbeitskopie des Moduls TextPrinter1 auf den Stand, der durch das Tag »Version1« definiert wird.

6.16.2 Die Optionen –r und –D des Befehls checkout

Nicht immer möchte man eine bestehende lokale Arbeitskopie auf einen alten Stand bringen, oft möchte man den alten Versionsstand in einer eigenen lokalen Arbeitskopie ablegen. Dies ist mit dem Befehl **checkout** möglich, auch dieser unterstützt die Optionen –r und –D:

```
cvs checkout -r Version1 TextPrinter.java
```

Damit wird eine eigene lokale Arbeitskopie angelegt, die die Version enthält, die durch das Tag »Version1« definiert wird.

Hat man zu der alten Version einer Datei oder eines Moduls kein Tag angelegt, so bleibt immer noch die Möglichkeit, den alten Versionsstand durch Angabe des Datums zurückzuholen. Dazu wird die Option –D der Befehle **update** und **checkout** verwendet:

```
cvs checkout -D 2003-08-22 TextPrinter1
```

Dieser Befehl checkt das Modul TextPrinter1 aus, wie es am 22. August 2003 bestanden hat.

> Wenn man einen Versionsstand mittles der Optionen –r oder –D auscheckt, dann sollte sich darüber im Klaren sein, dass man damit gleichzeitig ein Sticky Tag setzt, und dass man explizit wieder zurücksetzen muss, wenn man zu der aktuellen Revision zurückkehren möchte. Sonst wundert man sich eventuell, weshalb bestimmte Dateien der Arbeitskopie nicht aktualisiert werden. Ein Sticky Tag setzt man mit der Option –A zurück:
>
> ```
> cvs update -A TextPrinter.java
> ```
>
> Nach Ausführung des Befehls besitzt die Datei **TextPrinter.java** wieder den aktuellen Revisionsstand.

6.16.3 Alte Versionen in WinCvs auschecken

In WinCvs findet man die Optionen zum Auschecken alter Versionen auf den Reitern »Sticky Options« (beim Befehl **update**) und »Checkout Options« (beim Befehl **checkout**). Hier füllt man entweder das Feld »Before date« aus oder gibt eine Revisionsnummer oder ein Tag im Feld »Retrieve rev./tag/branch« an. Auch beide Angaben gleichzeitig sind möglich. Das ist sinnvoll, wenn man eine Version per Datum aus einer Verzweigung extrahieren möchte. Abbildung 6.18 zeigt die Eingabeoptionen am Beispiel von **update**.

Um zur aktuellen Version zurückzukehren, kann man in WinCvs die Option »Reset any sticky date/tag/-k -options« auswählen. Diese findet man auf dem Reiter »Update Settings«.

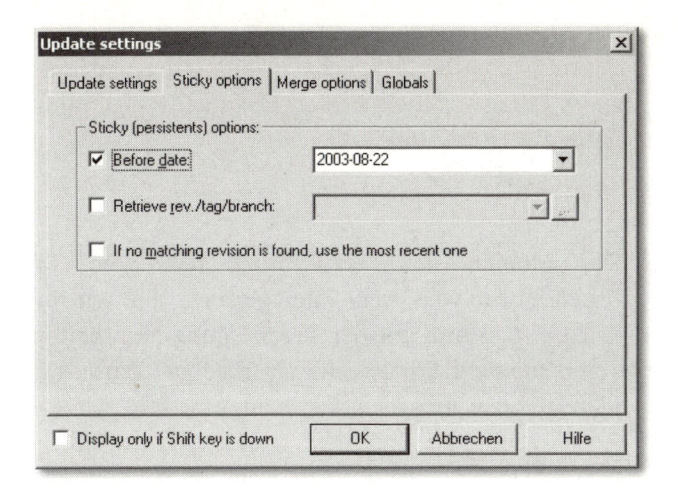

Abbildung 6.18 Ein Update mit Datumsangabe

6.17 Die Arbeit mit Verzweigungen

6.17.1 Gründe für Verzweigungen

Verzweigungen gehören schon zu den etwas anspruchsvolleren Themen bei der Arbeit mit CVS. Man verwendet Verzweigungen, wenn aus bestimmten Gründen mehrere Versionen des Sourcecodes parallel existieren sollen. Ein Grund dafür können experimentelle Entwicklungen sein, die zu einem späteren Zeitpunkt in die normale Entwicklung übernommen oder aber verworfen werden sollen. Ein weiterer Grund ist die Verwaltung von Fehlerkorrekturen, während an der normalen Entwicklung weiter gearbeitet wird. In diesem Fall werden Fehlerkorrekturen in einem separaten Zweig geführt, der immer auf der letzten stabilen Version basiert. Die Fehlerkorrekturen werden dabei regelmäßig in den Hauptzweig überführt, so dass auch die normale Entwicklung von ihnen profitiert.

6.17.2 Verzweigungen anlegen und auschecken

Zur Verwendung von Verzeigungen sind keine weiteren CVS-Befehle notwendig, sie lassen sich mit den bereits beschriebenen Mitteln verwalten. Eine Verzweigung wird mittels der Befehle **tag** oder **rtag** angelegt. Genau wie bei Releases kann man auch Verzweigungen auf der Basis der lokalen Arbeitskopie (Befehl **tag**) oder des Repositories (Befehl **rtag**) anlegen. Mit der Option –b teilt man CVS mit, dass man eine Verzweigung anlegen möchte:

```
cvs tag -b Verzweigung1 TextPrinter1
```

CVS gibt aus:

```
cvs server: Tagging TextPrinter1
T TextPrinter1/TextPrinter.java
T TextPrinter1/text.txt
```

Die Verzweigung auschecken

CVS hat nun die Dateien von TextPrinter1 mit dem Tag »Verzweigung1« versehen. So weit sieht alles genauso aus wie bei einem normalen Release. Um nun auf der Verzweigung zu arbeiten, muss man hierfür eine separate Arbeitskopie auschecken. Dafür gibt man – in einem anderen Verzeichnis – ein:

```
cvs checkout -r Verzweigung1 TextPrinter1
```

CVS gibt aus:

```
cvs server: Updating TextPrinter1
U TextPrinter1/TextPrinter.java
U TextPrinter1/text.txt
```

Ausgaben von status auf der Verzweigung

Bisher ist noch kein Unterschied zu einer normalen lokalen Arbeitskopie zu erkennen. Erste Unterschiede werden allerdings deutlich, wenn man den Befehl **status** auf der neuen lokalen Arbeitskopie aufruft:

```
cvs status TextPrinter1
```

CVS gibt aus:

```
cvs server: Examining TextPrinter1
===========================================================
File: TextPrinter.java   Status: Up-to-date

   Working revision:    1.5
   Repository revision: 1.5
   /var/lib/cvs/TextPrinter1/TextPrinter.java,v
   Sticky Tag:          Verzweigung1 (branch: 1.5.2)
   Sticky Date:         (none)
   Sticky Options:      (none)


===========================================================
File: text.txt           Status: Up-to-date

   Working revision:    1.3
   Repository revision: 1.3
```

```
/var/lib/cvs/TextPrinter1/text.txt,v
Sticky Tag:          Verzweigung1 (branch: 1.3.2)
Sticky Date:         (none)
Sticky Options:      (none)
```

Die Dateien der lokale Arbeitskopie sind nun mit dem Sticky Tag »Verzweigung1« versehen worden. Dahinter wird in Klammern die dreistellige Revisionsnummer der neu angelegten Verzweigung ausgegeben. Diese Revisionsnummer wird für jede Datei einzeln zugewiesen, kann also auch für jede Datei verschieden sein.

Die Revisionsnummern von Verzweigungen

6.17.3 Das Sticky Tag der Verzweigung

Das Sticky Tag, das die Verzweigung definiert, verhält sich etwas anders als einfache Sticky Tags (zu Sticky Tags siehe Abschnitt 6.15, »Sticky Tags«). Statt eine Datei auf einer Revision oder einem Datum »festzuhalten«, wird die Datei in der Verzweigung »festgehalten«. Innerhalb der Verzweigung unterliegt die Datei nun einem erweiterten Schema bei der Nummerierung der Revisionsnummern. Die Revisionsnummer wird mit jeder Verzweigung um zwei durch Punkte abgetrennte Zahlen verlängert. Hat eine Datei im Hauptzweig beispielsweise die Revisionsfolge

1.1, 1.2, 1.3, 1.4, 1.5, 1.6 ...

so könnte sie in einer Verzweigung die Revisionsfolge

1.5.2.1, 1.5.2.2, 1.5.2.3 ...

haben. Die ersten beiden Zahlen geben die Position des Abzweigs an. In diesem Beispiel wurde die Verzweigung auf der Revisionsnummer 1.5 angelegt. In der Verzweigung bleiben die beiden Zahlen immer gleich. Die dritte Zahl bestimmt die Verzweigung selbst. CVS weist hier immer die nächste freie gerade Zahl zu, die größer als 0 ist. Legt man die erste Verzweigung auf einer Revision an, so ist das immer die Zahl 2. Es kann allerdings mehrere Verzweigungen geben, die von einer Revision abgehen. In diesem Fall zählt CVS die geraden Zahlen weiter hoch: 4, 6, 8 etc.

Auch die Verzweigung selbst besitzt pro Datei eine Revisionsnummer. Diese Revisionsnummer hat immer eine ungerade Anzahl von Stellen, bei einer Verzweigung vom Hauptzweig ist sie immer dreistellig. Bei der nächsten Unterverzweigung ist sie fünfstellig usw. Die Revisionsnummer der Verzweigung wird vom Befehl **status** ausgegeben; im obi-

Vergabeschema der Verzweigungsrevisionsnummern

gen Beispiel sind dies die Revisionsnummern 1.5.2 für **TextPrinter.java** und 1.3.2 für **text.txt**. Die Revisionsnummern von Verzweigungen sind notwendig, damit CVS den Zweig damit verwalten kann. Durch das Hinzufügen einer weiteren Zahl entstehen die Revisionsnummern der dem Zweig zugeordneten Dateirevisionen.

6.17.4 Unterverzweigungen

Von einer Verzweigung kann natürlich wieder eine weitere Verzweigung abgehen. Die Revision der ersten Unterverzweigung wäre dann sechsstellig, die der zweiten Unterverzweigung achtstellig. Unterverzweigungen sind allerdings eher theoretischer Natur, in der Praxis kommen sie kaum vor. Abbildung 6.19 zeigt noch einmal einige Verzweigungen und Unterverzweigungen mit den zugehörigen Revisionsnummern.

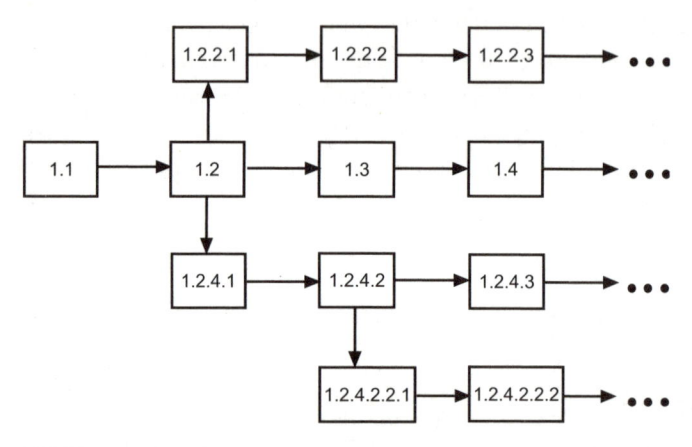

Abbildung 6.19 Mehrere Verzweigungen in CVS

Eine Verzweigung ist eine eigenständige Entwicklungslinie, in der zunächst völlig getrennt von der Hauptlinie weiter gearbeitet wird. Arbeiten in der Hauptlinie wirken sich nicht auf Verzweigungen aus, und die Arbeit an einer Verzweigung wirkt sich auch nicht auf die Hauptlinie oder auf andere Verzweigungen aus.

6.17.5 Einchecken in die Verzweigung

Unser Beispiel von eben sei nun weiter geführt. In der lokalen Arbeitskopie mit den Dateien der Verzweigung1 wird die Datei **TextPrinter.java** verändert. Anschließend wird diese neu eingecheckt:

```
cvs commit -m "Bugfix" TextPrinter.java
```

CVS gibt aus:

```
Checking in TextPrinter.java;
/var/lib/cvs/TextPrinter1/TextPrinter.java,v  <--
   TextPrinter.java
new revision: 1.5.2.1; previous revision: 1.5
done
```

Man sieht, dass die Datei **TextPrinter.java** mit der ersten Änderung innerhalb der Verzweigung eine vierstellige Revisionsnummer bekommen hat.

6.17.6 Änderungen in den Hauptzweig übernehmen

Verzweigungen werden meist mit dem Hintergedanken angelegt, dass die Änderungen, die sie enthalten, irgendwann wieder in die Hauptlinie der Entwicklung zurückgeführt werden sollen. Hätte man diese Absicht nicht, so könnte man ja auch einfach den Sourcecode duplizieren und dann darauf weiterarbeiten.

Rückführungen in den Hauptzweig der Entwicklung können dateiweise, über mehrere Verzeichnisse oder ganze Module erfolgen. Diese Rückführung wird normalerweise mit dem Befehl **update** vorgenommen. Man begibt sich dazu in eine lokale Arbeitskopie, die die Dateien des Hauptzweigs enthält. An dieser Stelle ruft man den Befehl **update** mit der Option –j auf, um die Änderungen einer Verzweigung mit den Änderungen des Hauptzweiges zusammenzuführen. Dabei werden die normalen Merging-Funktionen von CVS verwendet:

```
cvs update -j Verzweigung1 TextPrinter1
```

CVS gibt aus:

```
cvs server: Updating TextPrinter1
RCS file: /var/lib/cvs/TextPrinter1/TextPrinter.java,v
retrieving revision 1.5
retrieving revision 1.5.2.1
Merging differences between 1.5 and 1.5.2.1 into
   TextPrinter.java
```

In diesem Fall ist die Zusammenführung ohne Konflikt verlaufen. Man kann das Ergebnis nun sogleich wieder einchecken und erhält dann die Revision 1.6 der Datei **TextPrinter.java**.

Zusammenführung mittels checkout

Es sei angemerkt, dass eine Zusammenführung von Zweigen auch mittels des Befehls **checkout** möglich ist. Auch der Befehl **checkout** bietet dazu die Option –j an. Man checkt damit eine neue lokale Arbeitskopie aus und übernimmt gleichzeitig die Änderungen aus einem anderen Zweig. In der Praxis wird diese Variante eher selten verwendet; meist hat man schon eine lokale Arbeitskopie auf der man die Übernahme durchführen möchte.

Weitere Änderungen übernehmen

Oft wird nach der Übernahme der Änderungen aus einer Verzweigung sowohl im Hauptzweig als auch im Nebenzweig weiter gearbeitet. In diesem Fall wird irgendwann eine weitere Übernahme der neuen Änderungen aus dem Nebenzweig in den Hauptzweig notwendig. Bei dieser wiederholten Übernahme möchte man natürlich die bereits übernommenen Änderungen nicht nochmals neu übernehmen, da dies zu Problemen führen könnte. Die Lösung zu diesem Problem besteht darin, nur die Änderungen aus den Revisionen zu übernehmen, die seit der letzten Übernahme hinzu gekommen sind. Zu diesem Zweck ruft man den Befehl **update** zweimal mit der Option –j auf. Es werden dann nur die Änderungen übernommen, die zwischen den beiden angegebenen Versionen liegen. Im Beispiel sieht das dann für eine zweite Übernahme, nur bezogen auf die Datei **TextPrinter.java**, so aus (im Verzeichnis **TextPrinter1**):

```
cvs update -j 1.5.2.1 -j Verzweigung1 TextPrinter.java
```

CVS gibt aus:

```
RCS file: /var/lib/cvs/TextPrinter1/TextPrinter.java,v
retrieving revision 1.5.2.1
retrieving revision 1.5.2.3
Merging differences between 1.5.2.1 and 1.5.2.3 into
   TextPrinter.java
```

Problematisch ist dies bei mehreren Dateien, da die meisten verschiedene Revisionsummern tragen. Es ist daher sinnvoll, bei der ersten Übernahme (und jeweils nächsten Übernahme) ein Tag zu setzen, auf das man sich später beziehen kann. So lassen sich dann auch spätere Übernahmen ohne weitere Probleme durchführen. Nennt man das Tag beispielsweise »Uebernahme1«, so kann man mit dem Befehl

```
cvs update -j Uebernahme1 -j Verzweigung1 TextPrinter1
```

das ganze Modul erneut mit der Verzweigung und in einem Rutsch abgleichen.

6.17.7 Die Arbeit mit Verzweigungen in WinCvs

In WinCvs legt man eine Verzweigung entweder über den Menüpunkt **Create · Create a branch...** oder den Menüpunkt **Modify · Create a branch** an. Im ersten Fall legt man die Verzweigung für ein Modul an und benötigt dafür keine lokale Arbeitskopie, im zweiten Fall arbeitet man auf den selektierten Dateien und Verzeichnissen der lokalen Arbeitskopie. Zu beiden Befehlen muss jeweils ein Dialogfeld ausgefüllt werden, in dem der Name der Verzweigung und im ersten Fall zusätzlich der Name des Moduls angegeben werden muss.

Die Rückführung in den Hauptzweig erfolgt auch bei WinCvs mit dem Befehl **update**. Die notwendigen Informationen werden unter dem Reiter »Merge options« eingetragen. Abbildung 6.20 zeigt diesen Reiter.

Rückführung in den Hauptzweig

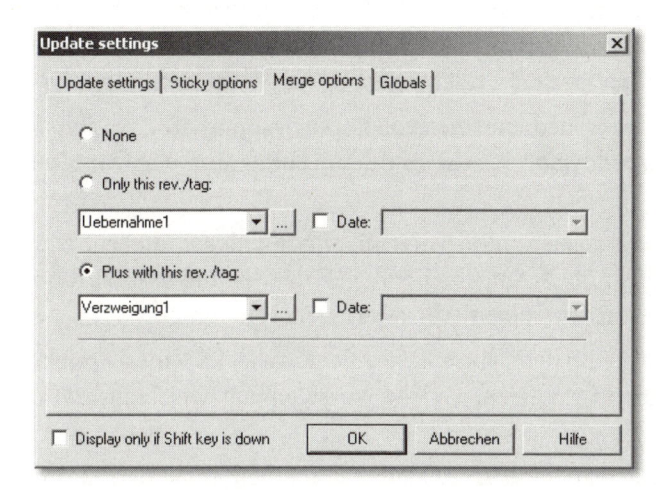

Abbildung 6.20 Merge Options in WinCvs

Die Auswahl »None« entspricht einem Aufruf von **update** ohne die Option –j. Die beiden nachfolgenden Auswahlmöglichkeiten entsprechen dem Aufruf von **update** mit einfacher oder zweifacher Angabe der Option –j.

6.17.8 Einsatzbereiche von Verzweigungen

Bevor man Verzweigungen einsetzt, sollte man sich ein paar Gedanken dazu machen, was mit ihnen bewirken möchte. Verzweigungen, die nicht vernünftig verwaltet werden, können schnell zu Teufelszeug werden und ein Projekt ins Chaos stürzen. Im schlimmsten Fall hat kein Projektmitglied mehr den Überblick, was jetzt eigentlich in welchem Zweig passiert und wie alles wieder zusammengeführt werden soll. Daher sollen hier ein paar Tipps gegeben werden:

- CVS beherrscht auch die Verwaltung von Unterverzweigungen, also Verzweigungen von Verzweigungen. Meist ist dies in realen Projekten aber unsinnig; man muss schon einen sehr guten Grund haben, um eine Unterverzweigung einzusetzen.
- Man sollte Verzweigungen deutlich als solche kennzeichnen, sie also entsprechend benennen, damit man normale Tags und Verzweigungen auseinander halten kann.
- Zu viele Verzweigungen gleichzeitig sind kaum sinnvoll. Bei der Zusammenführung ist dann mit vielen Konflikten zu rechnen. Je weniger Verzweigungen, desto besser. Längere Entwicklungsstrecken sind in den meisten Projekten ohne Verzweigungen machbar!
- Jede Verzweigung bedeutet zusätzliche Verwaltungsarbeit! Schließlich soll sie irgendwann wieder mit dem Hauptzweig verschmolzen werden.
- Nicht jeder Entwickler sollte Verzweigungen anlegen dürfen. Normalerweise liegt diese Aufgabe bei der Projektleitung und wird nur von einer Person (und einem Vertreter) wahrgenommen.
- Verlieren Sie nicht den Überblick! Alle Entwickler eines Projekts sollten immer klar wissen, welche Verzweigung welchem Zweck dient.
- Oft bietet es sich an, eine Verzweigung von einem normalen Tag aus zu starten. Man kann auf diese Weise auch eine Verzweigung in der Projektvergangenheit starten, beispielsweise in dem man von einem bereits vorhandenen Release-Tag aus verzweigt. Dies kann mit dem Befehl **rtag** erfolgen:

```
cvs rtag -b -r Version1 Version1_Bugfix_Zweig
   TextPrinter1
```

Dieses Kommando legt den neuen Zweig »Version1_bugfix_Zweig« auf dem Release »Version1« an. Dieses kann sich bereits weit in der Projektvergangenheit befinden.

6.18 Änderungen rückgängig machen

Manchmal tritt der Fall ein, dass ein Entwickler Änderungen vorgenommen hat, die in dieser Form nicht übernommen werden sollen. Die Änderungen stellen sich als Irrweg heraus, man möchte zum vorherigen Stand der Entwicklung zurück kehren. Dies kann man bei einzelnen Dateien mit dem Befehl **update** und zweimaliger Angabe der Option –j erreichen. In einem ersten Schritt stellt man fest, welche Revision der Datei im Repository aktuell ist. Das kann man beispielsweise mit dem Befehl **status** erfahren:

```
cvs status TextPrinter.java
```

gibt aus:

```
===================================================================
File: TextPrinter.java  Status: Up-to-date

   Working revision:    1.3
   Repository revision: 1.3
      /var/lib/cvs/TextPrinter1/TextPrinter.java,v
   Sticky Tag:          (none)
   Sticky Date:         (none)
   Sticky Options:      (none)
```

Die aktuelle Revision hat also die Revisionsnummer 1.3. Möchte man zur Revision 1.1 zurückkehren, so gibt man ein:

```
cvs update -j 1.3 -j 1.1 TextPrinter.java
```

CVS gibt aus:

```
RCS file: /var/lib/cvs/TextPrinter1/TextPrinter.java,v
retrieving revision 1.3
retrieving revision 1.1
Merging differences between 1.3 and 1.1 into
   TextPrinter.java
```

CVS hat die Revision 1.3 mittels seiner Merging-Mechnismen zurück zum Stand der Revision 1.1 geführt. Wichtig ist, dass man die Revision, zu der man zurückkehren möchte, als Zweites angibt! Nachdem CVS den alten Stand wieder hergestellt hat, muss man diese Version noch per **commit** ins Repository zurückführen:

```
cvs commit -m "zurück zum Stand von 1.1" TextPrinter.java
```

CVS gibt aus:

```
Checking in TextPrinter.java;
/var/lib/cvs/TextPrinter1/TextPrinter.java,v <--
    TextPrinter.java
new revision: 1.4; previous revision: 1.3
done
```

Die Datei hat nun zwar die neue Revisionsnummer 1.4 bekommen, der Inhalt befindet sich aber wieder auf dem Stand der Revision 1.1.

Rücknahme von Änderungen im Team

Eine Rücknahme von Änderungen, die man nicht selbst vorgenommen hat, sollte deutlich im Entwicklerteam kommuniziert und begründet werden. Nichts ist frustrierender für einen Entwickler, als wenn ein anderer Entwickler oder gar der Projektleiter eigene Änderungen verworfen hat, ohne dass hierfür ein Grund ersichtlich ist. Daher ist die Rücknahme von Änderungen ein Mittel, das mit Bedacht eingesetzt werden sollte!

6.19 Eine lokale Arbeitskopie freigeben: release

6.19.1 Der Befehl release prüft auf Änderungen in der lokalen Arbeitskopie

Der Befehl **release** dient dazu eine lokale Arbeitskopie freizugeben und gegebenenfalls auch wieder zu löschen. Der Befehl ist nicht wirklich notwendig, man kann eine lokale Arbeitskopie auch löschen, ohne sie explizit freizugeben. Der Befehl **release** ist daher hauptsächlich dazu da, zu überprüfen, ob eine lokale Arbeitskopie noch veränderte Dateien enthält. Dazu ruft man **release** mit dem freizugebenden Verzeichnisnamen auf:

```
cvs release TextPrinter1
```

Existieren noch lokal veränderte Dateien in diesem Verzeichnis oder seinen Unterverzeichnissen, so gibt CVS eine Warnung aus:

```
M text.txt
U TextPrinter.java
You have [1] altered files in this repository.
```

```
Are you sure you want to release directory 'TextPrinter1': n
** 'release' aborted by user choice.
```

Im Beispiel hat der Befehl **release** noch eine veränderte Datei gefunden. Man kann sich nun entscheiden, den Befehl abzubrechen (n) oder fortzufahren (y). Dies ist wichtig, wenn man den Befehl mit der Option –d aufgerufen hat: In diesem Fall löscht **release** nämlich das Verzeichnis und seinen Inhalt!

Die Option –d löscht lokale Arbeitskopie

6.19.2 Der Befehl release in WinCvs

In WinCvs wird **release** über den Menüeintrag **Trace · Release selection** aufgerufen. Dabei muss genau ein Verzeichnis ausgewählt sein, wenn man den Befehl aufruft. Es erscheint dann das in Abbildung 6.21 gezeigte Dialogfeld.

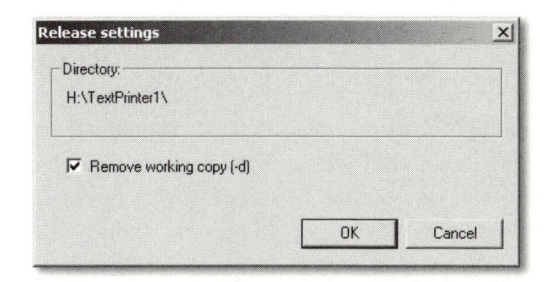

Abbildung 6.21 Der Befehl release in WinCvs

Wählt man den Haken im Dialogfeld aus, so löscht WinCvs das ausgewählte Verzeichnis aus der Arbeitskopie. WinCvs fragt aber vor dem Löschen nochmals nach. Man muss bei der anschließenden Frage (Achtung: der Text der Frage steht im Ausgabefenster, die Frage wird aber per Dialogfeld beantwortet!) auf die Schaltfläche »Yes« klicken, um das Verzeichnis tatsächlich zu löschen.

6.20 Zusammenfassung

Mit der Lektüre des vorliegenden Kapitels sollten Sie nun für die meisten Aufgaben gewappnet sein, die bei der täglichen Arbeit als Softwareentwickler im Entwicklungsprozess mit CVS anfallen. Es sind allerdings bei weitem noch nicht alle Möglichkeiten und Funktionen von CVS besprochen worden. CVS bietet viele Funktionen, die manchmal hilfreich sein können, oft aber nicht genutzt werden. Das nächste Kapitel zeigt weitere Funktionen von CVS, beschreibt mögliche Probleme und Gefahren und gibt einige Tipps und Tricks zu CVS.

7 Fortgeschrittene CVS-Themen

Dieses Kapitel geht auf die Themenbereiche von CVS ein, die nicht zum alltäglichen Repertoire eines jeden CVS-Benutzers gehören. Es gibt ein paar Tipps zur Verwaltung von HTML-Dokumenten und Webseiten mit CVS. Außerdem werden die zusätzlichen Werkzeuge CVSWeb und ViewCVS vorgestellt.

7.1 Optionen vorgeben

Es gibt eine Reihe von Befehlsoptionen, die man eigentlich bei jedem Aufruf angeben möchte. So kann es sein, dass man den Befehl **update** immer mit der Option –P aufrufen möchte, um leere Verzeichnisse zu löschen. Oder man möchte ebenfalls immer die Option –d angeben, um neu dazugekommene Verzeichnisse anzulegen. Um solche Optionen immer mit dem Befehl automatisch anzugeben, kann man eine Datei mit dem Namen **.cvsrc** anlegen und die Optionen dort hineinschreiben. Eine solche Datei kann beispielsweise folgendermaßen aussehen:

```
update -d -P
diff -c
```

Unter Unix wird eine solche Datei immer im Home-Verzeichnis des Benutzers gespeichert. Unter Windows legt man sie in dem Verzeichnis ab, den die beiden Umgebungsvariablen `HOMEDRIVE` und `HOMEPATH` zusammen angeben. Hat man diese nicht explizit gesetzt, so wird das Hauptverzeichnis des Laufwerks angenommen, auf dem Windows installiert ist. Oft ist dies dann also **c:**.

Home-Verzeichnis

7.2 Befehle abkürzen

Die Kommandozeilen-Clients erlauben es, Befehle abzukürzen, so dass man sie schneller eintippen kann. Für viele Befehle gibt es auch noch weitere Synonyme. Eine Liste erhält man, indem man `cvs --help-synonyms` eingibt.

Synonyme

Befehl	Synonyme
add	ad, new
admin	adm, rcs
annotate	ann
checkout	co, get
commit	ci, com
diff	di, dif
export	exp, ex
history	hi, his
import	im, imp
log	lo
login	logon, lgn
rannotate	rann, ra
rdiff	patch, pa
release	re, rel
remove	rm, delete
rlog	rl
rtag	rt, rfreeze
status	st, stat
tag	ta, freeze
update	up, upd
version	ve, ver

7.3 Dateien ignorieren: cvsignore

Es gibt fast in jedem Softwareprojekt Dateien und Verzeichnisse, die beim Erstellungsprozess der Software selbst entstehen, die also nicht Teil des Sourcecodes sind. Weil sie nicht Teil des Sourcecodes sind, wird man sie daher auch nicht mit CVS verwalten wollen. Beispiele für solche Dateien sind **class**-Dateien in Java oder fertig übersetzte **exe**-Dateien bei einer Windows-Programmentwicklung. CVS kennzeichnet solche nicht im Repository befindlichen Dateien mit einem Fragezeichen, beispielsweise beim Befehl **update**:

```
cvs update TextPrinter1
```

Falls sich im gleichen Verzeichnis die fertig kompilierte Datei **TextPrinter.class** befindet, gibt CVS aus:

```
? TextPrinter1/TextPrinter.class
cvs server: Updating TextPrinter1
```

Man kann so ohne Probleme mit CVS arbeiten, falls einen diese Ausgaben nicht stören. Allerdings kann es bei vielen solcher Dateien recht unübersichtlich werden und man weiß später nicht mehr, welche Dateien man tatsächlich vergessen hat, dem Repository hinzuzufügen. Man kann daher CVS anweisen, Dateien mit vorgegebenen Namen zu ignorieren. Eine Möglichkeit hierzu ist es, eine Datei mit dem Namen **.cvsignore** (man achte auf den Punkt am Anfang) im Home-Verzeichnis des Benutzers abzulegen (bei Windows wird das Home-Verzeichnis durch die Umgebungsvariablen HOMEDRIVE und HOMEPATH bestimmt). In jeder Zeile dieser Datei wird ein Name angegeben, der ignoriert werden soll. Da Wildcards erlaubt sind, kann man Dateien mit vorgegebenen Endungen ausblenden. Eine solche Datei könnte beispielsweise folgendermaßen aussehen:

```
*.class
*.exe
*.dll
notizen.txt
```

Man kann **.cvsignore**-Dateien auch im Projekt selbst anlegen. Sie gelten dann jeweils nur für das Verzeichnis, in dem sie gespeichert sind. Solche lokalen **.cvsignore**-Dateien sollten dann auch dem Repository hinzugefügt werden, damit alle Entwickler die gleichen Dateien ignorieren.

Lokale .cvsignore-Dateien

> Der Windows-Explorer kann Dateien mit einem Punkt zu Beginn nicht anlegen. Daher legt man die Datei zunächst ohne einen Punkt an und speichert sie ab. Dann öffnet man eine Eingabeaufforderung und benennt die Datei mit dem Befehl
>
> ```
> ren cvsignore .cvsignore
> ```
>
> um!

Auch bei den serverseitigen Konfigurationsdateien (siehe Abschnitt 8.2, »Die administrativen Dateien in CVSROOT«) kann man eine Datei **cvsignore** (in diesem Fall ohne Punkt) hinzufügen. Normalerweise ist sie

Serverseitige .cvsignore-Datei

nach der Installation des CVS-Servers nicht vorhanden. Die Syntax dieser Datei ist die gleiche, wie bei den auf dem Client gespeicherten Versionen.

Die Umgebungsvariable CVSIGNORE

Schließlich gibt es auch die Möglichkeit, statt einer Datei die Umgebungsvariable `CVSIGNORE` zu setzen. In dieser werden die zu ignorierenden Dateinamen durch Leerzeichen getrennt.

WinCvs und gCvs kennzeichnen ignorierte Dateien und Verzeichnisse mit einem blau durchgestrichenen Symbol oder blenden sie ganz aus (Umschaltung über **View · File Filter · Show Ignored**). Allerdings berücksichtigen sie dabei leider nicht die serverseitige **cvsignore**-Datei.

Dateien beim Import ignorieren

Wichtig kann **cvsignore** beim Import sein. Sind beim Import bereits Dateien vorhanden, die nicht ins Repository importiert werden sollen, so ist es ratsam, diese Dateien vorher in **cvsignore** aufzunehmen. Man spart sich dann sehr viele Angaben mittels der –I-Option von **import**. Außerdem ist das Vorgehen mittels **cvsignore** weniger fehlerträchtig.

Vier verschiedene Quellen

Die tatsächlich zu ignorierenden Dateien werden aus allen vier Informationsquellen zusammen bestimmt. Dabei gilt die serverseitige Reihenfolge: **cvsignore**-Datei, **.cvsignore** im Home-Verzeichnis, die Umgebungsvariable `CVSIGNORE` und zum Schluss die **.cvsignore**-Datei im Verzeichnis der Arbeitskopie. Außerdem ignoriert CVS seine eigenen Verwaltungsverzeichnisse, ohne dass man dies explizit irgendwo angeben muss. Möchte man an einer Stelle alle vorherigen Namen für ungültig erklären, so verwendet man dazu das Ausrufezeichen. Das kann beispielsweise sinnvoll sein, wenn man die Voreinstellungen des CVS-Servers nicht übernehmen möchte:

```
!
*.class
```

Zurücksetzen der Einstellungen

Diese Datei setzt alle vorher gemachten Einstellungen zurück und ignoriert dann alle **class**-Dateien. Doch Vorsicht: Das Zurücksetzen mittels des Ausrufezeichens bewirkt auch, dass CVS seine eigenen lokalen Verwaltungsverzeichnisse (siehe den folgenden Abschnitt 7.4, »Die CVS-Verzeichnisse in der lokalen Arbeitskopie«) von nun an nicht mehr ignoriert! Besser ist also:

```
!
CVS
*.class
```

7.4 Die CVS-Verzeichnisse in der lokalen Arbeitskopie

Nicht alle Informationen, die CVS zu seiner Arbeit benötigt, können sofort auf dem Server gespeichert werden. Solche zunächst lokal gespeicherten Informationen betreffen beispielsweise neu hinzugefügte Dateien (Befehl **add**) oder gelöschte Dateien (Befehl **remove**). CVS legt die zu verwaltenden Informationen in einem Verzeichnis **CVS** ab, das es als Unterverzeichnis in jedes Verzeichnis der Arbeitskopie einfügt. Normalerweise werden diese **CVS**-Verzeichnisse beim **Checkout** angelegt, allerdings bewirkt auch das Hinzufügen eines Verzeichnisses mit dem Befehl **add** die Anlage eines **CVS**-Ordners in dem neuen Verzeichnis.

Innerhalb des Verzeichnisses **CVS** befinden sich mindestens drei Dateien: **Entries**, **Repository** und **Root**. Die Datei **Root** enthält die Information zum Zugriff auf das Repository (z.B. `:pserver:frank@192.168.0.7:/var/lib/cvs`), die Datei **Repository** enthält den relativen Verzeichnispfad von der Wurzel des Repositories und die Datei **Entries** enthält eine Liste aller Dateien und Verzeichnisse. Zu jeder Datei wird hier die lokale Revisionsnummer und der Zeitstempel des letzten Abgleichs mit dem Repository vermerkt.

Entries, Repository und Root

Neben diesen drei immer vorhandenen Dateien, können temporär oder nach Eintreten bestimmter Umstände, noch andere Dateien in den lokalen CVS-Verzeichnissen gespeichert werden. Diese Dateien sind aber für den Entwickler nicht relevant, sie dienen nur der internen Verwaltung von CVS. Man sollte die lokalen CVS-Verzeichnisse mit den darin enthaltenen Dateien nicht entfernen und nicht manuell bearbeiten, da dann das einwandfreie Funktionieren des CVS-Clients nicht mehr gewährleistet ist. Möchte man eine Version seines Sourcecodes ohne CVS-Verzeichnisse erstellen, so bietet sich der Befehl **export** an, der genau dies bewirkt.

Andere Dateien

7.5 Module exportieren

7.5.1 Der Befehl export

Der Befehl **export** dient dazu ein Modul aus dem Repository auszuchecken, ohne dass CVS dies als lokale Arbeitskopie verwaltet. Der Befehl **export** ähnelt einem Checkout, besitzt aber zwei gravierende Unterschiede: CVS exportiert keine Verwaltungsinformationen, d.h. es werden keine CVS-Verzeichnisse im exportierten Modul angelegt. Damit lässt sich das exportierte Modul auch nicht als lokale Arbeitskopie verwenden. Außerdem ist beim Export die Angabe eines Tags oder eines Datums zwingend; man kann nicht einfach den aktuellen Stand eines Moduls exportieren. Ein Beispiel:

```
cvs export -r Version1 TextPrinter1
```

erzeugt als Ausgabe:

```
cvs export: Updating TextPrinter1
U TextPrinter1/TextPrinter.java
U TextPrinter1/text.txt
```

In vielen Projekten wird der Befehl **export** nicht gebraucht. Man kann Software auch aus einer lokalen Arbeitskopie erstellen lassen. Vorsicht ist allerdings bei Internet-Projekten angesagt, hier können die CVS-Verzeichnisse kompromittierend sein (siehe Abschnitt 7.10, »Webseiten mit CVS verwalten«)!

7.5.2 Der Befehl export in WinCvs

In WinCvs und gCvs wird Export als ein Sonderfall von Checkout betrachtet. Man ruft einen Export daher über das Menü **Create · Checkout module...** auf. Im Optionen-Dialogfeld wechselt man auf den Reiter **Checkout options** und setzt dort ein Häkchen bei »Do not create CVS directories (export)«.

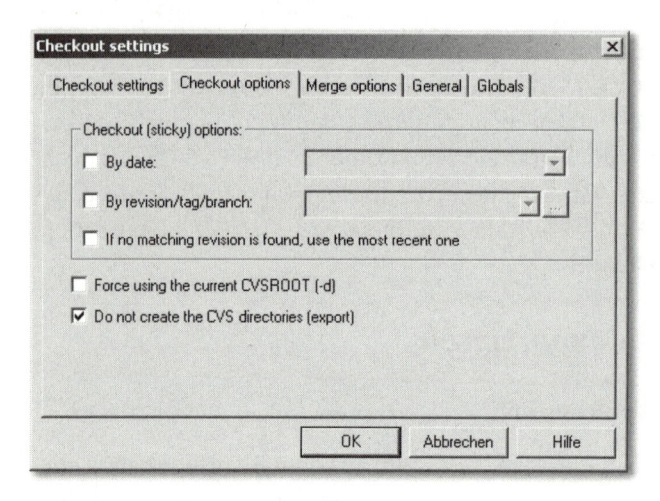

Abbildung 7.1 Export in WinCvs

> Im Gegensatz zu **checkout** verlangt der Befehl **export** zwingend nach einem Tag oder einer Datumsangabe. Wenn man den letzten Stand aus dem Repository exportieren möchte, hat man nicht immer ein Tag gesetzt. Man kann in diesem Fall ein Datum angeben. Möchte man sich die umständliche Eingabe von Datum und Uhrzeit ersparen, so gibt man einfach »now« für das Datum an. Allerdings kann es auch dann noch Probleme mit der Uhrzeit geben, wenn die Uhrzeit auf dem lokalen Rechner und dem CVS-Server nicht überein stimmen. Besser man legt den Export in die Zukunft, dann sollte nichts mehr schief gehen:
>
> ```
> cvs export -D tomorrow TextPrinter1
> ```

7.6 Dateien zeilenweise analysieren

7.6.1 Die Befehle annotate und rannotate

Manchmal möchte man in einem Projekt erfahren, wann sich bestimmte Änderungen ergeben haben. Man kann dazu den bereits beschriebenen Befehl **diff** verwenden, der die Unterschiede zwischen zwei Revisionen zeigt. Die Verwendung von **diff** kann allerdings recht mühsam werden, wenn es sehr viele Revisionen gibt und man nicht so genau weiß, in welcher Revision sich eine Änderung ergeben haben könnte. Für diesen Fall bietet CVS ein anderes Werkzeug an: die Befehle **annotate** und **rannotate**. Beide Befehle listen Dateien zeilenweise auf und geben dann für jede Zeile an, in welcher Revision die Zeile zuerst auftauchte. Dazu wird das zugehörige Datum ausgegeben. Während **annotate** auf Dateien der lokalen Arbeitskopie arbeitet, werkelt **rannotate** auf ganzen Modulen, die es direkt aus dem Repository holt. Daher ist für **rannotate** keine lokale Arbeitskopie notwendig. Ein Beispiel:

```
cvs annotate TextPrinter1/TextPrinter.java
```

gibt aus:

```
1.5     (frank    22-Sep-03): import java.io.BufferedReader;
1.5     (frank    22-Sep-03): import java.io.FileReader;
1.5     (frank    22-Sep-03):
        import java.io.FileNotFoundException;
1.5     (frank    22-Sep-03): import java.io.IOException;
1.5     (frank    22-Sep-03):
```

```
1.4      (frank     22-Sep-03):  /**
1.4      (frank     22-Sep-03):  *
1.4      (frank     22-Sep-03):  * Das Programm TextPrinter liest
1.4      (frank     22-Sep-03):  * die Textdatei test.txt ein und
1.4      (frank     22-Sep-03):  * gibt diese zeichenweise wieder
1.4      (frank     22-Sep-03):  * aus.
1.4      (frank     22-Sep-03):  * Im Endausbau soll die Ausgabe
1.4      (frank     22-Sep-03):  * verzögert werden, um einen
1.4      (frank     22-Sep-03):  * altmodischen, langsamen
1.4      (frank     22-Sep-03):  * Computer zu simulieren
1.1      (frank     19-Sep-03):
              public class TextPrinter extends Object
1.1      (frank     19-Sep-03):  {
1.3      (frank     22-Sep-03):     /**
1.3      (frank     22-Sep-03):      * printText liest die
1.3      (frank     22-Sep-03):      * Textdatei ein und gibt sie
1.3      (frank     22-Sep-03):      * zeilenweise aus
1.3      (frank     22-Sep-03):      *
1.3      (frank     22-Sep-03):      */
1.1      (frank     19-Sep-03):     public void printText()
1.1      (frank     19-Sep-03):     {
1.1      (frank     19-Sep-03):        String text = readFile();
1.1      (frank     19-Sep-03):
1.1      (frank     19-Sep-03):
              for (int i=0; i<text.length(); i++)
1.1      (frank     19-Sep-03):        {
1.1      (frank     19-Sep-03):           printChar (text.charAt(i));
1.1      (frank     19-Sep-03):        }
1.1      (frank     19-Sep-03):  }
```

Wie man sieht, wird jede nicht leere Zeile mit Revisionsnummer, Autor und Datum ausgegeben. Dabei werden immer die Daten der letzten Änderung angezeigt.

Der Befehl **annotate** ist eigentlich nur bei Textdateien sinnvoll, obwohl man bei neueren CVS-Version mit der Option –F auch die Ausführung auf Binärdateien erzwingen kann. Mit den Optionen –r und –D kann man die Änderungen bis zu einer Revision, eines Tags oder eines Datums anzeigen.

7.6.2 Der Befehl annotate in WinCvs

In WinCvs ruft man den Befehl **annotate** über den Menüpunkt **Query · Annotate...** auf. Es erscheint dann das in Abbildung 7.2 gezeigte Dialogfeld. Nach der Bestätigung mit OK zeigt WinCvs die Ausgabe mit dem in den Preferences gesetztem Editor an. Ist dort kein Editor gesetzt, so verweigert WinCvs die Ausgabe!

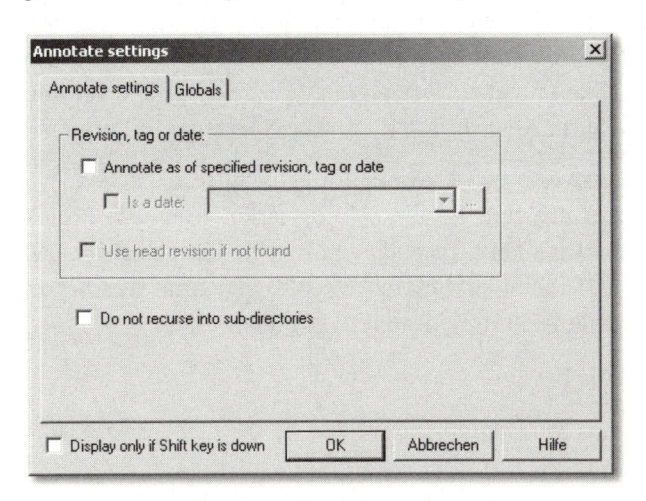

Abbildung 7.2 Annotate-Dialogfeld in WinCvs

7.7 Überwachtes Arbeiten

7.7.1 Der Ansatz anderer Versionsmanagementsysteme

Im Gegensatz zu vielen anderen Versionsmanagementsystemen folgt CVS dem Ansatz, dass jeder Entwickler seine private Kopie des Sourcecodes besitzt, mit der er zunächst einmal machen kann, was er möchte. Der Entwickler hat seine eigene »Spielwiese«, auf Englisch auch als *Sandbox* bezeichnet. Diese Umgebung ist zunächst in sich abgeschlossen, andere Entwickler bekommen die Arbeit eines Entwicklers erst nach einem Commit zu sehen und wissen vorher nicht, wer an welchen Dateien arbeitet. Eine ganze Reihe von Versionsmanagementsystemen verfolgen hier einen anderen Ansatz. Möchte ein Entwickler eine Datei bearbeiten, so sperrt er diese für alle anderen Entwickler. Die anderen Entwickler können dann die Datei so lange nicht bearbeiten, bis der Entwickler die Sperre wieder aufhebt. Dieses Verfahren hat den Nachteil, dass eine Datei nur von einem Entwickler zur Zeit bearbeitet werden kann. Außerdem kommt es zu Problemen, wenn ein Entwickler vergisst, eine Sperre wieder aufzuheben. Bei allen Nachteilen hat dieses

System allerdings den Vorteil, dass man durch Mechanismen des Versionsmanagementsystems herausfinden kann, wer gerade an welcher Datei arbeitet. Man muss sich einfach nur die gesperrten Dateien auflisten lassen und kann sehen, wer welche Datei gesperrt hat.

7.7.2 Sperren in CVS

Auch CVS erlaubt das Sperren von Dateien. Dies entspricht allerdings nicht der normalen Verwendungsweise von CVS. Es wird daher empfohlen, die Möglichkeit nicht zu verwenden. Wer sie trotzdem verwenden möchte, siehe dazu Abschnitt 7.17.1, »Das Sperren von Dateien«.

Watches Die normale Arbeitsweise von CVS erlaubt es nicht festzustellen, wer an welchen Dateien arbeitet. Ist diese Information in einem Projekt allerdings erwünscht, so kann man den Entwicklungszyklus mit CVS leicht erweitern. CVS bietet zu diesem Zweck so genannte *Watches* an. Ein Watch beobachtet bestimmte Dateien. Ein Beispiel:

```
cvs watch add TextPrinter.java
```

Der Befehl gibt keine Bestätigung aus.

> Der Befehl **watch** besitzt als einziger CVS-Befehl weitere »Unterbefehle«. Diese werden direkt nach dem Befehlswort **watch** angegeben. Es gibt vier dieser Unterbefehle: **add**, **remove**, **on** und **off**. Sie werden im Folgenden beschrieben.

Man kann sich die Beobachter der Datei mit

```
cvs watchers TextPrinter.java
```

ausgeben lassen:

```
TextPrinter.java       frank    edit    unedit   commit
```

Erweiterung des Entwicklungszyklus Der CVS-Benutzer frank ist also ein »Watcher«, ein Beobachter der Datei **TextPrinter.java**. Er beobachtet die Aktionen edit, unedit und commit. Das bedeutet, dass frank vom CVS-Server eine E-Mail gesendet bekommt (der CVS-Server muss dazu entsprechend eingerichtet sein, siehe hierzu Abschnitt 8.4, »Den Server für überwachtes Arbeiten einrichten«), wenn ein anderer Benutzer einen der Befehle **edit**, **unedit** oder **commit** auf der Datei **TextPrinter.java** ausführt. Hier kommt die bereits erwähnte Erweiterung des Entwicklungszyklus ins Spiel. Damit Watches wirklich sinnvoll sind, muss ein Entwickler den Befehl **edit** aufrufen, wenn er eine Datei zu bearbeiten gedenkt. Wenn er mit der Bearbeitung fertig ist, ruft er entweder **unedit** auf, wenn er seine Änderungen nicht ins Repository übernehmen möchte, oder **commit**, wenn die Änderungen ins Repository geschrieben werden sollen.

Ruft beispielsweise die Benutzerin elke den Befehl

```
cvs edit TextPrinter.java
```

auf, um anzukündigen, dass sie beabsichtigt, diese Datei zu bearbeiten, so bekommen alle Beobachter dieser Datei folgende Mail vom CVS-Server zugesandt:

```
Date: Wed, 10 Dec 2003 13:47:00 +0001
From: elke
To: frank
Subject: CVS notification

TextPrinter1 TextPrinter.java
---
Triggered edit watch on /var/lib/cvs/TextPrinter1
By elke
```

Die Mail wird sogar mit dem Absender von elke versendet. Der Text wird jedoch von CVS automatisch erstellt und folgt immer dem gleichen Schema. Es werden das Modul und die betroffene Datei gelistet. Danach stehen das ausgelöste Ereignis, die Position im Repository und schließlich die Person, die das Ereignis ausgelöst hat.

CVS versendet Mails

7.7.3 Nachteile von Watches

Watches haben zwei Nachteile: Sie erhöhen den Arbeitsaufwand des Entwicklers geringfügig, denn er muss sich jede Datei, die er ändern möchte, vorher durch den Aufruf des Befehls **edit** »freischalten« lassen. Der wohl schwer wiegendere zweite Nachteil ist, dass das überwachte Arbeiten nicht erzwungen werden kann. Wenn ein Entwickler den Befehl **edit** nicht aufruft, weil er es vergisst oder weil er es absichtlich nicht tun möchte, dann kann CVS nichts dagegen tun. Es werden in diesem Fall nur Benachrichtigungen verschickt, wenn der Entwickler den Befehl **commit** aufruft, um die Änderungen einer beobachteten Datei einzuchecken. Damit geht allerdings der Vorteil des überwachten Arbeitens verloren, da ja gerade eine Benachrichtigung verschickt werden soll, bevor eine beobachtete Datei verändert wird. Andere Entwickler könnten dann rechtzeitig auf eine solche Nachricht reagieren und den die Datei bearbeitenden Entwickler vor möglichen Konflikten mit ihrer eigenen Entwicklungsarbeit warnen.

Schreibschutz als Erinnerung

Damit die Verwendung des Befehls **edit** nicht nur aus Vergesslichkeit der Entwickler unterbleibt, hat CVS einen kleinen Mechanismus zur Erinnerung eingebaut. Mit dem Befehl

```
cvs watch on TextPrinter1
```

wird dieser Mechanismus für das Verzeichnis **TextPrinter1** mit allen seinen Dateien angeschaltet. Von nun an checkt CVS alle Dateien dieses Verzeichnisses mit gesetztem Schreibschutz aus. Erst der Befehl **edit** hebt den Schreibschutz auf. Die Befehle **unedit** und **commit** setzen den Schreibschutz hingegen wieder. Durch den gesetzten Schreibschutz vergisst der Entwickler nicht, dass er den Befehl **edit** aufrufen muss. Natürlich könnte der Entwickler den Schreibschutz auch mit den Mitteln des Betriebssystems zurücksetzen. Daran kann man ablesen, dass das überwachte Arbeiten von den Entwicklern eines Teams gewollt sein muss. Alle müssen konstruktiv mitarbeiten. Wer das System unterlaufen möchte, der kann es auch. Die Mitarbeit kann in diesem Punkt nicht erzwungen werden.

Den Schreibschutz wieder abschalten

Möchte man den Schreibschutzmechanismus wieder abschalten, so gibt man ein:

```
cvs watch off TextPrinter1
```

Damit ist der Schreibschutzmechanismus für das Verzeichnis **TextPrinter1** mit seinen Dateien wieder abgeschaltet. Allerdings nimmt CVS in einem solchen Fall den bestehenden Schreibschutz von Dateien nicht weg; dies muss man manuell mit den Bordmitteln des Betriebssystems machen. Man kann auch ohne den Schreibschutzmechanismus mit Watches arbeiten, es ist dann nur etwas mehr Disziplin gefordert.

> Sinnvollerweise verwendet man den Befehl **watch on** auf ganzen Modulen oder Projekten. Zwar lässt sich der Befehl auch dateiweise anwenden, jedoch ist es für die betroffenen Entwickler dann kaum noch nachvollziehbar, weshalb der Schreibschutz bei einigen Dateien gesetzt ist, bei anderen dagegen nicht.

7.7.4 Ereignisse beim überwachten Arbeiten

Wie eingangs bereits beschrieben, lassen sich beim überwachten Arbeiten drei Ereignisse unterscheiden, für die jeweils eine eigene Benachrichtigung ausgelöst werden kann: edit, unedit und commit. Die drei Ereignisse entsprechen dem Aufruf der drei gleichnamigen Befehle. Mit dem Aufruf des Befehls **edit** kündigt der Entwickler eine Veränderung einer Datei an. Durch den Aufruf des Befehls **unedit** tut der Entwickler kund, dass er die Veränderung der Datei abgebrochen hat und die Änderungen verwirft. Der Aufruf von **commit** bedeutet schließlich, dass der Entwickler eine bereits angekündigte Änderung vollzogen hat.

CVS bietet die Möglichkeit, sich nur bei bestimmten Ereignissen benachrichtigen zu lassen. Die Voreinstellung ist allerdings, dass man Mails zu allen Ereignissen erhält. So führt der Befehl

Überwachung einzelner Ereignisse

```
cvs watch add TextPrinter.java
```

dazu, dass man Benachrichtigungen zu den Ereignissen edit, unedit und commit auf der Datei **TextPrinter.java** erhält. Möchte man hingegen nur von bestimmten Ereignissen unterrichtet werden, so kann man diese explizit beim Aufruf des Befehls **watch add** mit der Option –a angeben. So fügt man mit

```
cvs watch add -a edit TextPrinter.java
```

eine Benachrichtigung nur für das Ereignis edit hinzu. Beim Aufruf der Befehle **unedit** und **commit** erfolgt in diesem Fall keine Benachrichtigung.

Man kann die Option –a auch mehrfach angeben, um sich bei mehreren Ereignissen benachrichtigen zu lassen:

Angabe mehrerer Ereignisse

```
cvs watch add -a edit -a unedit TextPrinter.java
```

Nach Eingabe dieses Befehls werden Benachrichtigungen beim Aufruf der Befehle **edit** und **unedit** versandt, nicht jedoch bei **commit**. Mehrfaches Aufrufen des Befehls **watch add** führt dazu, dass noch nicht beobachtete Ereignisse hinzugefügt werden. Wird ein bereits gesetztes Ereignis nochmals gesetzt, so hat das keinen weiteren Effekt, der Befehl wird einfach ignoriert.

Möchte man eine Datei nicht mehr beobachten, so entfernt man die Datei mit dem Befehl **watch remove** aus der Liste der zu beobachtenden Dateien:

Überwachung aufheben

Überwachtes Arbeiten **149**

```
cvs watch remove TextPrinter.java
```

Genau wie der Befehl **watch add** hat auch **watch remove** keine Ausgabe.

Dieser Aufruf entfernt die Datei **TextPrinter.java** aus der Überwachung. Wie der Befehl **watch add**, so unterstützt auch der Befehl **watch remove** die Option –a, um die Benachrichtigungen für einzelne Ereignisse gezielt zu löschen:

```
cvs watch remove -a commit TextPrinter.java
```

Dies entfernt nur die Benachrichtigung für den Aufruf des Befehls **commit**. Alle anderen gesetzten Benachrichtigungen bleiben bestehen.

7.7.5 Temporäre Beobachter

CVS ist so programmiert, dass es Benachrichtigungen, die ein Entwickler auslöst, an diesen Entwickler selbst nicht versendet. Schließlich weiss der Entwickler selbst, dass er die betreffende Datei verändert hat und muss daher nicht benachrichtigt werden. Daneben besitzt der Benachrichtigungsmechanismus von CVS eine weitere Eigenheit, die etwas weniger offensichtlich ist: Führt ein Entwickler den Befehl **edit** auf einer Datei aus, so wird er temporär ebenfalls auf die Liste der Beobachter dieser Datei gesetzt, das heißt, CVS verhält sich so, als wenn der Entwickler zusätzlich auch **watch add** auf dieser Datei ausgeführt hätte. Im Unterschied zu diesem Befehl ist die durch **edit** ausgelöste Überwachung allerdings nur vorübergehend; der Aufruf der Befehle **unedit** oder **commit** hebt sie nämlich wieder auf. Hintergrund dieses Verhaltens von CVS ist die Annahme, dass ein Entwickler, der eine Datei bearbeitet, auch von Veränderungen an dieser Datei durch andere informiert werden möchte. Möchte der Entwickler allerdings dauerhaft Benachrichtigungen zu einer Datei erhalten, so ist es besser, den Befehl **watch add** manuell aufzurufen, da dann ein Aufruf des Befehls **commit** die Benachrichtigungen nicht gleich wieder abstellt. Die temporäre Beobachtung von Dateien lässt sich ebenfalls an der Ausgabe des Befehls **watchers** ablesen:

```
TextPrinter.java
    elke    tedit   tunedit  tcommit
    frank   edit    unedit   commit   tedit   tunedit   tcommit
```

Alle temporären Beobachtungen werden durch den Buchstaben »t« eingeleitet. Die Ausgabe bedeutet, dass elke und frank beide temporär alle Ereignisse auf der Datei **TextPrinter.java** beobachten, weil sie **edit** auf dieser Datei aufgerufen haben. frank hat jedoch zusätzlich eine permanente Beobachtung auf der Datei angefordert, die separat ausgegeben wird.

Kennzeichnung von temporären Beobachtungen

7.7.6 Die Befehle watchers and editors

CVS besitzt zwei Befehle, die der Statusabfrage von beobachteten Dateien dienen: **watchers** und **editors**. Der Befehl **watchers** zeigt an, wer eine Datei beobachtet. Ein Beispiel:

```
cvs watchers TextPrinter.java
```

gibt aus:

```
TextPrinter.java
        elke     edit
        frank    edit    unedit  commit
```

Die Ausgabe bedeutet, dass frank und elke die Datei **TextPrinter.java** beobachten. Während frank alle Ereignisse überwacht, beobachtet elke nur den Aufruf des Befehls **edit**.

Der Befehl **editors** zeigt an, wer den Befehl **edit** für eine Datei aufgerufen hat und diese Datei bearbeitet. Ein Beispiel:

```
cvs editors TextPrinter.java
```

gibt aus:

```
TextPrinter.java
elke    Wed Dec 10 09:51:59 2003 GMT     hal
   H:\TextPrinter1
frank   Wed Dec 10 09:57:15 2003 GMT     zappa
   /home/frank/TextPrinter1
```

In diesem Fall gibt es tatsächlich zwei Bearbeiter der Datei **TextPrinter.java**. Es handelt sich dabei wieder um die Benutzer elke und frank. Der Befehl **editors** gibt aber nicht nur die Benutzernamen aus, sondern verrät außerdem noch, wann der Benutzer den Befehl **edit** aufgerufen hat, wie der Rechner des Benutzers heißt und in welchem Verzeichnis der Benutzer arbeitet!

Anzeige der Bearbeiter

7.7.7 Der Befehl unedit

Möchte man das Bearbeiten einer Datei abbrechen, also den vorherigen Aufruf des Befehls **edit** rückgängig machen, so ruft man den Befehl **unedit** auf. Dabei ist allerdings Vorsicht geboten, wenn die Datei in der lokalen Arbeitskopie modifiziert worden ist. CVS geht in diesem Fall nämlich davon aus, dass der ursprüngliche Zustand wiederhergestellt werden soll. Es fragt daher nach, ob es die lokalen Änderungen rückgängig machen soll:

```
TextPrinter.java has been modified; revert changes?
```

unedit macht lokale Änderungen rückgängig!

Beantwortet man diese Frage mit nein (»n« eintippen), so wird die Datei von CVS zwar nicht verändert, allerdings wird **unedit** auch nicht ausgeführt! Möchte man also die lokalen Änderungen behalten und trotzdem den Abbruch der Bearbeitung signalisieren, so muss man sich eine Sicherungskopie der Datei außerhalb der Arbeitskopie anlegen und dann auf die Frage von CVS mit ja (»y« eintippen) antworten. Danach kann man seine Sicherungskopie zurückkopieren.

> Es sind eine Reihe von CVS-Versionen im Umlauf, bei denen die meisten Befehle im Zusammenhang mit Watches nicht funktionieren. Der Fehler wurde in der Version 1.11.3 behoben. Sollten Sie Fehlermeldungen der Art
>
> ```
> cvs [server aborted]: unknown command: watch_add
> ```
>
> erhalten, so ist es wahrscheinlich, dass Sie eine solche fehlerhafte Serverversion installiert haben. In diesem Fall hilft nur ein Update auf eine neuere Version! Um die installierte Version herauszufinden, gibt man ein:
>
> ```
> cvs version
> ```
>
> eine mögliche Ausgabe:
>
> ```
> Client: Concurrent Versions System (CVS) 1.11.5 (client)
> Server: Concurrent Versions System (CVS) 1.11.1p1
>    (client/server)
> ```
>
> In diesem Fall ist ein Update angeraten, sofern man mit Watches arbeiten möchte!

7.7.8 Überwachtes Arbeiten in WinCvs

WinCvs gruppiert alle zum überwachten Arbeiten benötigten Befehle zusammen in das Menü **Trace**. Es gibt auch eine eigene Symbolleiste für das überwachte Arbeiten (siehe Anhang E). Allerdings werden die Befehle **watch on** und **watch off** von WinCvs nicht direkt unterstützt, man muss diese direkt in das Ausgabefenster eingeben.

7.8 Umgebungsvariablen

CVS wertet eine ganze Reihe von Umgebungsvariablen aus, um daraus Konfigurationsinformationen zu entnehmen. Insbesondere bei der Verwendung der Kommandozeilen-Clients kann es sinnvoll sein, einige der von CVS ausgewerteten Umgebungsvariablen zu setzen, um sich die Arbeit mit CVS zu vereinfachen und die Konfiguration den eigenen Bedürfnissen anzupassen. In den GUI-Clients lassen sich viele Optionen auch direkt einstellen, ohne dass dafür Umgebungsvariablen gesetzt werden müssten. Daher sind die Umgebungsvariablen bei GUI-Clients meist weniger relevant.

7.8.1 Die Umgebungsvariable CVSROOT

Die Umgebungsvariable CVSROOT ist bereits in Abschnitt 4.1.1 »CVS-Kommandozeile unter Windows« beschrieben worden. Mit dieser Variablen lässt sich die CVSROOT angeben, so dass sie nicht mit der Option –d angegeben werden muss. Das kann bei häufiger Verwendung der Befehle **checkout** und **login** einige Tipparbeit sparen.

7.8.2 Den Editor vorgeben

Ebenfalls mit einer Umgebungsvariablen lässt sich der Editor einstellen, den CVS zur Eingabe von Log Messages aufrufen soll. CVS wertet hier gleich drei Umgebungsvariablen aus: EDITOR, VISUAL und CVSEDITOR. Sind mehrere dieser Variablen gesetzt, dann hat die Variable CVSEDITOR eine höhere Priorität als VISUAL, und VISUAL hat eine höhere Priorität als EDITOR. Die Variable CVSEDITOR sollte man setzen, wenn man speziell einen Editor für CVS bestimmen möchte, denn die Variablen EDITOR und VISUAL werden teilweise auch von anderen Programmen ausgewertet. Wenn keine der drei Variablen gesetzt sind, dann verwendet CVS auf Unix den Editor vi und auf Windows den Notepad.

7.8.3 Das Home-Verzeichnis

Wichtig auf Unix-Systemen ist die Umgebungsvariable HOME. Diese wird von CVS ausgewertet, um im angegebenen Verzeichnis lokale Konfigurationsdateien wie **.cvspass** und **.cvsignore** zu suchen und zu speichern. Da diese Umgebungsvariable auf Unix-Systemen normalerweise gesetzt ist, muss man sich nicht um sie kümmern. Unter Windows bestimmt CVS den Speicherort der lokalen Konfigurationsdateien aus den beiden Umgebungsvariablen HOMEDRIVE und HOMEPATH. Erst beide zusammen genommen ergeben der Speicherort. Setzt man

```
HOMEDRIVE=c:
```

und

```
HOMEPATH=\Dokumente und Einstellungen\frank\Eigene Dateien
```

dann speichert CVS die lokalen Konfigurationsdateien in **c:\Dokumente und Einstellungen\frank\Eigene Dateien**. Wenn mehrere Entwickler an einem Rechner mit CVS arbeiten, so sollte man die beiden Variablen HOMEDRIVE und HOMEPATH benutzerspezifisch setzen. Dies macht man im oberen Teil des Windows-Dialogfeldes »Umgebungsvariablen«, das in Abbildung 7.3 gezeigt wird. Man ruft das Dialogfeld aus der Systemsteuerung unter **System · Erweitert · Umgebungsvariablen** auf.

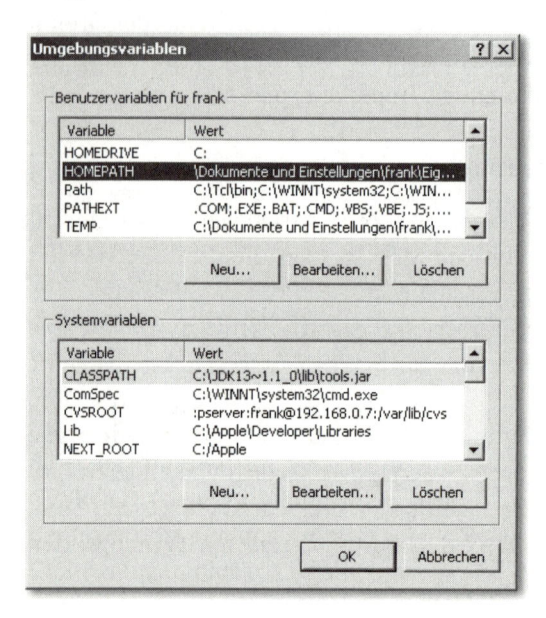

Abbildung 7.3 HOMEDRIVE und HOMEPATH

Setzt man die Umgebungsvariablen HOMEDRIVE und HOMEPATH nicht, so verwendet CVS das Hauptverzeichnis des Windows-Laufwerks als Speicherort für die Konfigurationsdateien, oft also **c:**.

7.8.4 Die Umgebungsvariable CVSIGNORE

Schließlich sei noch mal kurz die Möglichkeit genannt, auch zu ignorierende Dateien per Umgebungsvariable zu bestimmen. Die dazugehörige Umgebungsvariable heißt CVSIGNORE. Dies wurde bereits in Abschnitt 7.3 »Dateien ignorieren: cvsignore« beschrieben.

7.9 XML, HTML und CVS

CVS ist als ein Versionsmanagementsystem entwickelt worden, das in erster Linie Textdateien verwalten soll. Zwar kann CVS auch binäre Dateien im Repository speichern, dann gibt es allerdings bei diesen keine Möglichkeit, die mächtigen Merging-Fähigkeiten von CVS zu nutzen. Ändern zwei Entwickler gleichzeitig eine binäre Datei, so gibt es immer einen Konflikt.

7.9.1 Besonderheiten von XML und HTML

HTML- und XML-Dateien sind Textdateien und können als solche auch durch CVS verwaltet werden. Allerdings gibt es bei diesen eine Besonderheit: Sowohl HTML- als auch XML-Dateien bestehen aus einer Reihe von Tags mit dazwischenliegendem Text. Die meisten Tags bestehen aus einem öffnenden und aus einem schließenden Teil. Zwischen öffnendem und schließendem Teil können weitere Tags oder Text eingebettet sein. Einige Tags einer HTML- oder XML-Datei werden immer sehr weit »außen« stehen, d.h. sie werden sehr viele weitere Tags einschließen. Bei einer HTML-Datei trifft das beispielsweise für das HTML- und das BODY-Tag zu. Nimmt man nun strukturelle Änderungen an einer HTML- oder XML-Datei vor, beispielsweise indem man direkt nach dem BODY-Tag ein TABLE-Tag einfügt, so wird CVS immer den gesamten Bereich zwischen öffnendem Teil und schließendem Teil des Tags als verändert erkennen. Dies kann große Teile der Datei betreffen.

7.9.2 Merging-Algorithmus in CVS

Der Algorithmus in CVS, der das Merging von verschiedenen Versionen einer Textdatei durchführt, ist für die Syntax gängiger Programmiersprachen implementiert worden. In fast allen Programmiersprachen sind Änderungen meist lokal sehr begrenzt, wenn sie logisch zusammengehörend sind. Aus diesem Grund ist das Merging von HTML- und XML-Dateien oft problematisch, denn strukturelle Änderungen an HTML- und XML-Dateien entsprechen nicht dem »normalen Muster« von Änderungen an Sourcecode-Dateien gängiger Programmiersprachen. Bei HTML- und XML-Dateien sind die veränderten Bereiche potenziell größer und überschneiden sich leichter. Daher kann es bei HTML- und XML-Dateien deutlich schneller zu Konflikten kommen als bei üblichen Sourcecode-Dateien. Als Konsequenz aus diesem Verhalten sollte man bei HTML- und XML-Dateien Änderungen noch besser als bei der Softwareentwicklung kommunizieren und häufige Updates und Commits durchführen. Hier ist auch ein Fall gegeben, in dem sich das überwachte Arbeiten anbietet (siehe Abschnitt 7.7 »Überwachtes Arbeiten«).

7.10 Webseiten mit CVS verwalten

Zusätzlich zu dem zu XML und HTML bereits angesprochenen Punkten, sollte man einen weiteren Punkt im Auge behalten, wenn man Webseiten mit CVS verwaltet: Webseiten sollten immer per **export**-Befehl aus CVS exportiert werden, bevor man sie auf den Webserver aufspielt. Man sollte niemals direkt eine lokale Arbeitskopie dazu verwenden! Der Grund für dieses Vorgehen liegt in den Verwaltungsinformationen, die sich in der lokalen Arbeitskopie befinden. Spielt man die lokale Arbeitskopie direkt auf dem Webserver ein, so stellt man auch die CVS-Verwaltungsinformationen online! Ein CVS-Kenner kann dann leicht Informationen erhalten, die eigentlich gar nicht herausgegeben werden sollten!

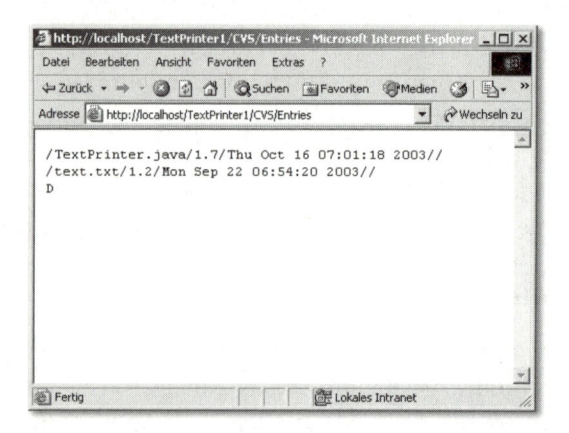

Abbildung 7.4 Entries-Datei im Internet-Explorer

In der **Entries**-Datei werden alle Dateien des Projektes aufgelistet, also ggf. auch solche, die Online (noch) gar nicht verlinkt sind. In der **Root**-Datei wird die CVS-Root gespeichert. Hier könnte unvorsichtigerweise sogar das CVS-Passwort stehen!

7.11 Vendor Branches

7.11.1 Einbindung von fremder Software

In Abschnitt 6.1, »Revisionen und Releases«, sind Vendor Branches bereits im Zusammenhang mit dem Import von Sourcecode in das Repository erwähnt worden. An dieser Stelle soll nun erklärt werden, was es mit den Vendor Branches auf sich hat. Vendor Branches dienen dem Zweck, den Sourcecode Dritter in das Versionsmanagement einzubinden. Der Lieferant dieses Sourcecodes wird als Vendor (Verkäufer) bezeichnet. Weshalb sollte man Sourcecode Dritter in das eigene Versionsmanagement aufnehmen? Ein Fall könnte sein, dass man ein eigenes Projekt in Teilen auf einem Open Source-Projekt aufgebaut hat und auch dieses laufend weiterentwickelt wird. Um die eigene Arbeit und die Änderungen an dem Open Source-Projekt zusammenzuführen, bietet sich CVS natürlich an. Ein anderer Fall könnte sein, dass man Programmbibliotheken eines anderen Herstellers einsetzen möchte und diese in Form von Sourcecode ausgeliefert werden. Somit kann man die ausgelieferten Bibliotheken selbst verändern. Irgendwann wird der Hersteller eine neue Version seiner Bibliotheken ausliefern. Auch in diesem Fall bietet es sich an, Vendor Branches einzusetzen, und CVS zur Zusammenführung und Verwaltung des Sourcecodes zu verwenden.

CVS arbeitet grundsätzlich so, als wenn der erste Import eines Projekts fremden Sourcecode enthalten würde und legt einen Vendor Branch, also eine Verzweigung für diesen fremden Sourcecode an. In dieser Verzweigung wird der unmodifizierte fremde Sourcecode gespeichert. Man kann das daran erkennen, dass nach einem Import alle importierten Dateien die Revisionsnummer 1.1.1.1 tragen. CVS reserviert nämlich den Zweig mit der Revisionsnummer 1.1.1 (die Revisionsnummer eines Zweigs ist immer dreistellig) für den Vendor Branch. Erst wenn man eine Datei verändert und dann eincheckt, wechselt die Revisionsnummer der Datei von 1.1.1.1 auf 1.2. CVS sorgt automatisch dafür, dass man nicht auf der Verzweigung, sondern auf dem Hauptzweig weiterarbeitet. Mit dem Wissen um Vendor Branches im Hinterkopf, kann man nun auch erkennen, was es mit den beiden Tags auf sich hat,

CVS legt immer einen Vendor Branch an

die man beim Import angeben muss! Das erste Tag (Vendor Tag) bezeichnet die Verzweigung, in der die fremde Software abgelegt wird. Das zweite Tag (Release Tag) kennzeichnet das Release des fremden Sourcecodes.

7.11.2 Die Arbeit mit Vendor Branches

Wie geht man vor, wenn man Vendor Branches verwenden möchte? Im ersten Schritt ändert sich kaum etwas zu der bisherigen Vorgehensweise. Man nimmt den Sourcecode des Drittanbieters und importiert diesen ganz normal in das Repository. Allerdings sollte man Vendor Tag und Release Tag mit sinnvollen Werten belegen. Als Beispiel soll ein Softwarepaket »TextPro« einer Firma »TextTools« dienen. Als Basis für ein eigenes Projekt dient die Version 1 dieser Software. Der Import könnte daher so aussehen (in einer Zeile):

```
cvs import -m "Neues Projekt"
    TextPrinter2 TextTools TextPro_1_0
```

Erneuter Import

Die Verzweigung wird mit »TextTools« benannt, die zugrunde liegende Version der Bibliothek ist »TextPro 1.0« und wird daher als Release Tag angegeben. Interessant wird es, wenn die Firma »TextTools« irgendwann eine neue Version ihrer Bibliothek veröffentlicht und diese in das eigene Projekt übernommen werden soll. Man führt in diesem Fall einen weiteren Import mit dem neuen Sourcecode durch. Er unterscheidet sich nur in der Angabe des Release Tags von dem ersten Import:

```
cvs import -m "Neue Version TextPro"
    TextPrinter2 TextTools TextPro_2_0
```

Konflikte beim Import

Der einzige Unterschied – mit Ausnahme der Log Message – ist die Angabe des Release Tags »TextPro_2_0«. Nun kann es natürlich sein, dass während der Entwicklung des Fremdpaketes und der eigenen Softwareentwicklung an gleichen Dateien gearbeitet worden ist. Es kann also zu Konflikten kommen. Und so gibt CVS beispielsweise auf den obigen Befehl aus:

```
C TextPrinter2/text.txt

1 conflicts created by this import.
Use the following command to help the merge:

cvs checkout -j<prev_rel_tag> -jTextPro_2_0 TextPrinter2
```

Um den Konflikt aufzulösen, müssen nun zunächst einmal die normalen Merging-Mechanismen von CVS zur Anwendung kommen. Beim Import versucht CVS nämlich nicht Dateien zusammenzuführen, sondern wertet jede Veränderung der Datei, die sowohl im Repository als auch in der zu importierenden Datei erfolgt ist, als Konflikt. Daher sollte man nun erst einmal CVS anweisen, die Dateien zusammenzuführen. CVS schlägt sogar den dafür passenden Befehl vor! Man gibt also ein:

CVS macht einen Vorschlag!

```
cvs checkout -jTextPro_1_0 -jTextPro_2_0 TextPrinter2
```

und CVS gibt aus:

```
cvs server: Updating TextPrinter2
U TextPrinter2 /text.txt
RCS file: /var/lib/cvs/TextPrinter2/text.txt,v
retrieving revision 1.1.1.1
retrieving revision 1.1.1.2
Merging differences between 1.1.1.1 and 1.1.1.2 into
   text.txt
```

CVS hat also die Änderungen an der Datei **text.txt** selbst zusammenführen können! Es kann in einem solchen Fall natürlich auch zu echten Konflikten kommen, diese müssen dann wie gewohnt aufgelöst werden.

Man kann auch mit mehr als einem Vendor Branch arbeiten, man muss diese beim Import dann allerdings mit der Option –b angeben. Mehrere Vendor Branches benötigt man dann, wenn man seine eigene Arbeit auf mehr als einem fremden Softwarepaket aufsetzt.

Mehr als ein Vendor Branch

Vendor Branches stellen einen hilfreichen Mechanismus zur Arbeit mit Sourcecode aus fremden Quellen dar. Etwas ungewöhnlich ist, dass CVS jedes importierte Projekt in einer solchen Verzweigung ablegt. Vendor Branches führen daher – neben ihrer eigentlichen Funktion – oft zur Verwirrung von CVS-Neulingen, die sich über die »Merkwürdigkeiten« beim Projektimport wundern.

7.12 CVSWeb und ViewCVS

7.12.1 Das Original: CVSWeb

Wer anonymen, lesenden Zugriff auf das Repository seines CVS-Servers gestatten möchte, der muss nicht unbedingt den in Abschnitt 8.5, »Anonymer Zugriff auf das Repository«, beschriebenen anonymen Zugang einrichten. Es ist auch möglich, lesenden Zugriff über ein Web-Interface anzubieten. Dazu muss man lediglich das Zusatzprogramm CVSWeb installieren, das mit einem CVS-Server auf Unix zusammenarbeitet. CVS-Web stellt den Inhalt eines Repositories in einer einfach zu bedienenden HTML-Oberfläche dar. Man kann sich Dateien ansehen, ins lokale Dateisystem kopieren, alte Revisionen abrufen und sich die Differenzen zwischen einzelnen Revisionen anzeigen lassen. Der vielleicht größte Vorteil von CVSWeb ist, dass es zu all diesen Operationen keines Auscheckens bedarf. Man klickt sich einfach durch die Verzeichnisse des Repositories. Das macht CVSWeb auch für Entwickler interessant, die sich ein Projekt ansehen möchten, ohne es auschecken zu müssen. Installiert man CVSWeb auf einem Webserver, der vom Internet aus erreichbar ist, so ermöglicht das weltweiten lesenden Zugriff auf das Repository. Dies ist gerade für Open Source-Projekte interessant, die zwar jedem den Einblick in den aktuellen Sourcecode ermöglichen wollen, die Änderungen daran aber nur vorher beim Projekt registrierten Entwicklern gestatten möchten. CVSWeb bietet hier den Vorteil, dass kein Client-Programm installiert werden muss, um auf den Sourcecode zuzugreifen.

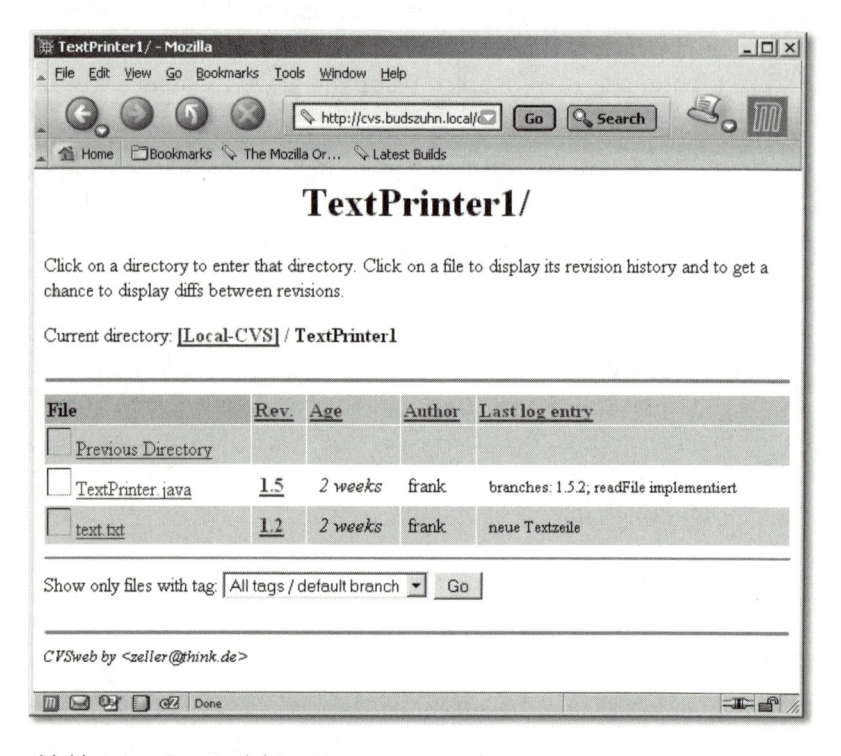

Abbildung 7.5 Das Modul TextPrinter1 in CVSWeb

Installation unter Debian

Die Installation von CVSWeb ist einfach. Auf einem Debian-System gibt man dazu lediglich

```
apt-get install cvsweb
```

ein. Auf anderen Unix-Systemen muss CVSWeb gegebenenfalls durch die dortige Paketverwaltung installiert werden.

Konfiguration

Nach der Installation ist zumindest eine Änderung an der Konfiguration von CVSWeb vorzunehmen. CVSWeb besitzt eine Konfigurationsdatei. Sie liegt normalerweise im Verzeichnis **/etc** und heißt **cvsweb.conf**. Dort sucht man folgende Stelle:

```
# 'symbolic_name' 'path_to_the_actual_repository'
%CVSROOT = (
# Uncomment next line and modify the path
# if you have only one CVS repository.
          'Local-CVS' => '/var/lib/cvs',
#         'Development' => '/usr/local/src/cvsrep',
#         'Configuration' => '/tmp/cvsroot/conf',
#         'HTML-files' => '/tmp/upload'
          );
```

Bei »Local-CVS« sollte man das Kommentarzeichen entfernen und den eigenen Pfad zum Repository eintragen. Besitzt der eigene CVS-Server mehr als ein Repository, so kann man die weiteren Repositories wie in der Beispieldatei gezeigt angeben.

CGI-Programm

Meist funktioniert CVSWeb bereits nach dieser einen Änderung in der Konfigurationsdatei. Da CVSWeb als CGI-Programm arbeitet, ruft man es einfach mit der URL des Webservers, dem Namen des CGI-Verzeichnisses und dem Namen von CVSWeb selbst auf:

http://www.meinserver.de/cgi-bin/cvsweb

Manchmal wird auch der Name **cvsweb.cgi** für das Programm verwendet.

In der Konfigurationsdatei zu CVSWeb lässt sich die HTML-Darstellung des Programms mittels vieler Parameter konfigurieren. Auf diese Art ist es möglich, dem Programm das eigene »Look & Feel« zu geben.

7.12.2 Die Alternative: ViewCVS

Als Alternative zu CVSWeb gibt es das Programm ViewCVS, dessen Zielsetzung, Funktionsweise und Aussehen dem Programm CVSWeb stark ähneln. ViewCVS ist letztlich eine Neuimplementierung von CVSWeb in einer anderen Programmiersprache (Python statt Perl).

Installation unter Debian
Auf einem Debian-System ist die Installation von ViewCVS sogar noch einfacher als die von CVSWeb:

```
apt-get install viewcvs
```

Das Debian-Installationsprogramm fragt alle notwendigen Informationen zur Konfiguration des Programms ab. Dazu gehören das Verzeichnis des Repositories, die E-Mail-Adresse des CVS-Administrators und die Frage, ob man sich von ViewCVS tar-Archive erzeugen lassen möchte. Diese Option ist sehr praktisch, da man sich so über den Browser ein fertig gepacktes Projektarchiv downloaden kann, ein Auschecken ist nicht notwendig!

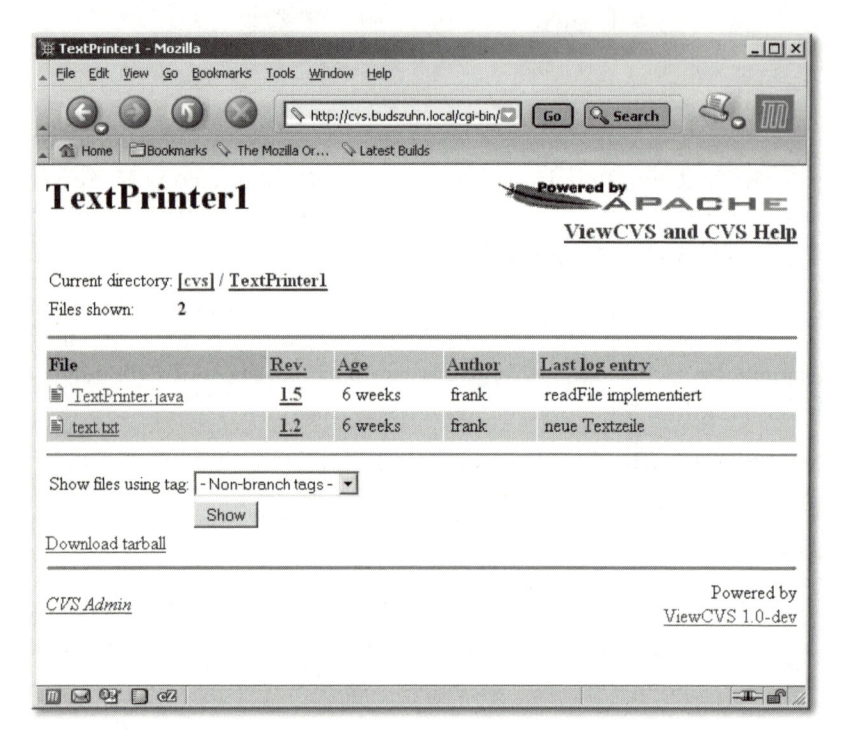

Abbildung 7.6 Das Modul TextPrinter1 in ViewCVS

Was die Anzahl der Funktionen anbelangt, so hat ViewCVS einen kleinen Vorsprung vor CVSWeb. Allerdings besitzt zum Zeitpunkt der Abfassung dieses Buchs CVSWeb (noch) die weitere Verbreitung. Den Grundfunktionen zur Anzeige eines Repositories über das Web werden beide gerecht und ähneln sich dabei weitgehend in ihrer Bedienung, so dass ein späterer Wechsel zwischen den Programmen nicht schwer fallen dürfte.

ViewCVS vs. CVSWeb

7.13 Typische CVS-Probleme und deren Lösung

CVS ist im Allgemeinen ein zuverlässiges und robustes System, das selten zu Totalausfällen neigt. CVS-Server sind oft jahrelang im Betrieb, ohne dass sie größerer Wartung bedürfen. Durch das – für ein Softwaresystem – schon recht hohe Alter ist CVS eine schon seit Jahren ausgereifte Software. Die meisten Schwächen von CVS sind konzeptioneller Natur, einige von ihnen werden in Kapitel 9, »Die Zukunft von CVS«, aufgeführt. An dieser Stelle soll es jedoch nicht um konzeptionelle Probleme gehen, sondern um die kleinen »Macken«, die einem beim Umgang mit CVS im Alltag begegnen können.

7.13.1 CVS und Zugriffsrechte

CVS ist generell schwach bei der Handhabung von Zugriffsrechten. CVS selbst kennt keine eigene Verwaltung von Zugriffsrechten, dies wird an das Betriebssystem delegiert. Oft wird man feststellen, dass CVS in der lokalen Arbeitskopie gesetzte Zugriffsrechte eigenmächtig umsetzt. Entweder sind dann die Zugriffsrechte in der lokalen Arbeitskopie genauso gesetzt wie im Repository oder sie werden wie bei neu angelegten Dateien gesetzt. Dies wird insbesondere dann deutlich, wenn sowohl Client als auch Server auf einer Unix-Plattform laufen, und damit die Schemata zur Vergabe von Zugriffsrechten kompatibel sind.

Viel Einfluss auf dieses Verhalten von CVS hat man nicht. Die pragmatische Vorgehensweise an dieser Stelle ist, dass man die Zugriffsrechte direkt im Repository so setzt, wie man sie auch in der lokalen Arbeitskopie haben möchte. Aber auch das ist leider keine Garantie dafür, dass CVS die Zugriffsrechte wie gewünscht setzt. Immer zu funktionieren scheint es beim Ausführungsrecht von Dateien auf Unix. Beispielsweise könnte man die Entwicklung von Unix-Shellskripten mit CVS verwalten. Die Shellskripte sollen natürlich immer ausführbar sein. Dazu muss das entsprechende Zugriffsrecht gesetzt sein. Man wird allerdings feststellen, dass CVS ein lokal gesetztes Ausführungsrecht immer dann

Meist gelten die Einstellungen aus dem Repository

überschreibt, wenn es eine Datei aus dem Repository in die lokale Arbeitskopie kopiert. Dieser Fall tritt beispielsweise ein, wenn die Datei im Repository modifiziert wurde, in der lokalen Arbeitskopie aber nicht. Man bekommt dann die Datei mit den Rechten, wie sie im Repository gesetzt sind. Zur Lösung des Problems wechselt man also direkt in das Repository und setzt dort das Ausführungsrecht der Datei. Diese Vorgehensweise ist nicht unbedingt elegant, löst aber in diesem Fall das Problem.

7.13.2 Inkonsistente lokale Arbeitskopie

Manchmal kann es vorkommen, dass durch einen Abbruch eines CVS-Befehls während der Ausführung oder durch einen Absturz des Client-Rechners, die Verwaltungsinformationen in der lokalen Arbeitskopie in einen inkonsistenten Zustand geraten. Wenn sich CVS ungewöhnlich verhält oder es zu Fehlermeldungen kommt, sollte man zunächst überprüfen, ob der Fehler auf die eigene lokale Arbeitskopie beschränkt ist. Der beste Weg dies herauszufinden ist, die gleiche Operation, die den Fehler auslöst, auf einer anderen Arbeitskopie auszuführen. Hat man keinen Zugang zu einer weiteren Arbeitskopie, so kann man sich zu diesem Zweck natürlich eine weitere lokale Arbeitskopie in ein anderes Verzeichnis auschecken. Kommt es in der anderen Arbeitskopie nicht zum Fehler, so ist mit hoher Wahrscheinlichkeit die eigene lokale Arbeitskopie der Auslöser. An dieser Stelle muss man sich nun entscheiden, wie man weiter vorgehen möchte. Man kann natürlich versuchen, die betroffene lokale Arbeitskopie zu reparieren. Ein erster Anlaufpunkt dazu sind die Verwaltungsinformationen in den CVS-Verzeichnissen in der lokalen Arbeitskopie. Man kann die dort gespeicherten Informationen analysieren und eventuelle Unstimmigkeiten beseitigen. Eine Anleitung dazu kann an dieser Stelle allerdings nicht gegeben werden. Meist ist es effizienter, sich eine neue Arbeitskopie auszuchecken und mit dieser weiter zu arbeiten. Sollten sich in der beschädigten Arbeitskopie noch wertvolle Änderungen befinden, die nicht mehr in Repository geschrieben werden konnten, so muss man diese eventuell manuell in die neue Arbeitskopie überführen. Ein einfaches Kopieren dieser Dateien in die neue Arbeitskopie kann allerdings gefährlich sein, da man auf diese Weise einen alten Versionsstand in das Repository einschleppen kann!

7.13.3 CVS und Uhren

CVS ist ein System, das stark von der richtigen Funktion der in den verwendeten Systemen eingebauten Uhren abhängig ist. Dies gilt sowohl für den Server als auch die Client-Rechner! Die Uhren sollten im Idealfall nicht voneinander abweichen. CVS bleibt durchaus benutzbar, wenn die Uhrzeiten zwischen den Rechnern einige Minuten voneinander abweichen. Die Anzahl der »Merkwürdigkeiten«, die einem CVS-Benutzer begegnen, können allerdings zunehmen, wenn einerseits die Uhrzeit und das Datum selbst nicht stimmen, und andererseits die Uhren auf Client und Server auseinander laufen. So liefern beispielsweise die Befehle **checkout** und **update** mit der Option –D aufgerufen nicht die gewünschten Ergebnisse, wenn das Datum des Servers nicht stimmt!

Die Modifikation von Dateien in der lokale Arbeitskopie bestimmt CVS anhand von Zeitstempeln, die mit der lokalen Uhr verwaltet werden. Wenn CVS schreibend auf eine Datei zugegriffen hat, so vermerkt es einen Zeitstempel in der Datei **Entries** in den lokalen Verwaltungsinformationen (siehe Abschnitt 7.4, »Die CVS-Verzeichnisse in der lokalen Arbeitskopie«). Durch Vergleich dieses Zeitstempels mit dem Zeitstempel der Datei selbst kann CVS feststellen, ob die Datei in der Zwischenzeit modifiziert worden ist. So prüft CVS diese beiden Zeitstempel nach einem Konflikt, um festzustellen, ob der Entwickler überhaupt *versucht* hat, den Konflikt zu beseitigen. Stimmen beide Zeitstempel überein, so verweigert CVS ein Einchecken mit dem Hinweis, dass der Konflikt nicht beseitigt worden ist. Man könnte CVS hier austricksen, indem man den Zeitstempel der Uhr manuell setzt, unter Unix beispielsweise mit dem Befehl **touch**. Sinnvoll ist das allerdings nicht.

Zeitstempel

Wie schon beschrieben, sind ein paar Minuten Abweichung zwischen den Uhren nicht schlimm. Wer das Problem gründlich lösen möchte, der sollte die Uhren des CVS-Servers und aller Client-Rechner mit dem *Network Time Protocol* (NTP) synchronisieren. Dabei gleichen die Rechner ihre internen Uhren mit Zeit-Servern im Internet ab, die ihre Zeitinformationen von sehr genauen Atomuhren erhalten. Nimmt man eine solche Zeit-Synchronisation vor, dann braucht man sich über falsch gehende Uhren keine Gedanken mehr machen. Allerdings sollte man – wie auch sonst – natürlich auf die Einstellung der richtigen Zeitzone achten!

Network Time Protocol

7.13.4 Locks im Repository

Eine weitere Quelle von Problemen können die *Lock-Dateien* sein. Dies sind Dateien, die CVS auf dem Server anlegt, um den gleichzeitigen Zugriff auf ein Verzeichnis zu verbieten. Manchmal kann man Meldungen folgender Art erhalten:

```
cvs update: [11:43:23] waiting for elke's lock in
  /var/lib/cvs/TextPrinter1
```

Dies ist zunächst einmal eine ganz normale Meldung und noch kein Fehler. Es bedeutet, dass der genannte CVS-Benutzer bereits eine Operation auf dem Verzeichnis ausführt und CVS nun darauf wartet, dass diese Operation beendet wird. CVS sichert die Operation durch eine Datei, die es – per Voreinstellung – in das gleiche Verzeichnis schreibt; im obigen Beispiel ist dies das Verzeichnis **/var/lib/cvs/TextPrinter1**. Ist die Lock-Datei bereits vorhanden, so lässt CVS keinen weiteren Zugriff auf das Verzeichnis zu und die oben gezeigte Meldung wird ausgegeben. Nach etwa 30 Sekunden prüft CVS erneut, ob die Lock-Datei noch vorhanden ist. Falls sie nicht mehr vorhanden ist, läuft alles normal weiter. Ist die Lock-Datei noch vorhanden, so wird erneut eine Meldung ausgegeben und CVS wartet weitere 30 Sekunden. Geht es nach mehreren Minuten immer noch nicht weiter, dann sollte man versuchen, den betreffenden Entwickler zu kontaktieren und ihn fragen, ob er noch irgendeinen CVS-Befehl ausführt. Ist das nicht der Fall, dann ist die Lock-Datei von CVS nicht gelöscht worden und muss manuell entfernt werden. Normalerweise sollte dieser Fall natürlich nicht auftreten, aber auch CVS ist nicht perfekt. Die Lock-Dateien tragen Namen wie **#cvs.rfl**, **#cvs.wfl** oder **#cvs.lock**. Man findet sie entweder in dem betroffenen Verzeichnis oder – wenn der CVS-Server entsprechend eingerichtet worden ist – in einem eigenen Lock-Verzeichnis. Ein solches Lock-Verzeichnis spiegelt den Verzeichnisbaum des Repositories. In diesem Fall sind die Lock-Dateien im korrespondierenden Unterverzeichnis zu löschen; im Repository befinden sich dann keine Lock-Dateien. Eine Anleitung zum Einrichten eines Lock-Verzeichnis ist in Abschnitt 8.6, »Ein eigenes Lock-Verzeichnis einrichten«, zu finden.

7.14 Schlüsselwortersetzung

CVS bietet die Möglichkeit eine Reihe von Schlüsselwörtern in den Quelltext einzusetzen, die vom System durch Werte ersetzt werden. Nützlich ist das, wenn man Statusinformationen zu einer Datei direkt in dieser gespeichert haben möchte. Ein Beispiel für eine Java-Datei könnte folgendermaßen aussehen:

```
/**
 *
 * @author: $Author$
 * @version: $Revision$
 * $Date$
 * $Log$
 *
 */
public class MyTextPrinter extends TextPrinter
{
   //...
}
```

So sieht die Datei vor dem ersten Einchecken aus. CVS-Schlüsselwörter sind `$Author$`, `$Revision$`, `$Date$` und `$Log$` (Anmerkung für Java-Unkundige: `@author` und `@version` sind JavaDoc-Tags und spielen hier keine Rolle). Beim ersten Commit ersetzt CVS die Schlüsselwörter durch ihre aktuellen Werte. Im Beispiel könnte das so aussehen:

Schlüsselwörter

```
/**
 *
 * @author: $Author: elke $
 * @version: $Revision: 1.1 $
 * $Date: 2003/12/18 10:21:03 $
 * $Log: header.java,v $
 * Revision 1.1  2003/12/18 10:21:03  elke
 * Datei neu hinzugefuegt
 *
 *
 */
public class MyTextPrinter extends TextPrinter
{
   //...
}
```

Man kann sehen, dass auch nach der Schlüsselwortersetzung die Schlüsselwörter selbst im Quelltext erhalten bleiben, so dass die Ersetzung im Folgenden immer wiederholt werden kann. So sei die Datei nochmals nach einem weiteren Commit betrachtet:

```
/**
 *
 * @author: $Author: frank $
 * @version: $Revision: 1.2 $
 * $Date: 2003/12/18 10:36:30 $
 * $Log: header.java,v $
 * Revision 1.2  2003/12/18 10:36:30  frank
 * Elkes Version verbessert
 *
 * Revision 1.1  2003/12/18 10:21:03  elke
 * Datei neu hinzugefuegt
 *
 *
 */
public class MyTextPrinter extends TextPrinter
{
   //......
}
```

An diesem Beispiel ist die Besonderheit des Schlüsselworts Log zu erkennen. Log ist das einzige CVS-Schlüsselwort, das neue Zeilen zu einer Datei hinzufügt.

> Wer viel mit Verzweigungen arbeitet, der sollte sich den Einsatz des Schlüsselworts Log genau überlegen. CVS wird bei Verwendung von Log sowohl im Hauptzweig als auch in der Verzweigung mit jeder Revision neue Zeilen an genau der gleichen Stelle der Datei einfügen. Da diese Zeilen sich in Hauptzweig und Verzweigung unterscheiden werden, ist der Konflikt beim Zusammenführen der beiden Zweige vorprogrammiert!

Schlüsselwortersetzung abschalten

Nützlich ist die Schlüsselwortersetzung, wenn man immer einen Überblick über den aktuellen Stand der Sourcecode-Dateien haben möchte, ohne dafür Befehle wie **cvs status** aufrufen zu müssen. Daneben bleiben die durch Schlüsselwortersetzung in die Dateien geschriebenen Informationen auch nach einem Export bestehen. Wenn die Schlüsselwortersetzung an einer bestimmten Stelle stört, dann lässt sie sich auch – dateibezogen – abschalten. Ein Grund könnte sein, dass eines oder mehrere der CVS-Schlüsselwörter in der verwendeten Programmiersprache eine eigene Bedeutung haben und daher nicht ersetzt werden dürfen. Bei neuen Dateien schaltet man die Schlüsselwortersetzung ab, indem man bei Aufruf des Befehls **add** die Option –ko angibt:

```
cvs add -ko header.java
```

Bei bestehenden Dateien kann man dies mit dem Befehl **admin** erreichen:

```
cvs admin -ko header.java
```

Die nachfolgende Tabelle führt alle möglichen Schlüsselwortersetzungsmethoden auf.

Option	Beschreibung
-kkv	Diese Option bewirkt das Standardverhalten von CVS. Sie ist nur sinnvoll, um eine andere Einstellung zurückzusetzen.
-kkvl	Bei gesperrten Dateien (siehe Abschnitt 7.17.1, »Das Sperren von Dateien«) wird immer der CVS-Benutzer eingetragen, der die Datei gesperrt hat.
-kk	Ersetzt das Schlüsselwort durch sich selbst und »verschluckt« dabei den Wert. Aus $Revision 1.17$ wird damit $Revision$. Diese Option ist sinnvoll, wenn man mit CVS Vorlagen (Templates) verwaltet, in denen das Schlüsselwort nicht durch einen Wert ersetzt werden soll.
-ko	Schaltet die Schlüsselwortersetzung komplett ab. Die Datei wird aber weiterhin als Textdatei behandelt.
-kb	Schaltet die Schlüsselwortersetzung und die automatische Zusammenführung von Dateien (Merging) ab. Die Datei wird als Binärdatei behandelt.
-kv	Die Option sorgt dafür, dass das Schlüsselwort durch seinen Wert ersetzt wird, also beispielsweise $Revision$ durch 1.2. Damit sind dann natürlich keine nachfolgenden Ersetzungen mehr möglich, da das Schlüsselwort nicht mehr vorhanden ist!

Liste der Schlüsselwortersetzungsmethoden

7.15 Wrapper

Wrapper sind ein Mechanismus von CVS, der Aktualisierungs- und Schlüsselwortersetzungsmethode für vorgegebene Dateimuster setzt. Die Aktualisierungsmethode legt dabei fest, ob auf den betroffenen Dateien ein Merge unternommen werden soll oder nicht. Die Schlüsselwortersetzungsmethode bestimmt, ob es sich um eine Binärdatei handelt und wie eventuell vorhandene CVS-Schlüsselwörter ersetzt werden sollen (siehe dazu den vorangehenden Abschnitt). Es gibt drei Stellen, an denen entsprechende Dateimuster abgelegt werden können: in der lokalen Datei **.cvswrappers**, in der Datei **cvswrappers**, in den administrativen Dateien in CVSROOT (siehe Abschnitt 8.2 »Die administrativen Dateien in CVSROOT«) und in der Umgebungsvariablen $CVSWRAPPERS.

Der Schlüsselwortersetzungsmechanismus wird wie gewohnt mit der Option –k angegeben. Die möglichen Optionen sind die gleichen wie sie in der Tabelle im vorherigen Abschnitt aufgeführt worden sind. Der Aktualisierungsmechanismus wird mit der Option –m gesetzt. Hier gibt es nur zwei mögliche Werte: COPY und MERGE. Bei MERGE wird versucht die Datei aus den beiden Quellen automatisch zusammenzuführen, bei COPY wird dieser Mechanismus abgeschaltet und es wird die Datei aus dem Repository heraus in die lokale Arbeitskopie kopiert. Eine solche Datei könnte beispielsweise folgendermaßen aussehen:

```
*.gif -kb
*.jpeg -kb
*.text -m COPY -kkv
```

Diese Datei bestimmt, dass alle Dateien, die auf gif oder jpeg enden, als Binärdateien behandelt werden sollen und dass Dateien, die auf text enden, mit der normalen Schlüsselwortersetzung arbeiten sollen, jedoch kein Merge auf diesen Dateien versucht werden soll.

Wrapper beim Import — Wrapper sind ausgesprochen nützlich und wichtig, wenn man Projekte importieren möchte. Man muss dann nicht für jeden möglichen Dateityp auf der Kommandozeile angeben, wie er behandelt werden soll. Dies gilt allerdings nicht in WinCvs, da hier ein eigener Mechanismus beim Import von Projekten implementiert worden ist. Dieser ist in Abschnitt 6.4, »Ein neues Projekt beginnen: import«, beschrieben worden. Natürlich werden Wrapper nicht nur beim Befehl **import** verwendet, sondern auch beim Befehl **add**.

> CVS-Versionen bis 1.9 überschreiben Dateien einfach, wenn die Option COPY gesetzt ist. Man sollte COPY daher nur bei neueren Versionen von CVS verwenden!

7.16 Das CVS-Protokoll und der Befehl history

7.16.1 CVS führt Protokoll

Manchmal gibt es den Wunsch, detailliert nachzuvollziehen, was zu einem bestimmten Zeitpunkt im Repository passiert ist. CVS kann zu diesem Zweck ein Protokoll führen, das über einen eigenen Befehl – den Befehl **history** – abgefragt werden kann. Gespeichert wird dieses Protokoll in einer Datei, die ebenfalls **history** heißt und die im Verzeichnis **CVSROOT** des Repositories liegen muss. Gesteuert wird die Protokollfunktion durch die Existenz der Datei **history**: Ist sie vorhanden, dann wird protokolliert, ist sie nicht vorhanden, dann gibt es auch kein Protokoll. Um das Protokollieren zu starten, sollte man die Datei also anlegen, wenn sie noch nicht vorhanden ist. Achten muss man auf die Zugriffsrechte der Datei. Jeder sollte lesend und schreibend auf diese Datei zugreifen können, damit die Protokollierung reibungslos funktioniert. In der Datei **checkoutlist** (siehe Abschnitt 8.2.1 »Die Datei checkoutlist«) sollte **history** übrigens nicht eingetragen werden, da es sich bei der Datei nicht um eine Konfigurationsdatei handelt, und die Datei weder von CVS-Benutzern noch vom Administrator verändert werden sollte. Der Zugriff auf die Datei sollte nur über den Befehl **history** erfolgen und keinesfalls direkt, da das Dateiformat von **history** nicht dokumentiert ist und sich in zukünftigen Versionen von CVS ändern könnte.

Ein Beispiel:

```
cvs history -a -e -n TextPrinter1
```

gibt aus:

```
O 2003-09-29 10:34 +0000 frank TextPrinter1 =TextPrinter1=
    <remote>/*
O 2003-10-07 07:01 +0000 frank TextPrinter1 =TextPrinter1=
    <remote>/*
T 2003-10-07 10:06 +0000 frank TextPrinter1 [Version1:A]
T 2003-10-14 07:37 +0000 frank TextPrinter1 [Version1:A]
O 2003-10-14 08:39 +0000 frank [Version1] TextPrinter1
    =TextPrinter1= <remote>/*
T 2003-10-14 09:59 +0000 frank TextPrinter1 [branch:A]
O 2003-10-14 10:01 +0000 frank [branch] TextPrinter1
    =TextPrinter1= <remote>/*
T 2003-10-14 10:04 +0000 frank TextPrinter1 [branch:D]
O 2003-10-14 10:06 +0000 frank [Verzweigung1] TextPrinter1
    =TextPrinter1= <remote>/*
E 2003-10-16 09:06 +0000 frank [Version1] TextPrinter1
    =TextPrinter1= <remote>/*
```

```
O 2003-10-16 09:34 +0000 frank TextPrinter1 =TextPrinter1=
  <remote>/*
```

Die Option –a bedeutet, dass man die Ausgabe für alle Benutzer und nicht nur für die, von einem selbst ausgeführten Befehle sehen möchte. Die Option –e fordert die Ausgabe aller Eintragstypen an. Mit der Option –n wird die Ausgabe auf Dateien aus dem Modul TextPrinter1 beschränkt.

7.16.2 Das Ausgabeformat von history

Das Format von **history** ist leider nicht selbsterklärend. Es wurde mit dem Hintergedanken einer maschinellen Auswertung entworfen und wirkt daher eher kryptisch. Es handelt sich um ein zeilenorientiertes Format. Jede Zeile beschreibt einen ausgeführten Befehl und beginnt mit einem Buchstaben. Der Buchstabe bezeichnet einen Befehl zusammen mit dem Zustand, der nach der Befehlsausführung eingetreten ist. Die folgende Tabelle zeigt die Bedeutung dieser Buchstaben:

Buchstabe	Bedeutung
F	Der Befehl **release** wurde ausgeführt.
O	Der Befehl **checkout** wurde ausgeführt.
E	Der Befehl **export** wurde ausgeführt.
T	Der Befehl **rtag** wurde ausgeführt.
C	Der Befehl **update** wurde ausgeführt. Dabei kam es zu einem Konflikt. Dieser muss manuell behoben werden.
G	Der Befehl **update** wurde ausgeführt. Ein Merge war notwendig und konnte ohne Konflikt durchgeführt werden.
U	Der Befehl **update** wurde ausgeführt. Die Datei wurde in die lokale Arbeitskopie kopiert.
W	Der Befehl **update** wurde ausgeführt. Die Datei in der lokalen Arbeitskopie wurde gelöscht, da sie aus dem Repository entfernt worden war.
A	Der Befehl **commit** wurde ausgeführt. Die Datei wurde neu hinzugefügt.
M	Der Befehl **commit** wurde ausgeführt. Die Datei wurde verändert.
R	Der Befehl **commit** wurde ausgeführt. Die Datei wurde entfernt.

Auf den Buchstaben folgt immer das Datum der Ausführung zusammen mit der Uhrzeit. Danach wird der CVS-Benutzer angezeigt, der den Befehl ausgeführt hat. Dann kommen die Revision und der Dateiname, die allerdings bei einigen Befehlen wie **checkout** nicht angezeigt werden. Schließlich kommen noch der Pfad im Repository und der Name der lokalen Arbeitskopie. Bei Zugriffen von einem Client-Rechner steht hier oft nur ein wenig aussagekräftiges <remote>.

Das CVS-Protokoll ist weder intuitiv lesbar noch einfach nutzbar. Wer allerdings wissen muss, was zu einem bestimmten Zeitpunkt im Repository passiert ist, besitzt mit dem Protokoll ein nützliches Hilfsmittel.

7.17 Der Befehl admin

Der Befehl **admin** unterscheidet sich von anderen CVS-Befehlen; man kann ihm keine eindeutige Funktionsbeschreibung geben. Am Besten trifft noch die Umschreibung zu, dass **admin** der Ausführung administrativer Arbeiten auf dem Repository dient.

Der Befehl **admin** beherrscht eine ganze Reihe von Funktionen, von denen viele allerdings längst veraltet sind und nicht mehr verwendet werden sollten. Es ist auch damit zu rechnen, dass einige dieser Funktionen aus zukünftigen Versionen von CVS entfernt werden. So soll an dieser Stelle auch nicht der gesamte Funktionsumfang von **admin** beschrieben werden, sondern es wird nur auf einige wichtige Optionen eingegangen.

7.17.1 Das Sperren von Dateien

Mit dem Befehl **admin** lässt sich erreichen, was einige andere Versionsmanagementsysteme von Haus aus praktizieren: das Sperren von Dateien. Wenn man eine Datei mittels des Befehls **admin** sperrt, dann lässt sie sich durch andere Entwickler so lange nicht mehr verändern, bis die Sperre wieder aufgehoben wird. Man sollte sich gut überlegen, ob man diesen Mechanismus verwenden möchte, denn er widerspricht den grundlegenden Prinzipien von CVS und wird nicht empfohlen. Das Sperren von Dateien soll daher an dieser Stelle auch nicht weiter beschrieben werden. Zum Sperren und Aufheben der Sperre dienen die Optionen –l, –L, –u und –U.

Sperren wird nicht empfohlen

7.17.2 Nachträgliches Ändern von Log Messages

Manchmal schreibt man im Laufe der Entwicklung beim Commit etwas in eine Log Message hinein, das sich im Nachhinein als wenig sinnvoll erweist. Statt nun für immer mit der verunglückten Beschreibung leben zu müssen oder gar zu versuchen, diese durch direktes Bearbeiten der Datei im Repository zu ändern, kann man den Befehl **admin** mit der Option –m verwenden, um nachträglich Log Messages zu bearbeiten. Ein Beispiel:

```
cvs admin -m 1.2:"Neue Nachricht" TextPrinter.java
```

CVS gibt aus:

```
RCS file: /var/lib/cvs/TextPrinter1/TextPrinter.java,v
done
```

Führt man anschließend den Befehl **cvs log** auf der Datei **TextPrinter.java** aus, so findet man in der Ausgabe folgende Stelle:

```
Revision : 1.2
Date : 2003/11/19 11:24:57
Author : 'frank'
State : 'Exp'
Lines : +1 0
Description :
Neue Nachricht
```

Die alte Nachricht ist also durch den neuen Text ersetzt worden. Man kann den Text für jede Revision einzeln überschreiben, sollte ihn allerdings immer in Hochkommata einbetten, falls der Text Leerzeichen enthält.

Die nachträgliche Bearbeitung von Log Messages durch den Befehl **admin** wirkt sich auf bereits vorhandene Einträge in Sourcecode-Dateien, die durch Schlüsselwortersetzung und die Variable Log entstanden sind, nicht aus. In diesem Fall schreibt CVS immer nur den jeweils neuesten Eintrag in die Sourcecode-Datei und verändert alte Einträge nicht.

7.17.3 Die Schlüsselwortersetzung ändern

Wie es schon in Abschnitt 7.14, »Schlüsselwortersetzung«, beschrieben worden ist, lässt sich mit dem Befehl **admin** auch die Schlüsselwortersetzung nachträglich umschalten. So schaltet

```
cvs admin -ko header.java
```

die Schlüsselwortersetzung für die Datei **header.java** nachträglich ab. Alle Optionen zur Schlüsselwortersetzung sind in Abschnitt 7.14 aufgelistet.

7.18 Datumsformate in CVS

Es gibt einige Befehlsoptionen in CVS, die die Angabe eines Datums und gegebenenfalls einer Uhrzeit verlangen. Als Beispiel sei an dieser Stelle die Option –D der Befehle **update** und **checkout** genannt. Mit diesen Befehlen lässt sich der Revisionsstand von Dateien aus dem Repository abrufen, wie er zu einem bestimmten Datum und einer Uhrzeit in der Vergangenheit ausgesehen hat.

Bei der Angabe von Datum und Uhrzeit lässt CVS mehrere Formate zu. Dabei werden zwei Formate bevorzugt: Daten die nach ISO 8601 formatiert sind und Daten, die den Internet-Mail Standards RFC822 und RFC1123 folgen. Nach der ISO 8601 wird ein Datum rückwärts formatiert. Die einzelnen Teile des Datums können durch Bindestriche getrennt werden, bei der Uhrzeit wird ein Doppelpunkt verwendet:

CVS kennt viele Formate

```
2003-03-14 13:39
```

Das Datum kann auch verkürzt werden, indem die Uhrzeit weggelassen wird:

```
2003-03-14
```

Das alternative Format nach RFC822 und RFC1123 wird vorwärts notiert, der Monat durch drei Buchstaben in englischer Schreibweise abgekürzt:

```
14 Mar 2003 13:39
```

Auch hier erlaubt es CVS Teile wegzulassen. Man kann die Uhrzeit weglassen:

```
14 Mar 2003
```

und auch das Jahr

```
14 Mar
```

In diesem Fall verwendet CVS für fehlende Angaben die Bestandteile des aktuellen Datums.

Neben diesen beiden auf internationalen Normen basierenden Formaten versteht CVS eine ganze Reihe weiterer Formate. Diese sind jedoch nicht dokumentiert und sollten daher auch nicht verwendet werden.

7.19 Zusammenfassung

Dieses Kapitel hat einige fortgeschrittene Themen zu CVS betrachtet und damit Hintergrundwissen zu vielen Bereichen dieses Versionsmanagementsystems geliefert. Es wurden unter anderem einige bisher nicht beschriebene Befehle vorgestellt, die internen Verwaltungsinformationen von CVS betrachtet, die Verwaltung von Webseiten mit CVS beschrieben, Vendor Branches und überwachtes Arbeiten erklärt sowie typische Problemquellen bei der Arbeit mit CVS untersucht. Nicht alle Funktionen von CVS werden von jedem Entwickler eingesetzt. Trotzdem ist es wichtig, die Möglichkeiten von CVS zu kennen. Dieses Kapitel hat trotz seiner Themenbreite einen Bereich völlig ausgelassen: die Administration von CVS. Das soll im nächsten Kapitel nachgeholt werden!

8 CVS für Administratoren

Dieses Kapitel beschreibt verschiedene Aspekte der CVS-Administration. Es geht um Installation, Konfiguration, Authentifizierung, Backup und Migration von CVS-Servern und Repositories.

8.1 Einen CVS-Server aufsetzen

Um einen CVS-Server aufzusetzen, also die CVS-Software zu installieren und zu konfigurieren, muss man sich im ersten Schritt Gedanken über die zu verwendende Server-Hardware und das Betriebssystem des Servers machen. CVS läuft in seiner Eigenschaft als Server nur unter Unix-artigen Betriebssystemen, wie Linux, FreeBSD, OpenBSD, NetBSD und den verschiedenen kommerziellen Unix-Varianten. Seit Version 10 des Mac-Betriebssystems basiert auch dieses auf einer Unix-Variante, so dass auch MacOSX als Basis für einen CVS-Server in Frage kommt. Windows in seinen vielen Varianten kann für die »klassische« CVS-Software nicht als Serverbasis dienen. Es gibt allerdings ein Open Source-Projekt, das sich der Entwicklung eines CVS-Servers für Windows verschrieben hat. Die CVS-Software dieses Projekts, CVSNT, läuft auf den NT-basierten Versionen von Windows, also Windows NT, Windows 2000 und Windows XP. Wer seinen CVS-Server gerne unter Windows betreiben möchte, der sollte die CVSNT-Software wählen, die mittlerweile ebenfalls einen hohen Reifegrad erreicht hat. Die Internetseite des Projekts ist in Anhang D aufgeführt.

An dieser Stelle soll es um die Installation eines CVS-Servers aus der »klassischen« CVS-Entwicklungslinie gehen (im Gegensatz zu CVSNT), so dass zwingend ein Unix-basiertes Betriebssystem als Basis vorausgesetzt werden muss. Man kann natürlich einen bereits verwendeten Server zusätzlich mit CVS ausstatten, die zu erwartende Serverlast ist gering. Auf der anderen Seite kann es durchaus sinnvoll sein, für CVS ein eigenes System aufzusetzen. Da CVS – gemessen an heutigen Hardwareausstattungen – ein sehr Ressourcen schonendes System ist, kann man durchaus einen alten ausgemusterten PC als CVS-Server einsetzen. Als Grundregel kann hier gelten, dass wenn der Server es schafft ein aktuelles Linux- oder BSD-System (ohne X-Windows) zu betreiben, dann sollte es auch mit CVS keine Probleme geben.

Unix als Basis

Als Nächstes gilt es zu überprüfen, ob CVS nicht vielleicht schon installiert ist. In vielen Linux-Distributionen ist das der Fall, wenn man die Installation der Entwicklungswerkzeuge vorgenommen hat. Zum Test ruft man aus einer Shell

```
cvs --help
```

Schon installiert? auf. Wenn CVS bereits installiert ist, dann wird eine Übersicht der Hilfeoptionen von CVS angezeigt. Sollte CVS noch nicht installiert sein, so gibt es mehrere Möglichkeiten. Entweder installiert man CVS über die Paketverwaltung des Betriebssystems oder man übersetzt es selbst aus dem Sourcecode. Als Beispiel für die Installation des CVS-Paketes durch eine Paketverwaltung sei hier ein Debian-Linux-System aufgeführt. Auf einem solchen System gibt man zur Installation von CVS lediglich folgenden Befehl ein:

```
apt-get install cvs
```

Soll pserver eingerichtet werden? Die Debian-Paketverwaltung holt dann das CVS-Paket aus den in den Konfigurationsdateien der Paketverwaltung angegebenen Quellen. Das können die Installationsmedien sein oder auch einer der vielen Debian-Server im Internet. Die Paketverwaltung von Debian installiert und konfiguriert anschließend das Paket. Bei der Konfiguration muss die Frage beantwortet werden, ob die Zugriffsart `pserver` eingerichtet werden soll. Die Antwort auf diese Frage sollte gut überlegt sein. Wenn man `pserver` verwendet, dann übernimmt CVS die Authentifizierung der CVS-Benutzer. Der Zugriff auf das CVS-Executable und die Übertragung von Benutzernamen, Passwort und Daten erfolgt dann auf Port 2401. Die Zugriffsvariante `pserver` ist zwar bequem, da man keine weiteren Programme wie SSH zum Zugriff auf den Server einrichten muss, allerdings gilt `pserver` als nicht besonders sicher. Man sollte `pserver` daher nur in folgenden Fällen einsetzen:

- Der CVS-Server wird nur in einem lokalen Netzwerk verwendet. Es sind keine Zugriffe von außerhalb auf Port 2401 möglich, der Zugriff wird durch eine Firewall gesperrt.
- Der CVS-Server wird über `pserver` nur zum anonymen, lesenden Zugriff verwendet.
- Der Zugriff erfolgt zwar von außerhalb des lokalen Netzwerks, allerdings werden alle Zugriffe über ein Virtuelles Privates Netzwerk (VPN) geführt.
- Man führt den Zugriff über `pserver` auf Port 2401 durch einen SSH-Tunnel.

Hat man sich für den Einsatz der Zugriffsmethode pserver entschieden, so nimmt das Debian-Installationsprogramm auch gleich den dafür notwendigen Eintrag in der Datei **inetd.conf** vor (s.u.).

Die Paketverwaltungen anderer Unix-Systeme können CVS im Prinzip ganz ähnlich installieren. Da allerdings fast jedes Unix-System seine eigene Paketverwaltung besitzt, können an dieser Stelle nicht alle Varianten beschrieben werden. Die Installation unter Debian-Linux ist daher exemplarisch zu verstehen.

Wer kein CVS-Paket für sein System gefunden hat oder sich auch sonst seine Programme selbst compiliert, der kann CVS aus dem Sourcecode selbst übersetzen. Als Open Source-Projekt ist CVS natürlich komplett in Form von Sourcecode verfügbar! Wer CVS selbst compilieren möchte, der besorgt sich zunächst das Quellcode-Archiv in der gewünschten Version (zur Bezugsquelle siehe Anhang D). CVS verwendet das in der Open Source-Gemeinde gängige GNU Autoconf, so dass der Übersetzungsvorgang auf allen Plattformen gleich abläuft. Zunächst wird das Sourcecode-Archiv in ein Verzeichnis entpackt. Man wechselt in dieses Verzeichnis und gibt dort den Befehl

CVS selbst übersetzen

```
./configure
```

ein. Damit wird das zur Übersetzung notwendige Makefile erzeugt. Zur eigentlichen Übersetzung ruft man

```
make
```

im gleichen Verzeichnis auf. Zur Installation wird schließlich noch der Aufruf

```
make install
```

benötigt. Damit sollte der CVS-Server grundsätzlich funktionsfähig sein. Allerdings muss nun noch das Repository initialisiert werden und – falls gewünscht – der Zugriff mittels der Methode pserver eingerichtet werden. Das Repository wird bereits durch CVS selbst initialisiert. Dazu bestimmt man zunächst ein Verzeichnis und legt dieses an, beispielsweise **/var/lib/cvs**. Zur Initialisierung ruft man CVS unter Angabe des Repositories mit dem Befehl **init** auf:

Das Repository anlegen

```
cvs -d /var/lib/cvs init
```

Damit ist das Repository mit seinen administrativen Dateien erzeugt und eingerichtet. Zur Verwendung der Zugriffsmethode pserver muss ein Eintrag in der Datei **inetd.conf** vorgenommen werden. CVS arbei-

inetd.conf

tet anderes als viele andere Dienste auf einem Unix-System nicht als eigenständiger Server-Prozess. Stattdessen delegiert CVS die Verwaltung der Anfragen auf Port 2401 an den allgemeinen Serverdienst inetd, der auf den meisten Unix-Systemen läuft. Wenn inetd eine Anfrage auf Port 2401 erhält, so soll es diese an CVS weiterleiten. Dazu ist ein Eintrag in der Konfigurationsdatei **inetd.conf** hinzuzufügen. Die Datei **inetd.conf** findet man auf den meisten Systemen im Verzeichnis **/etc**. Der Eintrag in der Datei **inetd.conf** sieht beispielsweise folgendermaßen aus (in einer Zeile):

```
cvspserver stream tcp nowait root /usr/sbin/tcpd
  /usr/sbin/cvs-pserver
```

wobei `cvspserver` in der Datei **services** auf Port 2401 gesetzt wird.

8.2 Die administrativen Dateien in CVSROOT

Für seine zentralen Konfigurationsdateien verwendet CVS »sich selbst« als Verwaltungswerkzeug. Mit anderen Worten: Eine Reihe von Konfigurationsdateien sind im Repository selbst gespeichert und müssen zur Veränderung ausgecheckt werden. Diese Dateien liegen in einem Modul mit dem Namen CVSROOT. Zur Bearbeitung checkt man sie in ein lokales Verzeichnis aus:

```
cvs checkout CVSROOT
```

gibt beispielsweise aus:

```
cvs server: Updating CVSROOT
U CVSROOT/checkoutlist
U CVSROOT/commitinfo
U CVSROOT/config
U CVSROOT/cvsignore
U CVSROOT/cvswrappers
U CVSROOT/editinfo
U CVSROOT/loginfo
U CVSROOT/modules
U CVSROOT/notify
U CVSROOT/rcsinfo
U CVSROOT/taginfo
U CVSROOT/verifymsg
```

Die einzelnen Dateien können nun mit einem Texteditor verändert werden und anschließend wieder eingecheckt werden. Beispielsweise trägt man einen neuen Modulnamen in der Datei **modules** ein. Das anschließende **commit** verrät eine kleine Besonderheit:

```
cvs commit -m "neues Modul" modules
```

gibt aus:

```
Checking in modules;
/var/lib/cvs/CVSROOT/modules,v  <-- modules
new revision: 1.5; previous revision: 1.4
done
cvs server: Rebuilding administrative file database
```

Nach dem **commit** einer Datei aus CVSROOT gibt CVS die Meldung aus, dass es die Datenbank der administrativen Dateien neu aufbaut. Man kann auch selbst Dateien in diese »administrative Datenbank« aufnehmen; man trägt sie dazu in der Datei **checkoutlist** ein. Ein einfaches Hinzufügen, wie sonst bei CVS-Projekten üblich, reicht dazu nicht aus.

Eintrag in die Datei checkoutlist

In allen administrativen Dateien wird das # als Kommentarzeichen verwendet. Zu Beginn jeder Datei wird kurz erklärt, wozu die Datei dient. Manchmal wird auch die Syntax erklärt oder einige auskommentierte Einträge werden aufgelistet. Viele der administrativen Dateien werden beim Betrieb eines CVS-Servers kaum verändert, meist kommt man mit den Voreinstellungen gut zurecht. Eine Ausnahme bildet allerdings die Datei **modules**, die je nach Anzahl der im Repository verwalteten Module möglicherweise recht oft bearbeitet wird.

Kommentare

8.2.1 Die Datei checkoutlist

In der Datei **checkoutlist** werden alle administrativen Dateien eingetragen, die über »den Standard«, also über die bereits vorhandenen administrativen Dateien hinausgehen. Beispielsweise ist in älteren CVS-Distributionen die Datei **users** nicht enthalten, so dass diese hinzugefügt und in der **checkoutlist** eingetragen werden muss, wenn man sie verwenden möchte.

Die Datei **checkoutlist** verwendet ein einfaches, zeilenorientiertes Format. An den Anfang der Zeile schreibt man den Dateinamen, den man den administrativen Dateien hinzufügen möchte. Dahinter, durch Leerzeichen oder Tabulator getrennt, schreibt man eine Fehlermeldung, die ausgegeben werden soll, wenn das auschecken der angegebenen Datei fehlschlägt. Für die Datei **users** könnte diese Zeile folgendermaßen aussehen:

Das Dateiformat

```
users    Die Datei Users kann nicht ausgecheckt werden!
```

Die Fehlermeldung muss nicht in Hochkommata eingeschlossen werden, auch wenn sie Leerzeichen enthält. CVS wertet alles bis zum ersten Leerzeichen oder Tabulator als Dateiname, der Rest der Zeile bildet die Fehlermeldung.

8.2.2 Die Datei modules

Die Datei **modules** definiert Module. Normalerweise betrachtet CVS jedes Hauptverzeichnis in seinem Repository als Modul. Von dort kann man es beispielsweise mit dem Befehl **checkout** auschecken. CVS misst Module allerdings mit zweierlei Maß: Einige Funktionalitäten stehen erst zur Verfügung, wenn ein Modul zusätzlich in der Datei **modules** eingetragen worden ist. Dazu gehören beispielsweise die Optionen –c und –s des Befehls **checkout**. Diese beiden Optionen listen alle Module eines CVS-Servers auf. Allerdings nur solche, die auch in der Datei **modules** eingetragen worden sind. Auch bietet WinCvs einen Modul-Browser (siehe Abbildung 8.1) an, der nur mit den in der Datei **modules** eingetragenen Modulen funktioniert. Es lohnt sich also, Module in der Datei **modules** einzutragen.

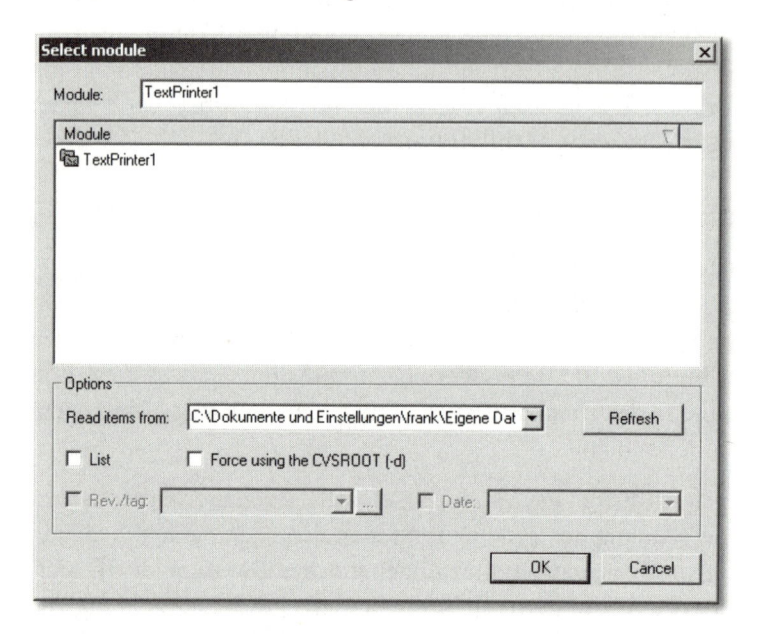

Abbildung 8.1 Modul-Browser in WinCvs

Die Datei **modules** ist zeilenweise aufgebaut. So steht in der einfachsten Version in einer Zeile zunächst der Modulname, danach kommt das Verzeichnis des Moduls relativ zur Wurzel des Repositories. Beispiel:

```
TextPrinter1 TextPrinter1
```

Diese **modules**-Datei definiert das Modul **TextPrinter1** im Verzeichnis **TextPrinter1**. Damit funktionieren alle CVS-Befehle genau wie vorher, allerdings ist das Modul **TextPrinter1** nun auch dem Modul-Browser bekannt. Man kann mittels der Datei **modules** dem Modul auch einen neuen Namen geben, der im Repository verwendete Verzeichnisname ist dann nicht mehr relevant. Sieht die Datei **modules** beispielsweise folgendermaßen aus

```
tp TextPrinter1
```

so muss man das Modul TextPrinter1 unter dem Namen tp ansprechen:

```
cvs checkout tp
```

ergibt

```
cvs server: Updating tp
U tp/TextPrinter.java
U tp/text.txt
```

In der lokalen Arbeitskopie wird nun das Verzeichnis **tp** verwendet, im Repository ist es aber immer noch das Verzeichnis **TextPrinter1**. Alternativ kann man einen Modulnamen auch als Alias definieren. Dazu dient die Option –a:

Einen Alias definieren

```
tp -a TextPrinter1
```

Nun lässt sich das Modul zwar unter dem Namen tp ansprechen, ein

```
cvs checkout tp
```

ergibt aber:

```
cvs server: Updating TextPrinter1
U TextPrinter1/TextPrinter.java
U TextPrinter1/text.txt
```

Statt des Hauptverzeichnisses eines Moduls kann man auch ein beliebiges Unterverzeichnis angeben und so Teilprojekte mit Modulnamen versehen:

```
UnterProjekt ein/unter/verzeichnis
```

Einzelne Verzeichnisse ausschließen

Bei Alias-Modulen können einzelne Verzeichnisse aus dem referenzierten Modul ausgeschlossen werden. Dazu wird dem Verzeichnis ein Ausrufezeichen vorangestellt:

```
MyTextLib -a !TextLib/Formatter TextLib
```

Dies schließt das Verzeichnis **TextLib/Formatter** aus dem Modul TextLib aus.

Module zusammenfassen

Mithilfe der Datei **modules** kann man mehrere Module unter einem neuen Namen zusammenfassen. Es sei angenommen, es gäbe die Module TextPrinter1 und TextPrinter2 in jeweils gleichnamigen Verzeichnissen. Man könnte diese Module folgendermaßen bündeln:

```
TextPrinter &TextPrinter1 &TextPrinter2
```

Mit dem Ampersand-Zeichen & kann in der Datei **modules** auf andere Module verwiesen werden. TextPrinter ist nun ein neues Modul, das die anderen enthält. Der Befehl

```
cvs checkout TextPrinter
```

würde beispielsweise liefern:

```
cvs server: Updating TextPrinter1
U TextPrinter1/TextPrinter.java
U TextPrinter1/text.txt
cvs server: Updating TextPrinter2
U TextPrinter2/TextPrinter.java
U TextPrinter2/text.txt
```

Obwohl CVS dies nicht anzeigt, würde es das Gesamtwerk in einem Verzeichnis **TextPrinter** ablegen. Darin befänden sich die beiden Verzeichnisse **TextPrinter1** und **TextPrinter2** mit ihren jeweiligen Dateien.

Die Datei **modules** bietet noch eine Reihe weiterer Optionen, die allerdings seltener verwendet werden und hier aus Platzgründen nicht alle vorgestellt werden sollen. Eine vollständige Liste findet man im Referenzteil im Abschnitt 11.1.9, »modules«.

8.2.3 Die Datei notify

CVS versendet Benachrichtigungen

In der Datei **notify** wird eingetragen, wie der CVS-Server Benachrichtigungen versenden soll. Meist geschieht das mit dem systemeigenen Mail-Programm, theoretisch können hier aber auch andere Mechanismen implementiert werden. Das Format von **notify** wird in Abschnitt 8.4, »Den Server für überwachtes Arbeiten einrichten« beschrieben.

8.2.4 Die Datei users

Die Datei **users** wird benötigt, um den Benutzern eines CVS-Servers externe Mail-Adressen zuordnen zu können. Die Datei hat ein zeilenweises Format. Jede Zeile beschreibt einen CVS-Benutzer. Zunächst wird der Name des CVS-Benutzers aufgeführt. Danach, abgetrennt durch einen Doppelpunkt, kommt die externe Mail-Adresse des Benutzers. Besitzt die externe Mail-Adresse Leerzeichen, beispielsweise weil sie auch den vollständigen Namen des Benutzers enthält, so muss diese durch einfache oder doppelte Anführungszeichen abgeschlossen werden. Ein Beispiel:

Mail-Adressen zuordnen

```
jim:"<James T. Kirk>kirk@enterprise.starfleet.space"
elke:elke@developer.com
```

Diese Datei definiert externe Mail-Adressen für die beiden CVS-Benutzer jim und elke. Benötigt wird die Datei **users** beim überwachten Arbeiten (siehe Abschnitt 7.7, »Überwachtes Arbeiten«).

8.2.5 Die Datei cvsignore

Der Mechanismus zum Ignorieren von Dateien ist in Abschnitt 7.3, »Dateien ignorieren: cvsignore«, bereits vorgestellt worden. Die Datei **cvsignore** in den administrativen Dateien gibt vor, welche Dateien serverseitig ignoriert werden.

8.2.6 Die Datei passwd

Die Datei **passwd** dient zur Ablage von CVS-eigenen Passwörtern, die unabhängig vom jeweiligen Benutzer-Account verwaltet werden. Die Passwörter werden kompatibel zur Unix-Funktion crypt() abgelegt und sind daher mit den normalen Systempasswörtern in **/etc/passwd** oder **/etc/shaddow** austauschbar. Die Datei enthält für jeden Benutzer genau eine Zeile, die zwei oder drei durch Doppelpunkte abgetrennte Einträge enthält. Die Einträge sind von vorne beginnend der CVS-Benutzername, das verschlüsselte Passwort und optional der System-Benutzername. Sollte der System-Benutzername nicht mit dem CVS-Benutzernamen überein stimmen, so muss dieser angegeben werden und ist nicht optional.

> Man sollte sich bei der Datei **passwd** genau überlegen, ob man diese analog zu den anderen administrativen Dateien in der Datei **checkoutlist** eintragen möchte. Wenn man die Datei dort einträgt, hat jeder CVS-Benutzer mit Schreibzugriff die Möglichkeit, die Passwörter zu setzen!

Ein Beispiel zur Datei **passwd** wird im folgenden Abschnitt 8.3, »Authentifizierung«, vorgestellt.

8.3 Authentifizierung

8.3.1 Lokaler Zugriff

CVS besitzt von Haus aus eine ganze Reihe von Möglichkeiten, wie auf das Repository zugegriffen werden kann und wie die CVS-Benutzer authentifiziert werden. Die einfachste Variante ist der lokale Zugriff (Zugriffsmethode `local`). In diesem Fall kann ohne jede weitere Kontrolle auf das Repository zugegriffen werden. CVS geht davon aus, dass jeder Nutzer, der Zugriff auf das System hat, auch Zugriff auf das CVS-Repository haben darf.

8.3.2 pserver und passwd

Als Nächstes sei die CVS-eigene Authentifizierung genannt: die Zugriffsmethode `pserver`. Bei dieser Zugriffsart prüft CVS selbst die Identität und das Passwort des Benutzers. Der Benutzer muss dabei einen gültigen Account auf dem CVS-Server besitzen. Wie man den CVS-Server zur Verwendung von `pserver` einrichtet ist schon in Abschnitt 8.1, »Einen CVS-Server aufsetzen«, beschrieben worden. Es gilt allerdings noch eine Variante zu beachten: Voreingestellt ist in CVS, dass der System-Account des Benutzers zur Authentifizierung verwendet wird. Dies hat den Nachteil, dass durch die relativ schwache Passwortsicherheit von CVS das ganze System kompromittiert werden kann. Sicherer ist es daher, System-Passwort und CVS-Passwort zu trennen und separat zu verwalten. Man kann dies erreichen, indem man die Datei **passwd** im Verzeichnis der administrativen Dateien unter CVSROOT (siehe Abschnitt 8.2.6, »Die Datei passwd«) anlegt und den Benutzer dort nochmals einträgt. Jede Zeile der Datei beschreibt einen CVS-Benutzer, hier ein Beispiel mit zwei CVS-Benutzern:

```
frank:7oowdHFcE:frank
elke:7aWwX4d81Q1ao:elke
```

Die einzelnen Einträge einer Zeile werden durch Doppelpunkte abgetrennt. Der erste Eintrag einer Zeile ist der CVS-Benutzername. Dies ist der Name, mit dem sich der Entwickler beim CVS-Server mittels des Befehls **login** anmeldet. Dieser Name kann mit dem System-Account des Benutzers übereinstimmen, muss es allerdings nicht. Der Name des System-Accounts ist der dritte Eintrag einer Zeile und kann bei Übereinstimmung mit dem CVS-Benutzernamen weggelassen werden. An zweiter Stelle einer Zeile steht das verschlüsselte Passwort des CVS-Benutzers. Das Passwort wird mit der Unix-Funktion crypt() verschlüsselt und ist daher mit dem normalen Authentifizierungssystem von Unix kompatibel. Es wird eine DES-Verschlüsselung verwendet. Leider bietet CVS keinen eigenen Befehl, um die verschlüsselten Passwörter anzulegen. Man muss daher einen Umweg gehen, um ein verschlüsseltes Passwort zu bekommen. Es gibt mehrere Möglichkeiten:

Das Format von passwd

- Ohne weitere Hilfsmittel kommt man aus, wenn man den Unix-Befehl passwd zur Verschlüsselung verwendet. Zu diesem Zweck nimmt man einen bestehenden System-Account und ändert das Passwort mittels des Befehls passwd auf das zu verschlüsselnde CVS-Passwort. Aus der Datei **/etc/passwd** oder **/etc/shaddow** wird nun das verschlüsselte Passwort herauskopiert und in die Datei **passwd** unter CVSROOT kopiert. Anschließend setzt man das Passwort für den System-Account wieder zurück.

- Man schreibt sich ein kleines Programm, das die Funktion crpyt() auf einem Unix-System verwendet, um ein eingegebenes Passwort zu verschlüsseln. Anhang D führt ein Beispiel für ein solches Programm auf.

- CVS-Passwörter lassen sich beispielsweise auch durch Funktionen der Web-Programmiersprache PHP erzeugen. Die Webseite zu diesem Buch zeigt ein Beispiel dafür (siehe Anhand D).

> CVS überträgt seine Passwörter kaum geschützt über das Netz. Es ist daher anzuraten, für den System-Account und den CVS-Account verschiedene Passwörter zu verwenden. Sollte das CVS-Passwort in die Hände dritter fallen, so wird dadurch nicht gleich das ganze System kompromittiert!

Ein System-Account für mehrere CVS-Benutzer

Durch die Verwendung der Datei **passwd** ist es auch möglich, dass sich mehrere CVS-Benutzer einen System-Account teilen. In diesem Fall wird ein allgemeiner System-Account wie beispielsweise cvsuser angelegt. Dieser Account wird in seinen Zugriffsrechten speziell auf die Nutzung von CVS zugeschnitten. Dieses Vorgehen ist insbesondere dann sinnvoll, wenn die CVS-Entwickler keinen weiteren Zugriff auf das Betriebssystem des CVS-Servers haben sollen und daher auch keinen eigenen System-Account benötigen. Der cvsuser wird dann in seinen Rechten so weit beschnitten, dass außer dem CVS-Zugriff keine weitere Nutzung des Servers möglich ist.

8.3.3 Weitere Authentifizierungsverfahren

Neben den Zugriffsmethoden `local` und `pserver` bietet CVS eine ganze Reihe weiterer Zugriffsarten. Sie gleichen sich alle darin, dass bei diesen Zugriffsarten die Authentifizierung des CVS-Benutzers nicht durch CVS selbst, sondern durch eine andere Instanz vorgenommen wird, CVS delegiert in diesem Fall die Authentifizierung. CVS arbeitet mit dem Verschlüsselungssystem *Kerberos* und der allgemeinen Schnittstelle für Verschlüsselung *Generic Security Services Application Program Interface* (GSSAPI) zusammen. Beide werden in der Praxis im Zusammenhang mit CVS allerdings eher selten eingesetzt, weshalb an dieser Stelle auf die CVS-Dokumentation (siehe Anhang D) verwiesen werden soll. Wesentlich praxisrelevanter ist neben der Nutzung der Zugriffsart `pserver` über ein *Virtual Private Network* (VPN, eine generelle Verschlüsselung allen Netzwerkverkehrs zwischen zwei Teilnetzen) die Absicherung des CVS-Zugriffs über eine *Secure Shell* (SSH). Dazu kann die Zugriffsmethode `ext` verwendet werden, die ursprünglich meist in Kombination mit einer *Remote Shell* (RSH) verwendet worden ist. Da RSH allein jedoch auch nicht sicher ist, sollte man stattdessen SSH in der Version 2 einsetzen. Dazu setzt man zunächst die Umgebungsvariable `CVS_RSH`, die angibt, welches externe Programm CVS bei Verwendung der Zugriffsmethode `ext` aufrufen soll. Lässt man die Variable leer, so ruft CVS standardmäßig das Programm rsh auf. Stattdessen trägt man hier ein lokal installiertes SSH-Programm ein. Auf Unix-Systemen reicht es meist, hier einfach ssh einzutragen, auf Windows sollte man OpenSSH oder ein ähnliches Programm installieren und hier eintragen. Die CVSROOT wird dann beispielsweise so angegeben:

```
:ext:192.168.0.7:/var/lib/cvs
```

Authentifizierung und Verschlüsselung werden nun von SSH übernommen. Der gesamte Datentransport zwischen Client und Server findet über das SSH-Protokoll statt. Wenn man SSH mit Passwort-Authentifizierung betreibt, bedeutet dies, dass bei jedem CVS-Befehl das SSH-Passwort abgefragt wird! Es ist daher bequemer und auch sicherer, SSH mit einem Schlüsselpaar pro Benutzer zu betreiben. Die Schlüssel sollten ohne Schlüsselphrase (das zum Schlüssel gehörende Passwort) generiert werden, da sonst wieder eine Abfrage der Schlüsselphrase pro Zugriff erfolgt. Die öffentlichen Schlüssel jedes Benutzers werden auf dem CVS-Server hinterlegt, der private Schlüssel bleibt natürlich beim Benutzer. Wie dies genau durchzuführen ist, entnimmt man am Besten der SSH-Dokumentation.

Authentifizierung und Verschlüsselung durch SSH

8.4 Den Server für überwachtes Arbeiten einrichten

Wie man mit Watches arbeitet und wie dies die Projektkommunikation verbessern kann ist in Abschnitt 7.7, »Überwachtes Arbeiten«, beschrieben worden. Allerdings muss der Server erst für das überwachte Arbeiten eingerichtet werden, in der Standardkonfiguration ist es nicht aktiviert. Erster und manchmal auch einziger Anlaufpunkt dazu ist die administrative Datei **notify**. Um sie zu bearbeiten, checkt man zunächst die administrative Dateien aus CVSROOT aus (siehe Abschnitt 8.2, »Die administrativen Dateien in CVSROOT«). Die Datei **notify** besitzt meist folgenden Inhalt:

```
# The "notify" file controls where
# notifications from watches set by
# "cvs watch add" or "cvs edit" are sent.
# The first entry on a line is
# a regular expression which is tested against
# the directory that the
# change is being made to, relative to the $CVSROOT.
# If it matches, then the remainder of the line is a
# filter program that should contain
# one occurrence of %s for the user to notify,
# and information on its
# standard input.
#
# "ALL" or "DEFAULT" can be used in place
# of the regular expression.
```

```
#
# For example:
#ALL mail %s -s "CVS notification"
```

CVS versendet Benachrichtigungen

Meist reicht es aus, in der letzten Zeile das Kommentarzeichen zu entfernen. CVS schickt dann die Benachrichtigungen über das Programm mail, das auf jedem Unix-System vorhanden sein sollte. Als Betreff der Mails wird »CVS notification« gesetzt, man kann hier auch etwas anderes eintragen. Voraussetzung ist, dass auf dem CVS-Server das Mail-System konfiguriert ist und funktioniert, anderenfalls wird CVS keine Mails versenden können. Man kann dies testen, indem man mail einfach einmal manuell aufruft:

```
mail elke -s "teste Mail"
```

Kommt die Mail bei elke an, so wird auch CVS keine Probleme haben seine Benachrichtigungen zu versenden.

Externe Mail-Adressen definieren

In der beschriebenen Form kann CVS nur Mails an Personen verschicken, die auf der gleichen Maschine arbeiten, auf der auch das CVS-Repository installiert ist. Das wird allerdings meist nicht der Fall sein; die Entwickler werden auf eigenen Maschinen arbeiten, meist auf ihren eignen PCs. In diesem Fall muss in einem zweiten Schritt die administrative Datei **users** angepasst werden. In diese Datei werden die vollständigen E-Mail-Adressen der CVS-Benutzer eingetragen. Im Gegensatz zur Datei **notify** existiert die Datei in einigen älteren Versionen von CVS **users** zunächst oft gar nicht und muss neu angelegt werden. Man legt sie an und fügt sie mit dem Befehl **add** dem Repository hinzu. In die Datei **users** trägt man pro Zeile eine E-Mail-Adresse ein. Zunächst kommt der Name des CVS-Benutzers, wie er von CVS erkannt wird. Danach wird – abgetrennt durch Leerzeichen oder Tabulatoren – die vollständige E-Mail-Adresse des Benutzers angegeben. Enthält diese Adresse Leerzeichen, so muss sie in einfache oder doppelte Hochkommata eingeschlossen werden. Schließlich muss die Zeile mit einem Zeilenumbruch abgeschlossen werden. Ein Beispiel:

```
elke:"<Elke Szurowski>elke@cvsbuch.de"
```

Nach Anpassung der administrativen Dateien müssen diese natürlich wieder eingecheckt werden, damit die Änderungen wirksam werden!

8.5 Anonymer Zugriff auf das Repository

Der anonyme Zugriff auf CVS-Server ist im Internet durchaus üblich, wenn es darum geht, die allerneuste Version von einer in der Entwicklung befindlichen Software zu bekommen. Man befindet sich – je nach Standpunkt – an der »Leading Edge« oder »Bleading Edge« der Softwareentwicklung. Ob es für einen normalen Nutzer wirklich sinnvoll ist, sich solcherart Software zu besorgen, sei dahin gestellt. Fest steht jedenfalls, dass es geht und dass es gemacht wird.

Wer sich auf diese Weise den neusten Sourcecode eines Programms beschaffen möchte, braucht Zugriff auf den CVS-Server des Projektes. Normalerweise wird der Zugriff auf den Server jedoch nur den beteiligten Entwicklern gestattet. Es gibt jedoch eine Ausnahme: Viele CVS-Server erlauben den anonymen Lesezugriff auf ihr Repository. Wer beispielsweise den neuesten Sourcecode zu WinCvs auschecken möchte, der meldet sich zunächst beim betreffenden CVS-Server bei sourceforge.net an (in einer Zeile):

Lesezugriff auf das Repository

```
cvs -d:pserver:anonymous@cvs.sourceforge.net:
   /cvsroot/cvsgui login
```

Bei der Passwortabfrage gibt man einfach ein leeres Return ein. Dann lässt sich das Modul cvsgui auschecken (in einer Zeile):

```
cvs -z3 -d:pserver:anonymous@cvs.sourceforge.net:
   /cvsroot/cvsgui co cvsgui
```

und CVS gibt aus:

```
cvs server: Updating cvsgui
U cvsgui/.cvsignore
U cvsgui/AUTHORS
U cvsgui/COPYING
U cvsgui/ChangeLog
U cvsgui/GCVS-VERSION
U cvsgui/GCvs.prj
...
```

Ein solcher lesender, anonymer Zugriff wird über die Zugriffsvariante `pserver` realisiert. CVS bietet dafür gleich zwei Methoden an: Entweder definiert man eine Liste von CVS-Benutzern, die schreibenden Zugriff haben (ausschließende Liste), oder man definiert alternativ eine Liste von CVS-Benutzern, die nur lesenden Zugriff bekommen (einschließende Liste); alle anderen Benutzer haben dann auch Schreibzu-

Lesezugriff mit pserver

griff. Für jedes der beiden Verfahren gibt es eine eigene Konfigurationsdatei: **readers** für die einschließende Liste und **writers** für die ausschließende Liste. Die Dateien werden im Verzeichnis der administrativen Konfigurationsdateien unter CVSROOT angelegt (siehe Abschnitt 8.2, »Die administrativen Dateien in CVSROOT«). Natürlich ist es nur sinnvoll, sich für eins der beiden Verfahren zu entscheiden. Sollten jedoch beide Dateien vorhanden sein und sich die Einträge in beiden Dateien widersprechen, so wird im Zweifelsfall der Schreibzugriff nicht gewährt und nur Lesezugriff erlaubt.

Die Datei readers — Möchte man einen einzelnen CVS-Benutzer zum anonymen Zugriff einrichten, so bietet es sich an, die einschließende Liste zu verwenden. Unter CVSROOT muss dann die Datei **readers** angelegt werden. Diese Datei bekommt genau einen Eintrag:

```
anonymous
```

Die Datei passwd — Der Zeilenwechsel am Ende sollte nicht vergessen werden. Sollen weitere Benutzer eingetragen werden, so muss für jeden eine eigene Zeile angelegt werden. Die alternative Datei **writers** besitzt das gleiche Format. Im Zusammenhang mit dem anonymen Zugriff ist es sinnvoll, die **passwd**-Datei von CVS zu verwenden (siehe Abschnitt 8.2.6, »Die Datei passwd«). Auf diese Weise kann der anonyme Zugriff mit leerem Passwort erfolgen, ohne dass es einen Systembenutzer mit leerem Passwort geben müsste. Unter der Annahme, dass der Systembenutzer ebenfalls anonymous heißt, trägt man in der Datei **passwd** folgende Zeile ein:

```
anonymous::anonymous
```

Auch hier sollte man den Zeilenumbruch nicht vergessen!

Hat man den Server so weit eingerichtet, ist ein anonymer Checkout über den Benutzer anonymous möglich. Versucht man anschließend, eine der ausgecheckten Dateien wieder einzuchecken:

```
cvs commit -m "Ich versuch's doch" TextPrinter.java
```

So bekommt man folgende Meldung:

```
cvs [server aborted]: "commit" requires write access to
   the repository
```

8.6 Ein eigenes Lock-Verzeichnis einrichten

In der Grundeinstellung legt CVS die Lock-Dateien, die es zum Schutz vor mehrfachem gleichzeitigen Zugriff auf ein Verzeichnis benötigt, direkt im Repository an. Dies ist aus mehreren Gründen nicht optimal. Zunächst einmal mischt CVS hier Verwaltungsinformationen mit den verwalteten Daten. Dies ist an sich unschön, aber nicht besonders problematisch. Problematisch ist, dass jeder Benutzer nun Schreibrechte auf dem Repository benötigt, auch wenn er eigentlich nur lesenden Zugriff auf die Daten des Repositories haben soll. Diesen Widerspruch kann man auflösen, wenn man CVS anweist, seine Lock-Dateien in einem anderen Verzeichnis abzulegen. Man sollte allerdings darauf achten, dass man keine sehr alten CVS-Clients verwendet, die dies noch nicht unterstützen. Bei den Kommandozeilen-Clients ist es ab der Version 1.11 sicher, mit separaten Lock-Verzeichnissen zu arbeiten.

Als Erstes legt man das Verzeichnis an. Üblich ist beispielsweise

```
/var/lock/cvs
```

Als Nächstes muss dieses Verzeichnis in der administrativen Datei **config** eingetragen werden (zu den administrativen Dateien siehe Abschnitt 8.2, »Die administrativen Dateien in CVSROOT«). Bei neueren CVS-Versionen findet man dort bereits folgenden Eintrag:

Die Datei config

```
# Put CVS lock files in this directory rather than directly
# in the repository.
# LockDir=/var/lock/cvs
```

Beim Eintrag `LockDir` muss man einfach das Kommentarzeichen entfernen und eventuell das Verzeichnis anpassen. Dann checkt man die Datei **config** wieder ein und die Änderung ist wirksam!

Der Eintrag LockDir

CVS legt nun selbst Unterverzeichnisse in diesem Lock-Verzeichnis an, die mit den Verzeichnissen des Repositories korrespondieren. Diese Verzeichnisse bleiben auch nach dem Entfernen der eigentlichen Lock-Dateien bestehen.

8.7 Den Befehl admin sperren

Der in Abschnitt 7.17, »Der Befehl admin«, beschriebene Befehl **admin** gibt dem Benutzer einige Möglichkeiten an die Hand, deren Nutzung sehr gefährlich sein kann. So kann man beispielsweise ganze Bereiche von Revisionen im Repository als »outdated« behandeln – die Revisionen werden dann alle gelöscht. Diese Option des Befehls **admin** ist in

Der Befehl admin besitzt gefährliche Optionen

diesem Buch nicht beschrieben worden, da sie nach Meinung des Autors unnötig gefährlich ist und das Gewünschte auch mit anderen Mitteln erreicht werden kann. Wer alte Zöpfe abschneiden möchte, der kann sich überlegen, ob er sein Repository auf Basis der aktuellen Version neu aufsetzt. Wer zu alten Versionsständen zurück möchte, sollte nicht die neuen Revisionen aus dem Repository entfernen, sondern den alten Stand als neue Revision einchecken.

Selbst, wenn die Entwickler eines Teams genauso denken, so kann man nicht verhindern, dass ein Entwickler mal eben die eine oder andere Option eines Befehls ausprobiert und damit Schaden anrichtet. Bei den »normalen« Befehlen von CVS ist der mögliche Schaden, den ein Befehl anrichten kann, relativ begrenzt. Anders ist es jedoch beim Befehl **admin**, eine unbedacht aufgerufene Option kann hier ganze Teile des Repositories ausradieren. CVS sieht daher die Möglichkeit vor, die Benutzung des Befehls **admin** durch normale Benutzer zu sperren.

Die Benutzergruppe cvsadmin

Um den Befehl **admin** zu sperren, muss auf dem CVS-Server eine neue Benutzergruppe mit dem Namen cvsadmin angelegt werden. Nur Systembenutzer, die dieser Gruppe zugeordnet werden, dürfen dann den Befehl **admin** ausführen, für alle anderen ist der Befehl gesperrt. Der Versuch, den Befehl aufzurufen, ergibt eine Fehlermeldung:

```
cvs admin -m 1.1:"Tausche Message" TextPrinter.java
```

gibt aus:

```
cvs [server aborted]: usage is restricted to members of
    the group cvsadmin
```

admin –k ist erlaubt

Es gibt allerdings eine Ausnahme: Mit der Option –k darf **admin** von allen CVS-Benutzern aufgerufen werden. Es ist also weiterhin für jeden möglich, die Methode der Schlüsselwortersetzung einer Datei umzuschalten.

8.8 Backup

Das Repository eines CVS-Servers besitzt zwei grundlegende Eigenschaften: es wird komplett in Form eines Verzeichnisbaums gespeichert und es besitzt keine Mechanismen zur Konsistenzsicherung. Aus diesen beiden Eigenschaften leitet sich ab, dass man Backups des Repositories einfach durchführen kann, da man einfach nur ein Verzeichnis mit einer Reihe von Dateien darin sichern muss. Da das Repository jedoch keinerlei Mechanismen zur Konsistenzsicherung und -überprüfung besitzt, sollte man Backups häufig und regelmäßig durchführen. Die mangelnde Konsistenzsicherung des Repositories kann eindeutig als konzeptioneller Schwachpunkt von CVS gegenüber anderen Versionsmanagementsystemen angesehen werden.

Um ein Backup des Repositories durchzuführen, kopiert man einfach das Verzeichnis, in dem es gespeichert ist, auf ein anderes Medium oder in eine Archivdatei, die man anschließend sichert. Während der Sicherung sollten keine Zugriffe auf das Repository stattfinden, da sonst möglicherweise ein inkonsistenter Zustand gesichert wird.

Den Verzeichnisbaum kopieren

CVS selbst besitzt keinen Befehl, um das Repository vor Zugriffen zu schützen. Der grundlegende Mechanismus dazu ist dagegen bereits vorhanden: die Lock-Dateien zum Sperren einzelner Verzeichnisse! Diesen Mechanismus kann man sich zu Nutze machen, um das Repository beim Backup vor Zugriffen von Benutzern zu schützen, um so eine konsistente Sicherung zu gewährleisten. Man muss lediglich in jedem Verzeichnis des Repositories eine Lock-Datei anlegen! Da dies in der Praxis ziemlich aufwendig sein kann, sollte man diese Aufgabe automatisch ausführen lassen, und zwar durch das kleine CVS-Zusatzprogramm cvslock. Das Programm ist im Sourcecode erhältlich (siehe Anhang D) und muss selbst compiliert werden (./configure; make; make install). Eine man-Page zum Programm erklärt die Programmoptionen. Um das Modul TextPrinter1 im Repository gegen Schreibzugriffe zu sperren, gibt man beispielsweise ein:

```
cvslock -W -d /var/lib/cvs TextPrinter1
```

Um die Sperre wieder aufzuheben, gibt man ein:

```
cvslock -W -u -p 9233 -d /var/lib/cvs TextPrinter1
```

Dabei bezeichnet die hinter der Option –p angegebene Zahl die Prozess-ID, mit der die Lock-Datei angelegt worden ist. Es ist typisch für CVS, dass eine Lock-Datei mit einer solchen Prozess-ID versehen wird. Man bringt diese ID in Erfahrung, indem man in das Repository wechselt und sich dort alle Dateien anzeigen lässt. Die Lock-Datei führt am Ende die ID mit sich, wie beispielsweise

```
#cvs.rfl.cvslock.zappa.9233
```

> Diese ID gibt man mit der Option –p an, wenn man cvslock aufruft, um die Locks wieder zu löschen. Das eigentliche Löschen bewirkt die Option –u. Wenn man seinen CVS-Server so eingerichtet hat, dass die Lock-Dateien in einem separaten Verzeichnis außerhalb des Repositories gespeichert werden (siehe Abschnitt 8.6, »Ein eigenes Lock-Verzeichnis einrichten«), dann muss man dieses Verzeichnis mit der Option –d angeben. Gibt man das Repository an, so werden die Lock-Dateien im Repository angelegt, was bei der Verwendung eines separaten Lock-Verzeichnisses jedoch keine Wirkung hat! CVS erwartet in diesem Fall die Lock-Dateien natürlich in seinem Lock-Verzeichnis und nicht im Repository!

Ein Backup einspielen
Sollte der Fall notwendig werden, dass man ein Backup wieder einspielen muss, so können die gesicherten Dateien einfach in die vorhandene Struktur des Repositories zurück-kopiert werden. Auch das Zurückkopieren von einzelnen Verzeichnissen ist möglich. Allerdings sollten auch beim Wiedereinspielen eines Backups keine Zugriffe auf das Repository erfolgen!

8.9 Ein Repository migrieren

Auf die CVS-Version achten!
Ein Repository von einem Rechner auf einen anderen Rechner zu migrieren, ist normalerweise nicht weiter problematisch. Wenn beide Server die gleiche CVS-Version verwenden, dann packt man auf dem einen Server alle Dateien des Repositories in ein Archiv zusammen, transferiert sie auf den neuen Server und packt dort das Archiv in das Verzeichnis des Repositories aus. Genau wie beim Backup sollten natürlich während dieser Aktion keine Zugriffe auf die jeweiligen Repositories erfolgen.

Problematischer ist es, wenn sich Versionen der verwendeten CVS-Software unterscheiden. Normalerweise ist auch das kein Problem, allerdings sollte man in diesem Fall schon einmal einen Blick in die NEW-Datei werfen, die mit der CVS-Distribution ausgeliefert wird. In dieser Datei wird detailliert beschreiben, was es an Neuheiten in der ausgelieferten Version gibt. Wenn an den Datenstrukturen des Repositories nichts verändert wurde, dann sollte eine Migration problemlos möglich sein.

8.10 Zusammenfassung

Das vorliegende Kapitel hat in die wichtigsten Bereiche der CVS-Adminstration eingeführt. Die Administration von CVS-Servern besitzt eine Vielzahl von Aspekten, die in einem Buch, das sich in erster Linie an Softwareentwickler richtet, nicht vollständig behandelt werden können. Viele Dinge, wie beispielsweise die verschiedenen angesprochenen Authentifizierungsmethoden sind nicht spezifisch für CVS, sondern betreffen eher allgemeine Aspekte der Systemadministration. Daher soll an dieser Stelle das Thema CVS-Administration abgeschlossen sein. Einige weitere Hinweise zur Administration findet man in der CVS-Originaldokumentation, die in Anhang D aufgeführt ist.

9 Die Zukunft von CVS

CVS ist nun schon mehr als 15 Jahre alt. Obwohl CVS immer noch weiterentwickelt wird, sind bahnbrechende Neuerungen nicht mehr in Sicht. Allerdings hat die Entwicklung an einem neuen Versionsmanagementsystem begonnen, das CVS eines Tages ablösen könnte. Dieses System heißt Subversion.

Wie schon in Kapitel 2 beschrieben wurde, reichen die Anfänge von CVS bis in das Jahr 1986 zurück. Die heute noch verwendete C-Implementierung von CVS hat ihre Wurzeln im Jahre 1989. CVS hat sich über all die Jahre als sehr zuverlässiges und brauchbares Werkzeug für die Verwaltung von Sourcecode aus Softwareprojekten erwiesen. Eine unmittelbare Ablösung durch ein anderes System ist nicht zu erwarten, da CVS zwar hinlänglich bekannte Mängel hat, man allerdings trotz dieser Mängel gut mit dem System arbeiten kann. Schließlich werden mit CVS fast alle Open Source Projekte verwaltet und auch in der kommerziellen Softwareentwicklung hat CVS einen sicheren Platz.

9.1 Die Schwachstellen von CVS

Einige der wunden Punkte von CVS sind in diesem Buch bereits angesprochen worden. So sind Verzeichnisse nie befriedigend in das CVS-Konzept integriert worden; die P-Option des **update**-Befehls ist ein (un)schönes Beispiel hierfür. Weiterhin erlaubt CVS keine atomaren Commits. Wenn einzelne Dateien sich nicht einchecken lassen, so werden die anderen trotzdem ins Repository übernommen. Bei Datenbanken sind solche atomaren Transaktionen (ganz oder gar nicht) seit langem Stand der Technik, CVS unterstützt dies leider nicht. Ein weiterer Kritikpunkt betrifft die Architektur von CVS. Es ist nie sauber zwischen Client und Server getrennt worden, das CVS-Executable übernimmt (auf Unix-Systemen) einfach beide Funktionen gleichzeitig. Das ist kein besonders gutes Software-Design und kann zu Sicherheitsproblemen führen. Als letzter Punkt sei die ineffiziente Implementierung einiger Operationen genannt. So steigt die Laufzeit der Befehle **tag** und **rtag** proportional zur Projektgröße, während sie bei geschickter Implementierung konstant sein könnte.

9.2 Eine neue Iteration: Subversion

Im Mai 2000 hat die Entwicklung eines neuen Versionsmanagementsystems begonnen, das einerseits auf den Ideen von CVS aufbaut, aber andererseits die Schwächen von CVS ausräumen möchte. Genau wie CVS wird es unter einer Open Source Lizenz (Apache Style) entwickelt und verteilt. Die Entwickler des neuen Systems haben es *Subversion* getauft.

9.3 Der Status von Subversion

Subversion soll kurz nach Fertigstellung des Manuskripts dieses Buchs den Stand einer 1.0-Version erreichen. Angekündigt ist diese Version für den 23. Februar 2004. Das System war jedoch schon vor der Version 1.0 relativ gut benutzbar, die Entwickler von Subversion verwenden es bereits seit längerem, um ihren eigenen Sourcecode zu verwalten. Genau wie bei CVS besteht das Standard-Userinterface bei Subversion aus einem Kommandozeilen-Client. Es befinden sich daneben eine ganze Reihe von weiteren Client-Programmen in der Entwicklung (siehe hierzu die Webseite des Projektes, URL in Anhang D).

9.4 Subversion vs. CVS

Subversion bringt eine Reihe von Verbesserungen gegenüber CVS mit und bügelt dessen konzeptionelle Fehler aus, was erklärtes Ziel der Subversion-Entwickler ist:

- Subversion bezieht Verzeichnisse in die Versionsverwaltung ein.
- Das Umbenennen von Verzeichnissen und Dateien wird direkt unterstützt.
- Das Kopieren von Verzeichnissen und Dateien wird direkt unterstützt.
- Commit-Operationen sind atomar.
- Binärdateien werden besser unterstützt als in CVS. Subversion speichert auch bei Binärdateien immer nur Differenzen zur Vorversion und nicht die ganze Datei nochmals. Ob eine Datei eine Textdatei ist, wird clientseitig anhand eines ihr zugeordneten MIME-Types bestimmt. Im Repository werden alle Dateien konsistent im gleichen Format abgelegt.
- Die Laufzeit von Tag- und Verzweigungsoperationen steigt nicht mit der Projektgröße, sondern bleibt konstant.

- Auf das Subversion-Repository kann über WebDAV zugegriffen werden. Dieses Protokoll erlaubt den Zugriff mittels einer ganzen Reihe unterschiedlicher Client-Programme.
- Es wird eine klare und modulare Software-Architektur verwendet. Das Projekt baut in Teilen auf dem Apache-Webserver auf, so dass von diesem wichtige Module verwendet werden können.
- Subversion verwendet eine Datenbank zur Speicherung des Repositories (Berkeley DB); CVS speichert dagegen einen Dateibaum ab.

Was Subversion derzeit (noch) nicht bieten kann, ist eine stabile vertrauenswürdige Basis zum Verwalten von Sourcecode. Dazu ist Subversion einfach noch viel zu sehr in der Entwicklung begriffen. Da die 1.0-Version von Subversion voraussichtlich fast zeitgleich mit diesem Buch erscheinen wird, sollte es noch eine Zeit lang dauern, bis sich das System durchsetzt. Subversion muss seine Stabilität in der Praxis erst noch beweisen.

Subversion wird in der Praxis bisher kaum eingesetzt

Wer experimentierfreudig ist, möge Subversion ruhig schon einmal ausprobieren. Die Wahrscheinlichkeit ist durchaus hoch, dass dieses System in ein bis zwei Jahren CVS abzulösen beginnt. Zum jetzigen Zeitpunkt sollte man dem System allerdings noch keine ernsthaften Projekte anvertrauen, schließlich ist der Sourcecode ja immer noch der heimliche Schatz des Entwicklers, den er nur ungern durch einen Fehler in der Software verliert.

Teil 2
Referenz

10 CVS-Befehle

In diesem Kapitel werden alle CVS-Befehle alphabetisch aufgeführt. Zu jedem Befehl werden eine Beschreibung, der Befehlsaufbau, die Befehlsoptionen, ein oder mehrere Beispiele und die entsprechenden WinCvs-Dialogfelder angegeben.

10.1 Befehlsaufbau

CVS-Befehle auf der Kommandozeile haben grundsätzlich alle den gleichen Aufbau (in einer Zeile):

```
cvs [globale Optionen] <Befehl>
   [Befehlsoptionen] [Dateien und Verzeichnisse]
```

Der auszuführende Befehl wird immer als Argument an das CVS-Executable übergeben. Dazu kommen eventuell globale Optionen, befehlsspezifische Optionen und zu bearbeitende Dateien und Verzeichnisse.

Beispiel:

```
cvs update
cvs -d :local:/var/lib/cvs checkout -P TextLib/Formatters
cvs commit -m "Karls Verbesserungen" booster.java
```

Bei WinCvs und gCvs werden Befehle auf den selektierten Dateien ausgeführt, oder es muss explizit ein Modulname angegeben werden. Optionen werden durch Dialogfelder abgefragt, so dass man sich über den Befehlsaufbau bei diesen Programmen keine Gedanken machen muss.

10.2 Globale Optionen

CVS bietet eine Reihe von Optionen, die unabhängig von einzelnen Befehlen angegeben werden können. Diese Optionen werden vor dem Befehl angegeben.

--help-commands	Gibt eine Liste aller CVS-Befehle aus.
--help-options	Gibt alle globalen Optionen aus.
--help-synonyms	Gibt eine Liste aller Befehlssynonyme aus.

-a	Diese Option gibt bei Verbindungen über GSAPI an, dass jede Kommunikation mit dem Server authentifiziert werden soll. Die Option kann nur bei der Verbindungsmethode gserver verwendet werden.
-d *CVSROOT*	Diese Option setzt die CVSROOT.
-e *Editor*	Diese Option setzt den Editor, der zur Eingabe von Log Messages aufgerufen wird.
-f	Die Datei **.cvsrc** wird nicht ausgewertet.
-H *Befehl*	Es wird die Hilfe zum angegebenen Befehl ausgegeben.
-l	Es soll kein Eintrag in der **history**-Datei erzeugt werden.
-n	Es werden keine Änderungen auf der lokalen Festplatte durchgeführt, es wird nur getestet. Diese Option ist nützlich, um zu sehen, welche Ausgaben der Aufruf eines Befehls hätte.
-r	Ausgecheckte Dateien werden mit einem Schreibschutz versehen.
-q	CVS gibt weniger Meldungen aus.
-Q	CVS gibt noch weniger Meldungen aus.
-s *Variable=Wert*	Mit dieser Option lassen sich Variablen definieren und setzen, die in den administrativen Dateien (wie **commitinfo** etc.) von CVS ausgewertet werden können.
-t	Diese Option gibt einen so genannten *Trace* aus. Alle Schritte, die CVS zur Ausführung eines Kommandos vornimmt, werden protokolliert.
-T *Verzeichnis*	Diese Option setzt ein Verzeichnis für temporäre Dateien.
-v	Gibt Copyright und Version des CVS-Clients aus.
-w	Ausgecheckte Dateien sollen keinen Schreibschutz haben. Dies ist die Voreinstellung. Diese Option dient dazu, eine ggf. andere Voreinstellung aus der **.cvsrc**-Datei zurückzusetzen.
-z *Level*	Level ist eine Zahl zwischen 1 und 9, die angibt, wie stark der Netzwerkverkehr mit dem Server komprimiert werden soll.

Beispiele:

1. Die Hilfe zum Befehl **checkout** ausgeben lassen:

```
cvs -H checkout
```

2. Den Befehl **checkout** mit Angabe der CVSROOT aufrufen; es soll das Modul TextPrinter1 ausgecheckt werden:

```
cvs -d :pserver:frank@192.168.0.7:/var/lib/cvs
  checkout TextPrinter1
```

3. Ein testweises Ausführen des Befehls **update** auf dem Modul TextPrinter1. Es sollen keine Dateien verändert werden:

```
cvs -n update TextPrinter1
```

10.3 add

Der Befehl **add** fügt neue Dateien oder neue Verzeichnisse dem Repository hinzu. Der Befehl verhält sich bei Dateien und Verzeichnissen unterschiedlich. Verzeichnisse werden dem Repository sofort hinzugefügt, Dateien werden lediglich zur Überführung ins Repository vorbereitet. Erst ein nachfolgendes **commit** schreibt die neuen Dateien tatsächlich ins Repository.

Allgemein:

Befehlsaufbau	add [Optionen] [Datei(en)]
Verändert	Dateien: lokale Arbeitskopie, Verzeichnisse: Repository
Besonderheiten	Unterschiedliche Behandlung von Dateien und Verzeichnissen
Was muss beachtet werden?	Bei binären Dateien muss unbedingt die Option –kb angegeben werden, bei Textdateien sollte dies keinesfalls geschehen. Nach dem Hinzufügen von Dateien ist ein **commit** durchzuführen.
Rekursiv?	nein
Synonyme	ad, new

Optionen:

-k *Methode*	Diese Option gibt die Schlüsselwortersetzungmethode an (siehe Abschnitt 7.14 »Schlüsselwortersetzung«). Dies schließt auch die Kennzeichnung von Binärdateien ein.
-m *Beschreibung*	Mit dieser Option kann eine Beschreibung der neuen Datei(en) hinzugefügt werden.

Beispiele:

1. Eine Textdatei hinzufügen:

```
cvs add text.txt
```

Ausgabe:

```
cvs server: scheduling file 'text.txt' for addition
cvs server: use 'cvs commit' to add these files permanently
```

2. Eine binäre Datei hinzufügen:

```
cvs add -kb bild.gif
```

Ausgabe:

```
cvs server: scheduling file 'bild.gif' for addition
cvs server: use 'cvs commit' to add this file permanently
```

WinCvs/gCvs:

Menüpfade	**Modify · Add selection** **Modify · Add binary** **Modify · Add unicode**
Tastenkombination	–
Symbole	Rotes Kreuz auf weißem Grund Rotes Kreuz auf weißem Grund und »01« (binär) Rotes Kreuz auf weißem Grund und »U« (Unicode)

> Die Befehlsoption Add unicode funktioniert nur mit dem CVSNT-Server, nicht jedoch mit dem Standard-Unix-Server.

10.4 admin

Der Befehl **admin** dient zur Durchführung administrativer Aufgaben. Ursprünglich war **admin** nur eine Schnittstelle zum unterhalb von CVS liegendem RCS; die neuen Versionen von CVS basieren jedoch nicht mehr auf RCS.

Allgemein:

Befehlsaufbau	`admin [Optionen][Datei(en)]`
Verändert	Repository
Besonderheiten	Als einziger Befehl kann **admin** gegen die Ausführung gesperrt werden (siehe Abschnitt 8.7, »Den Befehl admin sperren«).

Was muss beachtet werden?	Der Befehl **admin** besitzt einige Optionen, die in der Ausführung gefährlich sein können. Man sollte diese Optionen daher mit Bedacht einsetzen.
Rekursiv?	ja
Synonyme	adm, rcs

Optionen:

-a	Nicht mehr verwendet
-A	Nicht mehr verwendet
-b*Revision*	Setzt die Revision des Hauptzweiges. Dies ist nützlich, um bei Vendor Branches zum Stand eines Releases zurückzukehren.
-c	Nicht mehr verwendet
-e	Nicht mehr verwendet
-I	Nicht mehr verwendet
-k*Methode*	Diese Option gibt die Schlüsselwortersetzungmethode an (siehe 7.14, »Schlüsselwortersetzung«). Dies schließt auch die Kennzeichnung von Binärdateien ein.
-l[*Revision*]	Sperrt die entsprechende Datei. Ohne Angabe der Revision wird die jeweils neueste Revision gesperrt.
-L	Setzt eine Sperre auf »strikt«. Dies wird zusammen mit der Option –l verwendet.
-m*Revision:Message*	Diese Option dient zum nachträglichen Verändern der Log Message einer Dateirevision. Es sind keine Leerzeichen außerhalb der Log Message erlaubt; diese selbst ist in Anführungszeichen zu setzen, wenn sie Leerzeichen enthält.
-n*Name*[:[*Revision*]]	Weist einer Revision oder einer Verzweigung ein Tag zu. Existierende Tags werden nicht überschrieben. Man sollte allerdings die Befehle **tag** und **rtag** verwenden, die die gleichen Möglichkeiten bieten. Details findet man in der Originaldokumentation (siehe Anhang D).
-N*Name*[:[*Revision*]]	Wie die Option –n, allerdings wird bei existierenden Namen die Zuweisung des Tags erzwungen.
-o*Bereich*	Löscht alle Revisionen im angegebenen Bereich aus dem Repository. Diese Option ist sehr gefährlich und sollte normalerweise nicht verwendet werden. Details findet man in der Originaldokumentation (siehe Anhang D).
-q	Entspricht der globalen Option –q. CVS gibt dann weniger Meldungen aus (quiet).

-t Datei	Setzt die Dateibeschreibung auf den Text, der in der angegebenen Datei enthalten ist.
-t-Text	Setzt die Dateibeschreibung auf *Text*. Es ist kein Leerzeichen vor dem Text erlaubt.
-u[*Revision*]	Hebt die Sperre einer Datei wieder auf. Ohne Angabe der Revision wird die jeweils neueste Revision entsperrt.
-U	Setzt eine Sperre auf »nicht strikt«. Dies wird zusammen mit der Option –l verwendet.
-V	Nicht mehr verwendet
-x	Nicht mehr verwendet

Beispiele:

1. Die Datei **picture.gif** als Binärdatei kennzeichnen:

```
cvs admin -kb picture.gif
```

2. Die Log Message der Revision 1.1 der Datei **datei.txt** ändern:

```
cvs admin -m1.1:"Neue Log Message" datei.txt
```

Die Beschreibung der Datei **text.txt** ändern:

```
cvs admin -t-"Eine Dateibeschreibung" text.txt
```

WinCvs/gCvs:

Der Admin-Befehl wird durch WinCvs und gCvs nicht direkt implementiert. Man muss hier auf die Kommandozeile ausweichen, beispielsweise indem man **Admin · Command line...** aufruft oder den Befehl direkt ins Ausgabefenster eintippt.

10.5 annotate

Der Befehl **annotate** gibt eine Datei zeilenweise aus und zeigt dabei für jede Zeile Revisionsnummer, Autor und Datum der letzten Änderung an. Der Befehl ist sinnvoll, wenn man feststellen möchte, wann und durch wen eine bestimmte Änderung vorgenommen worden ist.

Allgemein:

Befehlsaufbau	annotate [Optionen][Datei(en)]
Verändert	nichts
Besonderheiten	Nimmt immer den Hauptzweig, solange kein Tag mit der Option –r angegeben wird.
Was muss beachtet werden?	-
Rekursiv?	ja
Synonyme	ann

Optionen:

-D *Datum*	Es sollen die Revisionen vor dem angegebenen Datum ausgegeben werden.
-f	Diese Option erzwingt die Anzeige der neuesten Revision, falls ein mit der Option –D angegebenes Datum oder eine mit der Option –r angegebene Revision nicht exsistiert.
-F	Mit dieser Option wird die Ausführung bei binären Dateien erzwungen. Die Option wird erst von neueren CVS-Versionen unterstützt.
-l	Diese Option schaltet das rekursive Verhalten ab.
-r *Revision*	Es soll nur die angegebene Revision und früher ausgegeben werden. Es kann eine Revisionsnummer oder ein Tag angegeben werden.
-R	Diese Option erzwingt rekursives Verhalten. Die Option ist nützlich, wenn die Rekursion mittels der Datei **.cvsrc** abgeschaltet worden ist.

Beispiel:

cvs annotate TextPrinter.java

gibt aus:

```
1.5    (frank    22-Sep-03): import java.io.BufferedReader;
1.5    (frank    22-Sep-03): import java.io.FileReader;
1.5    (frank    22-Sep-03):
       import java.io.FileNotFoundException;
1.5    (frank    22-Sep-03): import java.io.IOException;
1.5    (frank    22-Sep-03):
1.4    (frank    22-Sep-03): /**
```

```
1.4      (frank     22-Sep-03): *
1.4      (frank     22-Sep-03): * Das Programm TextPrinter liest
1.4      (frank     22-Sep-03): * die Textdatei test.txt ein und
1.4      (frank     22-Sep-03): * gibt diese zeichenweise wieder
1.4      (frank     22-Sep-03): * aus.
1.4      (frank     22-Sep-03): * Im Endausbau soll die Ausgabe
1.4      (frank     22-Sep-03): * verzögert werden, um einen
1.4      (frank     22-Sep-03): * altmodischen, langsamen
1.4      (frank     22-Sep-03): * Computer zu simulieren
1.1      (frank     19-Sep-03):
             public class TextPrinter extends Object
1.1      (frank     19-Sep-03): {
1.3      (frank     22-Sep-03):   /**
1.3      (frank     22-Sep-03):    * printText liest die
1.3      (frank     22-Sep-03):    * Textdatei ein und gibt sie
1.3      (frank     22-Sep-03):    * zeilenweise aus
1.3      (frank     22-Sep-03):    *
1.3      (frank     22-Sep-03):    */
1.1      (frank     19-Sep-03):   public void printText()
1.1      (frank     19-Sep-03):   {
1.1      (frank     19-Sep-03):     String text = readFile();
1.1      (frank     19-Sep-03):
1.1      (frank     19-Sep-03):
             for (int i=0; i<text.length(); i++)
1.1      (frank     19-Sep-03):     {
1.1      (frank     19-Sep-03):       printChar (text.charAt(i));
1.1      (frank     19-Sep-03):     }
1.1      (frank     19-Sep-03): }
```

WinCvs/gCvs:

Menüpfad	**Query · Annotate...**
Tastenkombination	–
Symbol	Kleine weiße Papierrolle

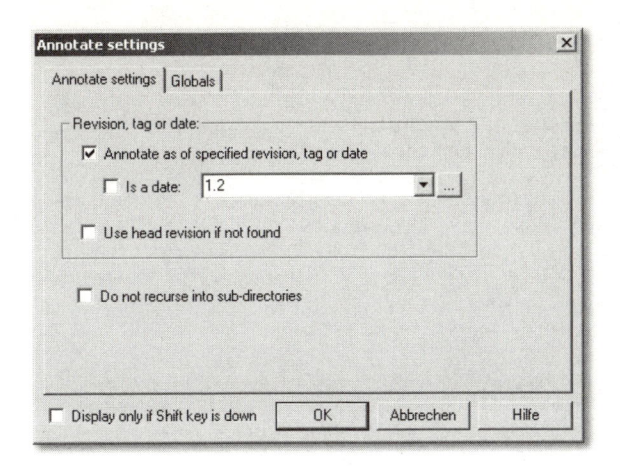

Abbildung 10.1 Annotate-Optionen in WinCvs

10.6 checkout

Der Befehl **checkout** fordert eine lokale Arbeitskopie aus dem Repository an. Normalerweise wird eine neue lokale Arbeitskopie angelegt, sie kann allerdings auch aktualisiert werden, wenn sie bereits besteht.

Allgemein:

Befehlsaufbau	`checkout [Optionen] Modul(e)`
Verändert	Lokale Arbeitskopie
Besonderheiten	Der Befehl **checkout** muss immer als Erstes ausgeführt werden, um die Arbeit an einem Projekt zu beginnen. Erst durch die Ausführung des Befehls erhält der Entwickler den Sourcecode, an dem er dann im Projektverlauf weiterarbeitet.
Was muss beachtet werden?	–
Rekursiv?	ja
Synonyme	co, get

Optionen:

-A	Setzt Sticky Tags, Datumsangaben und Schlüsselwortersetzungsmethoden zurück.
-c	Listet den Inhalt der Datei **modules** des CVS-Servers auf. Es findet kein Checkout statt. Module, die nicht in **modules** eingetragen sind, werden nicht angezeigt!

-D *Datum*	Es wird die letzte Revision vor dem angegebenen Datum ausgecheckt. Diese Option friert die Arbeitskopie auf dieser Version ein. Sie kann über die Option –A der Befehle **checkout** und **update** aufgehoben werden. Diese Option setzt implizit auch die Option –P.
-d *Verzeichnis*	Normalerweise checkt CVS ein Modul in ein Verzeichnis aus, das so heißt wie das Modul. Mit dieser Option kann man einen anderen Namen für dieses Verzeichnis setzen. Außerdem lässt CVS leere Verzeichnisse in der Hierarchie weg, falls nur ein Teil des Moduls ausgecheckt wird. Dieses Verhalten lässt sich mit der Option –N abschalten.
-f	Erzwingt das Auschecken (»force«), auch wenn eine mit den Optionen –D oder –r angegebenes Datum oder Revisionsnummer nicht existiert. Es wird dann die neueste Revision genommen.
-j *Tag[:Datum]*	Diese Option führt zwei Zweige zusammen. Sie kann einmal oder zweimal angegeben werden. Wird sie einmal angegeben, so wird der Hauptzweig mit allen Unterschieden des angegebenen Nebenzweigs verschmolzen. Ruft man die Option zweimal auf, so werden nur die Änderungen übernommen, die zwischen der angegebenen Revision (erste Angabe von –j) und der neusten Revision im Nebenzweig (zweite Angabe von –j) liegen. Optional kann bei jedem Aufruf noch ein Datum (durch einen Doppelpunkt abgetrennt) angegeben werden, welches die ausgewählte Revision auf ein bestimmtes Datum einschränkt. Zur Zusammenführung von Zweigen wird meist der Befehl **update** verwendet und nicht **checkout**.
-k *Methode*	Diese Option setzt die Schlüsselwortersetzungsmethode um. Die neu gesetzte Methode bleibt solange bestehen, bis sie mit der Option –A der Befehle **checkout** oder **update** zurückgesetzt wird.
-l	Checkt nur das Hauptverzeichnis des Moduls aus und geht nicht rekursiv in die Unterverzeichnisse.
-n	Ein eventuell in der Datei **CVSROOT/modules** eingetragenes Programm, das nach dem Auschecken ausgeführt werden soll, wird nicht ausgeführt (siehe Abschnitt 11.1.9, »modules«).
-N	Diese Option unterbindet das Weglassen leerer Verzeichnisse bei Verwendung der Option –d.
-p	Diese Option bewirkt einen Checkout auf der Standardausgabe, es werden keine Dateien angelegt. Dies kann zu Kontrollzwecken nützlich sein.
-P	Diese Option löscht automatisch leere Verzeichnisse in der Arbeitskopie.

-r Revision	Es soll die angegebene Revision ausgecheckt werden. Diese kann per Revisionsnummer oder Tag angegeben werden. Diese Option friert die Arbeitskopie auf der angegebenen Revision ein. Sie kann über die Option –A der Befehle **checkout** und **update** aufgehoben werden. Diese Option setzt implizit auch die Option –P.
-R	Der Checkout soll rekursiv erfolgen. Dies ist die Voreinstellung, die aber durch die **.cvsrc**-Datei geändert worden sein könnte. Mit dieser Option kann man es wieder zurücksetzen.
-s	Ähnlich der Option –c, zeigt aber zusätzlich den Status jedes Moduls an.

Beispiele:

1. Auschecken der aktuellen Version des Moduls TextPrinter1:

`cvs checkout TextPrinter1`

CVS gibt dann die ausgecheckten Dateien aus.

2. Auschecken der Verzweigung »Verzweigung1« des Moduls TextPrinter1. Es sollen leere Verzeichnisse gelöscht werden.

`cvs checkout -P -r Verzweigung1 TextPrinter1`

CVS gibt dann die ausgecheckten Dateien aus.

3. Anzeige aller eingetragenen Module im Repository:

`cvs checkout -c`

gibt aus:

`tp      -a TextPrinter1`

WinCvs/gCvs:

Menüpfad	**Create · Checkout module...**
Tastenkombination	–
Symbol	–

Abbildung 10.2 Modulangabe und Pfad in WinCvs

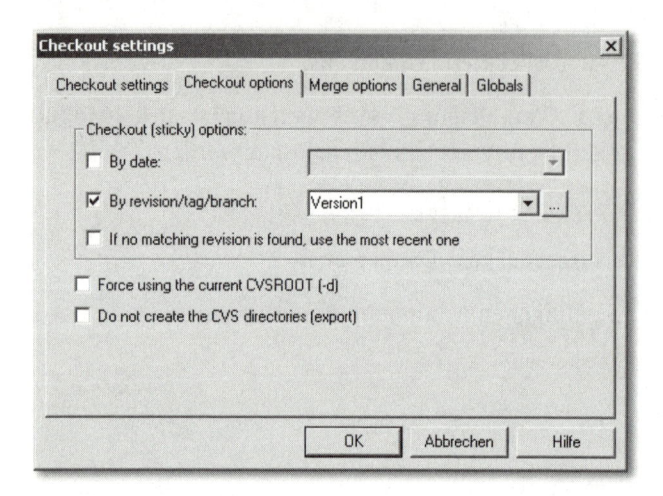

Abbildung 10.3 Weitere Checkout-Optionen in WinCvs

10.7 commit

Der Befehl **commit** überführt Änderungen aus der lokalen Arbeitskopie in das Repository. Der Entwickler sollte den Zeitpunkt und vor allen Dingen den Zustand des Sourcecodes für das Einchecken sorgfältig auswählen, da durch diesen Befehl alle anderen Entwickler beeinflusst werden.

Allgemein:

Befehlsaufbau	`commit [Optionen][Datei(en)]`
Verändert	Repository
Besonderheiten	Der Befehl erwartet die Eingabe einer Log Message, die den Projektfortschritt beschreibt. Wenn man diese nicht mit der Option –m angibt, dann startet CVS einen Editor zur Eingabe dieser Beschreibung.
Was muss beachtet werden?	Man sollte nur compilierbaren und lauffähigen Sourcecode einchecken.
Rekursiv?	Ja, außer bei der Option –f
Synonyme	ci, com

Optionen:

-f	Die Ausführung von **commit** wird erzwungen, es wird also eine neue Revision im Repository angelegt, auch wenn es keine Änderungen in der lokale Arbeitskopie gegeben hat. In diesem Modus wird die Rekursion des Befehls abgeschaltet.
-F *Datei*	Die Log Message wird aus der angegebenen Datei ausgelesen.
-l	Nur lokal, schaltet Rekursion ab
-m *Log Message*	Mit dieser Option wird die Log Message direkt auf der Kommandozeile eingegeben. CVS ruft in diesem Fall keinen externen Editor auf.
-n	Ein eventuell in der Datei **CVSROOT/modules** eingetragenes Programm, das nach dem Commit ausgeführt werden soll, wird nicht ausgeführt (siehe Abschnitt 11.1.9, »modules«).
-r *Revisionsnummer*	Die Datei wird mit der angegebenen Revisionsnummer eingecheckt. Dies ist eine Möglichkeit, eine eigene Revisionsnummer zuzuweisen. Diese Revisionsnummer muss allerdings höher sein als alle bisher von CVS vergebenen Revisionsnummern. Diese Option schließt die Option –f ein, es wird also eingecheckt, auch dann, wenn die Datei nicht verändert worden ist.
-R	Die Ausführung von **commit** soll rekursiv erfolgen. Dies ist die Voreinstellung, die aber durch die **.cvsrc**-Datei geändert worden sein könnte. Mit dieser Option kann man sie wieder zurücksetzen.

Beispiel:

Das Beispiel zeigt das Einchecken der Datei **text.txt**. Die Log Message wird mit der Option –m angegeben:

```
cvs commit -m "Text bearbeitet" text.txt
```

gibt aus:

```
Checking in text.txt;
/var/lib/cvs/TextPrinter1/text.txt,v  <--  text.txt
new revision: 1.3; previous revision: 1.2
done
```

WinCvs/gCvs:

Menüpfad	**Modify · Commit...**
Tastenkombination	[Strg]-[M]
Symbol	Roter Pfeil nach links auf weißem Grund

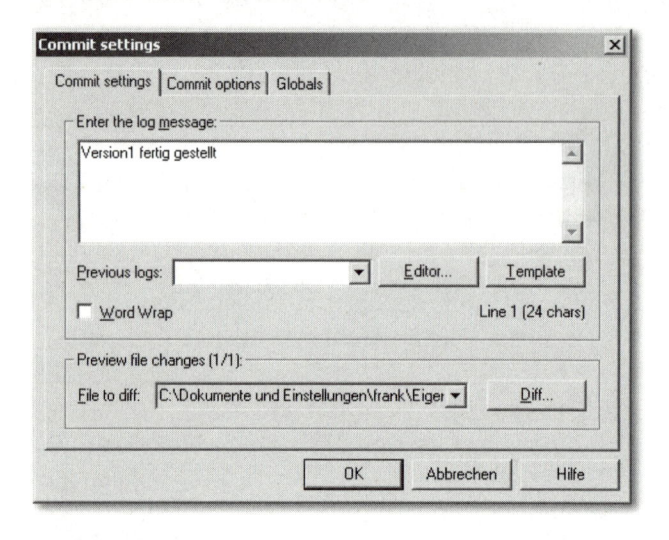

Abbildung 10.4 Log Message in WinCvs

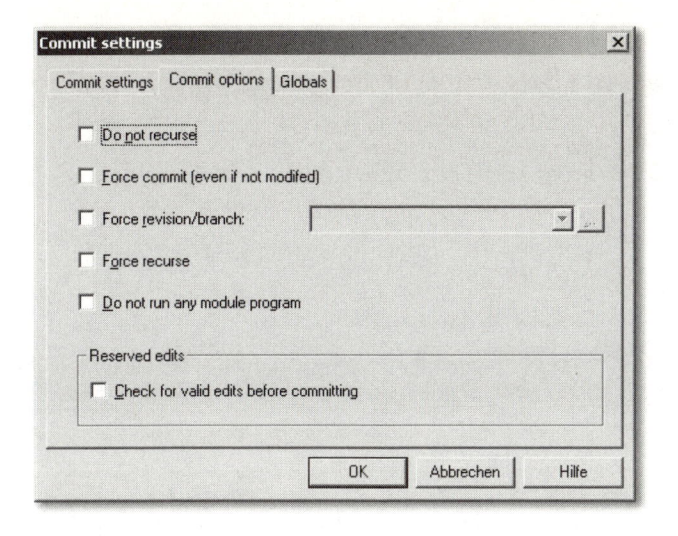

Abbildung 10.5 Weitere Optionen bei Commit in WinCvs

10.8 diff

Der Befehl **diff** zeigt Unterschiede zwischen verschiedenen Revisionen einer Datei an. Ohne die Optionen –r und –D zeigt **diff** die Unterschiede zwischen der lokalen Version einer Datei und der aktuellen Version des Repositories an. Wird einmal die Option –r oder –D verwendet, so vergleicht **diff** die lokale Version mit der angegebenen Revision aus dem Repository. Werden die Optionen –r und –D zweimal verwendet, so vergleicht **diff** die beiden angegebenen Revisionen.

Allgemein:

Befehlsaufbau	diff [Optionen][Datei(en)]
Verändert	nichts
Besonderheiten	Der Befehl implementiert die Formatoptionen des Unix-Programms GNU-diff.
Was muss beachtet werden?	–
Rekursiv?	ja
Synonyme	di, dif

Optionen:

-D *Datum*	Diese Option bestimmt die auszuwählende Revision einer Datei über das Datum; es wird die letzte Revision vor dem angegebenen Datum verwendet. Sollen beide zu vergleichenden Dateien über ein Datum ausgewählt werden, so kann die Option zweimal angegeben werden.
-k *Methode*	Schlüsselwörter werden entsprechend der angegebenen Methode ersetzt.
-l	Nur lokal, schaltet die Rekursion ab
-r *Revision*	Diese Option bestimmt die auszuwählende Revision über eine Revisionsnummer oder ein Tag. Die Option kann zweimal angegeben werden.
-R	Die Ausführung von **diff** soll rekursiv erfolgen. Dies ist die Voreinstellung, die aber durch die **.cvsrc**-Datei geändert worden sein könnte. Mit dieser Option kann man sie wieder zurücksetzen.

Formatoptionen:

Neben den 'normalen' Optionen besitzt der Befehl **diff** eine ganze Reihe von Formatoptionen mit denen das Ausgabeformat gesteuert wird. Diese Optionen haben die gleiche Bedeutung wie bei dem Unix-Programm GNU diff.

-a	Dateien werden als Textdateien behandelt und Zeile für Zeile verglichen, auch wenn es sich nicht um Textdateien handelt.
-b	Alle Leerzeichen und Tabulatoren am Zeilenende werden zusammengefasst. Damit werden Unterschiede ignoriert.
-B	Diese Option ignoriert Unterschiede in der Anzahl leerer Zeilen.
--binary	Diese Option behandelt Dateien als Binärdateien.
--brief	Es wird nur angezeigt, ob sich die Dateien unterscheiden. Die Unterschiede selbst werden nicht angezeigt.
-c	Unterschiede werden mit drei zusätzlichen Kontextzeilen um den fraglichen Bereich herum ausgegeben.
-C *Anzahl*	Unterschiede werden mit der angegebenen Anzahl zusätzlicher Kontextzeilen um den sich unterscheidenden Bereich herum ausgegeben.
--context=*Anzahl*	wie -C

-d	Diese Option ändert den Algorithmus mit dem **diff** Unterschiede bestimmt. Damit sollen sich Unterschiede feiner bestimmen lassen. Die Ausführung von **diff** wird dadurch eventuell verlangsamt.
-e	Die Ausgabe erfolgt als Unix ed-Skript.
--ed	wie -e
--expand-tabs	wie -t
-f	Die Ausgabe erfolgt als Unix ed-Skript (Reihenfolge geändert).
-F *Regulärer Ausdruck*	Zusammen mit den Optionen –c oder –u: Zeigt für jeden sich unterscheidenden Bereich Teile der letzten vorangehenden Zeile, auf die der reguläre Ausdruck zutrifft.
--forward-ed	wie -f
-H	Der Befehl **diff** verwendet Heuristiken, um die Untersuchung großer Dateien mit vielen kleinen Änderungen zu beschleunigen.
-i	Diese Option ignoriert die Groß- und Kleinschreibung.
-I *Regulärer Ausdruck*	Diese Option ignoriert Änderungen, die sich nur durch Hinzufügen oder Weglassen von Zeilen unterscheiden, auf die der reguläre Ausdruck passt.
--ignore-all-space	wie -w
--ignore-blank-lines	wie -B
--ignore-case	wie -i
--ignore-matching-lines	wie -I
--ignore-space-change	wie -b
--initial-tab	wie -T
-L *Label*	Diese Option ersetzt bei Angaben der Optionen –c und –u in der Ausgabe den Dateinamen durch *Label*.
--label=*Label*	wie -L
--left-column	Diese Option wird mit der Option –y verwendet. Wenn beide Zeilen übereinstimmen, wird die Zeile nur in der linken Spalte ausgegeben.
--minimal	wie -d
-n	Die Ausgabe erfolgt im RCS-Format. Dies ist ähnlich wie die Verwendung der Option –f, allerdings wird die Anzahl betroffener Zeilen ausgegeben.

-N	Wenn beim Vergleich zweier Verzeichnisse eine Datei in einem der Verzeichnisse nicht vorhanden ist, so wird eine leere Datei angenommen.
--new-file	wie -N
-p	Diese Option zeigt in welcher C-Funktion sich jeder Unterschied befindet.
--rcs	wie -n
--report-identical-files	wie -s
-s	Es wird nur ausgegeben, ob zwei Dateien identisch sind.
--show-c-funktion	wie -p
--side-by-side	wie -y
--speed-large-files	wie -H
--suppress-common-lines	Mit der Option –y: Gleiche Zeilen werden nicht angezeigt.
-t	Tabulatoren werden in der Ausgabe in Leerzeichen umgewandelt.
-T	Gibt in jeder Zeile einen Tabulator statt eines Leerzeichens aus (normales Format und Kontextformat). Dies sorgt dafür, dass die Tabulatorausgabe in der Zeile normal aussehen.
--text	wie -a
-u	Ausgabeformat »unified«
-U *Anzahl*	Es wird das Ausgabeformat »unified« verwendet und es wird die angegebene Anzahl von Kontextzeilen um den sich unterscheidenden Bereich herum ausgegeben
--unified=*Anzahl*	wie -U
-w	»Whitespace«: Tabulatoren, Leerzeichen und Zeilenumbrüche werden beim Vergleich ignoriert.
-W *Spaltenbreite*	Gibt die Spaltenbreite in Zeichen zusammen mit der Option –y an.
--width	wie -W
-y	Die Ausgabe erfolgt in zwei Spalten.

Beispiele:

1. Das Beispiel vergleicht die aktuelle Revision der Datei **text.txt** aus der lokalen Arbeitskopie mit der Revision 1.1 aus dem Repository:

```
cvs diff -r1.1 text.txt
```

CVS gibt aus:

```
Index: text.txt
===================================================================
RCS file: /var/lib/cvs/TextPrinter1/text.txt,v
retrieving revision 1.1
retrieving revision 1.4
diff -r1.1 -r1.4
1c1,2
< Beam me up, Scotty!
---
> Beam mich hoch, Scotty!
> Energie!
```

2. Das nächste Beispiel vergleicht die Revisionen 1.1 und 1.2 aus dem Repository miteinander. Die Ergebnisse sollen nebeneinander mit einer Spaltenbreite von 60 Zeichen ausgegeben werden:

```
cvs diff -y -W60 -r1.1 -r1.2 text.txt
```

CVS gibt aus:

```
Index: text.txt
===================================================================
RCS file: /var/lib/cvs/TextPrinter1/text.txt,v
retrieving revision 1.1
retrieving revision 1.2
diff --side-by-side -W60 -r1.1 -r1.2
Beam me up, Scotty!                   Beam me up, Scotty!
                                    > Energize!
```

WinCvs/gCvs:

In WinCvs und gCvs stehen keine der Formatoptionen zur Verfügung. Möchte man diese nutzen, so muss man den **diff**-Befehl im Ausgabefenster eintippen und die Formatoptionen dort angeben. Es besteht bei WinCvs und gCvs jedoch die Möglichkeit, ein externes **diff**-Programm einzubinden. Viele dieser Programme zeigen Unterschiede zwischen verschiedenen Dateiversionen übersichtlicher an als CVS selbst. Ein solches Programm für Windows wird in Abschnitt 6.8, »Unterschiede zwischen lokaler Arbeitskopie und Repository bestimmen: diff«, gezeigt.

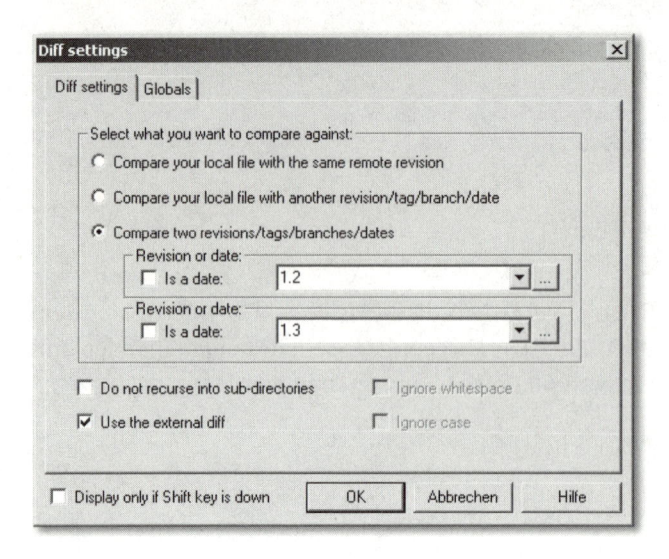

Menüpfad	Query · diff selection
Tastenkombination	`Strg`-`D`
Symbol	Drei waagerechte Pfeile in rot, blau und grün

Abbildung 10.6 diff-Optionen in WinCvs

10.9 edit

Der Befehl **edit** wird nur in Zusammenhang mit dem überwachten Arbeiten verwendet (siehe Abschnitt 7.7, »Überwachtes Arbeiten«). In diesem Fall muss **edit** aufgerufen werden, bevor ein Entwickler eine Datei zu bearbeiten beginnt. Der Aufruf des Befehls löst eine Nachricht an alle Entwickler aus, die sich für Änderungen an der betreffenden Datei interessieren. Dies haben diese Entwickler CVS vorher mit dem Befehl **watch** mitgeteilt. Wenn außerdem zuvor der Befehl **watch on** auf der betreffenden Datei ausgeführt worden ist, dann hebt CVS beim Aufruf des Befehls **edit** den durch **watch on** erzwungenen Schreibschutz der Datei auf.

Der CVS-Server muss für das überwachte Arbeiten eingerichtet sein, damit der Befehl **edit** auch tatsächlich eine Nachricht auslöst (siehe Abschnitt 8.4, »Den Server für überwachtes Arbeiten einrichten«).

Allgemein:

Befehlsaufbau	edit [Optionen][Datei(en)]
Verändert	Überwachungsliste
Besonderheiten	Wird nur in Zusammenhang mit dem überwachten Arbeiten verwendet. Der Server muss dafür eingerichtet sein.
Was muss beachtet werden?	Hebt einen durch **watch on** bedingten Schreibschutz auf.
Rekursiv?	ja
Synonyme	–

Optionen:

-a *Aktion*	CVS setzt beim Aufruf von **edit** eigenständig ein temporäres Watch auf die bearbeitete Datei. Mit dieser Option lässt sich das Verhalten von CVS beeinflussen. Folgende Werte sind möglich: *none*, *all*, *edit*, *unedit*, *commit*. Die Voreinstellung ist *all*.
-l	Diese Option schaltet die Rekursion ab.
-R	Die Ausführung von **edit** soll rekursiv erfolgen. Dies ist die Voreinstellung, die aber durch die **.cvsrc**-Datei geändert worden sein könnte. Mit dieser Option kann man sie wieder zurücksetzen.

Beispiel:

Die Datei **text.txt** soll bearbeitet werden:

`cvs edit text.txt`

Der Befehl erzeugt keine Ausgabe.

WinCvs/gCvs:

Menüpfad	**Trace · Edit selection**
Tastenkombination	–
Symbol	Kleiner gelber Bleistift

10.10 editors

Der Befehl **editors** wird nur in Zusammenhang mit dem überwachten Arbeiten verwendet (siehe Abschnitt 7.7, »Überwachtes Arbeiten«). Der Befehl listet alle Entwickler auf, die eine Datei gerade bearbeiten.

Allgemein:

Befehlsaufbau	editors [Optionen][Datei(en)]
Verändert	nichts
Besonderheiten	Wird nur in Zusammenhang mit dem überwachten Arbeiten verwendet. Der Server muss dafür eingerichtet sein.
Was muss beachtet werden?	–
Rekursiv?	ja
Synonyme	–

Optionen:

-l	Nur lokal, schaltet Rekursion ab
-R	Die Ausführung von **editors** soll rekursiv erfolgen. Dies ist die Voreinstellung, die aber durch die **.cvsrc**-Datei geändert worden sein könnte. Mit dieser Option kann man sie wieder zurücksetzen.

Beispiel:

Die Bearbeiter der Datei **TextPrinter.java** sollen angezeigt werden:

```
cvs editors TextPrinter.java
```

CVS gibt aus:

```
TextPrinter.java
elke    Wed Dec 10 09:51:59 2003 GMT     hal
   H:\TextPrinter1
frank   Wed Dec 10 09:57:15 2003 GMT     zappa
   /home/frank/TextPrinter1
```

WinCvs/gCvs:

Menüpfad	Trace · Editors
Tastenkombination	–
Symbol	Gelber Bleistift mit Fragezeichen

10.11 export

Der Befehl **export** extrahiert Sourcecode aus dem Repository analog zu dem Befehl **checkout**. Im Gegensatz zum Befehl **checkout** werden allerdings keine lokalen CVS-Verwaltungsinformationen angelegt, der Sourcecode ist daher nicht als lokale Arbeitskopie verwendbar, und Änderungen können nicht mehr eingecheckt werden. Dies kann sinnvoll sein, wenn man Webseiten mit CVS verwaltet oder den eigenen Sourcecode an andere weiter gibt.

Allgemein:

Befehlsaufbau	`export [Optionen] Modul(e)`
Verändert	Lokale Dateien (nicht als Arbeitskopie verwendbar)
Besonderheiten	Der Befehl verhält sich wie der Befehl **checkout**, legt aber keine lokalen CVS-Verzeichnisse an.
Was muss beachtet werden?	Die Angabe eines Tags oder eines Datums ist erforderlich.
Rekursiv	ja
Synonyme	exp, ex

Optionen:

-D *Datum*	Es wird die letzte Revision vor dem angegebenen Datum exportiert.
-d *Verzeichnis*	Normalerweise checkt CVS ein Modul in ein Verzeichnis aus, das so heißt wie das Modul. Mit dieser Option kann man einen anderen Namen für dieses Verzeichnis setzen. Außerdem lässt CVS leere Verzeichnisse in der Hierarchie weg, falls nur ein Teil des Moduls ausgecheckt wird. Dieses Verhalten lässt sich mit der Option –N abschalten.
-f	Erzwingt den Export (»force«), auch wenn eine mit den Optionen –D oder –r angegebenes Datum oder Revisionsnummer nicht existiert. Es wird dann die neueste Revision genommen.

-k *Methode*	Diese Option setzt die Schlüsselwortersetzungsmethode für den Export.
-l	Exportiert nur das Hauptverzeichnis des Moduls und geht nicht rekursiv in die Unterverzeichnisse.
-n	Ein eventuell in der Datei **CVSROOT/modules** eingetragenes Programm, das nach dem Export ausgeführt werden soll, wird nicht ausgeführt (siehe Abschnitt 11.1.9, »modules«).
-N	Diese Option unterbindet das Weglassen leerer Verzeichnisse bei Verwendung der Option –d.
-r *Revision*	Es soll die angegebene Revision exportiert werden. Diese kann per Revisionsnummer oder Tag angegeben werden.
-R	Der Export soll rekursiv erfolgen. Dies ist die Voreinstellung, die aber durch die **.cvsrc**-Datei geändert worden sein könnte. Mit dieser Option kann man sie wieder zurücksetzen.

Beispiel:

Das Modul TextPrinter1 soll mit dem heutigen Stand exportiert werden:

```
cvs export -D today TextPrinter1
```

CVS gibt aus:

```
cvs export: Updating TextPrinter1
U TextPrinter1/TextPrinter.java
U TextPrinter1/text.txt
```

WinCvs/gCvs:

Menüpfad	**Create · Checkout module**. Dann auf dem zweiten Reiter die Auswahlbox »Do not create CVS directories (export)« auswählen.
Tastenkombination	–
Symbol	–

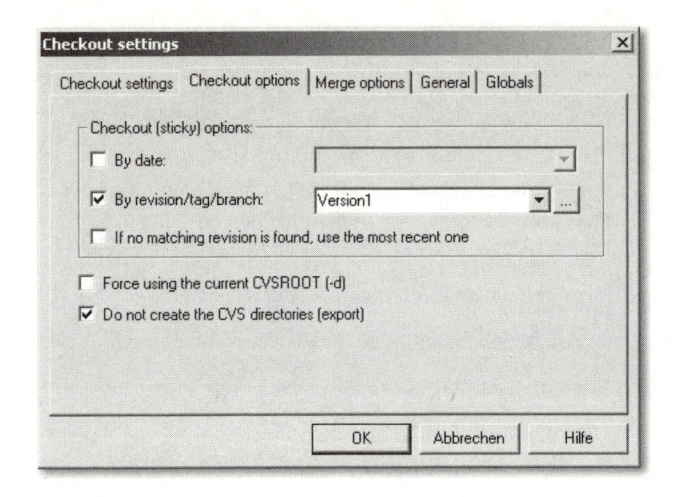

Abbildung 10.7 Export in WinCvs

10.12 history

Der Befehl **history** zeigt den Inhalt der gleichnamigen Protokolldatei an. Anhand dieses Protokolls kann man alle durchgeführten Operationen zeitlich geordnet mit Uhrzeit und Benutzernamen nachvollziehen. Die Protokolldatei und der Befehl **history** bewirken keinerlei Zustandsänderungen.

Allgemein:

Befehlsaufbau	history [Optionen][Datei(en)]
Verändert	nichts
Besonderheiten	Die Protokolldatei **history** wird nur geführt, wenn sie im Repository in der CVSROOT existiert.
Was muss beachtet werden?	Die Datei **history** muss für alle CVS-Benutzer beschreibbar sein.
Rekursiv	–
Synonyme	hi, his

Optionen:

-a	Diese Option zeigt eine Liste für alle Benutzer an. Ohne diese Optionen werden nur die eigenen Aktionen angezeigt.
-b *String*	Diese Option zeigt alles zurück bis zu dem Eintrag an, der *String* im Modulnamen, im Dateinamen oder Repository-Pfad enthält.
-c	Es wird eine Liste aller Commits ausgegeben.
-D	Es werden alle Einträge ab diesem Datum angezeigt.
-e	Es werden alle Arten von Einträgen angezeigt.
-f *Datei*	Diese Option zeigt die Einträge für die angegebene Datei an. Diese Option darf mehrfach angegeben werden.
-l	Es soll nur der jeweils neuste Eintrag angezeigt werden.
-m *Modul*	Es soll ein kompletter Report für das angegebene Modul gezeigt werden. Diese Option darf mehrfach angegeben werden.
-n *Modul*	Es sollen nur Daten für das angegebene Modul ausgegeben werden. Diese Option darf mehrfach angegeben werden.
-o	Es wird eine Liste aller Checkouts ausgegeben. Dies ist die vorgegebene Reportart.
-p *Repository*	Es sollen nur Daten für das angegebene Verzeichnis im Repository ausgegeben werden. Diese Option darf mehrfach angegeben werden.
-r *Revision*	Es werden alle Daten angezeigt, die sich auf die angegebene und alle nachfolgenden Revisionen beziehen. Es kann eine Revisionsnummer oder ein Tag angegeben werden. Die Dateien im Repository werden dazu durchsucht.
-t *Tag*	Diese Option zeigt alle Einträge ab dem Zeitpunkt an, zu dem das angegebene Tag zuletzt in der **history**-Datei eingetragen worden ist. Es werden keine Dateien im Repository durchsucht, weshalb diese Option schneller arbeitet als die Option –r.
-T	Diese Option zeigt alle Einträge an, bei denen ein Tag gesetzt oder gelöscht worden ist.
-u *Benutzername*	Diese Option zeigt alle Einträge für den angegebenen CVS-Benutzer an.

-x *Eintragsarten*	Diese Option zeigt alle Einträge für die angegebenen Eintragsarten. Die Eintragsarten werden in Abschnitt 7.16, »Das CVS-Protokoll und der Befehl history«, beschrieben.
-z *Zeitzone*	Alle Datums- und Zeitangaben sollen für die angegebene Zeitzone angezeigt werden. Die mitteleuropäische Zeit wird als CET angegeben, die Sommerzeit als CEST. Voreingestellt ist GMT (= UTC). Die Zeitzone kann auch numerisch angegeben werden wie beispielsweise +0100.

Beispiel:

Zum Modul TextPrinter1 sollen alle Eintragstypen für alle CVS-Benutzer angezeigt werden:

```
cvs history -a -e -n TextPrinter1
```

CVS gibt aus:

```
O 2003-09-29 10:34 +0000 frank TextPrinter1 =TextPrinter1=
    <remote>/*
O 2003-10-07 07:01 +0000 frank TextPrinter1 =TextPrinter1=
    <remote>/*
T 2003-10-07 10:06 +0000 frank TextPrinter1 [Version1:A]
T 2003-10-14 07:37 +0000 frank TextPrinter1 [Version1:A]
O 2003-10-14 08:39 +0000 frank [Version1] TextPrinter1
    =TextPrinter1= <remote>/*
T 2003-10-14 09:59 +0000 frank TextPrinter1 [branch:A]
O 2003-10-14 10:01 +0000 frank [branch] TextPrinter1
    =TextPrinter1= <remote>/*
T 2003-10-14 10:04 +0000 frank TextPrinter1 [branch:D]
O 2003-10-14 10:06 +0000 frank [Verzweigung1] TextPrinter1
    =TextPrinter1= <remote>/*
E 2003-10-16 09:06 +0000 frank [Version1] TextPrinter1
    =TextPrinter1= <remote>/*
O 2003-10-16 09:34 +0000 frank TextPrinter1 =TextPrinter1=
    <remote>/*
```

WinCvs/gCvs:

Der Befehl **history** wird von WinCvs und gCvs nicht implementiert. Man kann den Befehl allerdings ins Ausgabefenster eintippen und ausführen.

10.13 import

Der Befehl **import** überführt bestehenden Sourcecode in das Repository. Der Befehl wird auf Dateien und Projekte angewandt, die noch nicht im Repository vorhanden sind. Nach dem Import ist der Sourcecode nicht zum Bearbeiten bereit, sondern es muss zunächst eine lokale Arbeitskopie ausgecheckt werden. Beim Import wird ein Modulname vergeben, der als Verzeichnis im Repository angelegt wird.

Allgemein:

Befehlsaufbau	`import [Optionen] Modulverzeichnis Vendor-Tag Release-Tag`
Verändert	Repository
Besonderheiten	Ein Import legt automatisch einen Vendor Branch an, der in den meisten Fällen nicht benötigt wird.
Was muss beachtet werden?	Nach dem Import muss der Sourcecode ein erstes Mal ausgecheckt werden, um eine lokale Arbeitskopie zu erhalten. Der für den Import verwendete Sourcecode kann nicht direkt als Arbeitskopie verwendet werden und sollte – ggf. nach einem Backup – gelöscht werden. Wichtig ist das korrekte Setzen der Wrapper (siehe Abschnitt 7.15, »Wrapper«), damit Binär- und Textdateien korrekt eingecheckt werden.
Rekursiv	ja
Synonyme	im, imp

Optionen:

-b *Verzweigung*	Mit dieser Option wird in die angegebene Verzweigung importiert. Die Verzweigung muss als dreistellige Revisionsnummer angegeben werden, die Verwendung eines Tags ist an dieser Stelle nicht möglich. Die Angabe dieser Option ist nur sinnvoll, wenn mit mindestens zwei Vendor Branches gearbeitet werden soll (siehe Abschnitt 7.11, »Vendor Branches«).
-I *Dateiname*	Mit dieser Option wird eine Datei angegeben, die beim Import ausgelassen (ignoriert) werden soll. Die Angabe von Wildcards ist erlaubt. Um die Liste der ignorierten Dateien zurückzusetzen, wird statt des Dateinamens ein Ausrufezeichen angegeben (siehe Abschnitt 7.3, »Dateien ignorieren: cvsignore«). Diese Option kann mehrfach angegeben werden.

-k *Methode*	Diese Option setzt die Methode zur Schlüsselwortersetzung (siehe 7.14, »Schlüsselwortersetzung«).
-m *Log Message*	Mit dieser Option wird eine Beschreibung der neuen Datei(en) hinzugefügt (Log Message).
-W *Wrapper*	Mit dieser Option wird ein Wrapper definiert (siehe Abschnitt 7.15, »Wrapper«). Diese Option kann mehrfach angegeben werden.

Beispiel:

Die Dateien des aktuellen Verzeichnisses sollen in das Modul TextPrinter2 importiert werden. Es wird eine Log Message angegeben und Vendor- und Release-Tag werden auf »avendor« und »arelease« gesetzt:

```
cvs import -m "Das neue Modul 2" TextPrinter2 avendor
   arelease
```

CVS gibt aus:

```
N TextPrinter2/text.txt
N TextPrinter2/TextPrinter.java

No conflicts created by this import
```

WinCvs/gCvs

WinCvs und gCvs unterscheiden sich beim Import von den Kommandozeilen-Clients grundlegend wie sie mit Dateitypen umgehen. Während die Kommandozeilen-Clients mit Wrappern arbeiten, besitzen WinCvs und gCvs einen eigenen Mechanismus zur Erkennung von Dateitypen. Alle im Sourcecode gefundenen Dateiendungen werden vor dem Import in einem Dialogfeld aufgelistet und mit einem Typen versehen. Wenn der vorgeschlagene Typ nicht zutreffend ist, so kann dieser im Dialogfeld verändern werden. Erst danach wird der Importvorgang gestartet.

Menüpfad	**Create · Import Module...**
Tastenkombination	–
Symbol	–

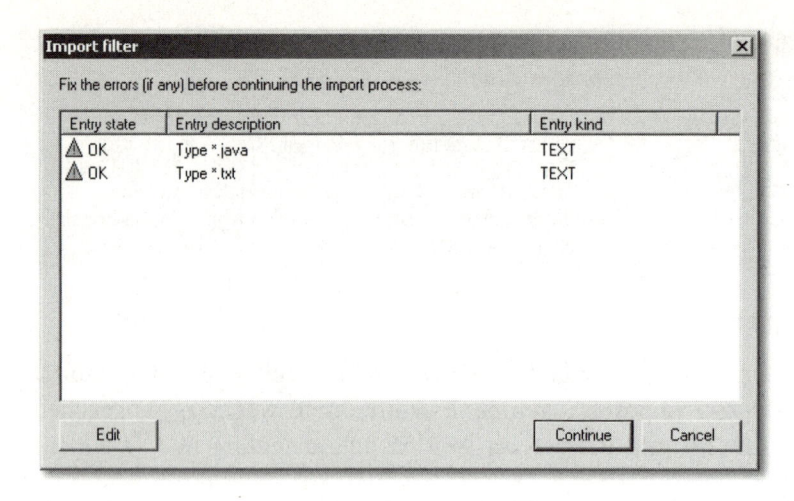

Abbildung 10.8 Dateitypen beim Import in WinCvs

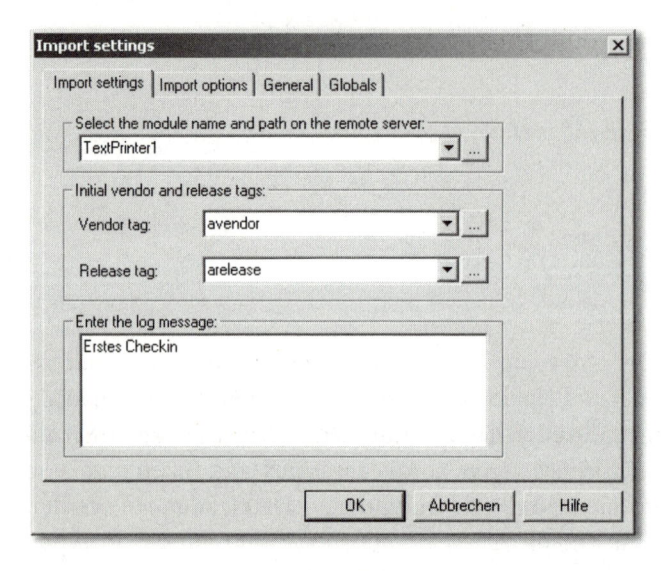

Abbildung 10.9 Importoptionen bei WinCvs

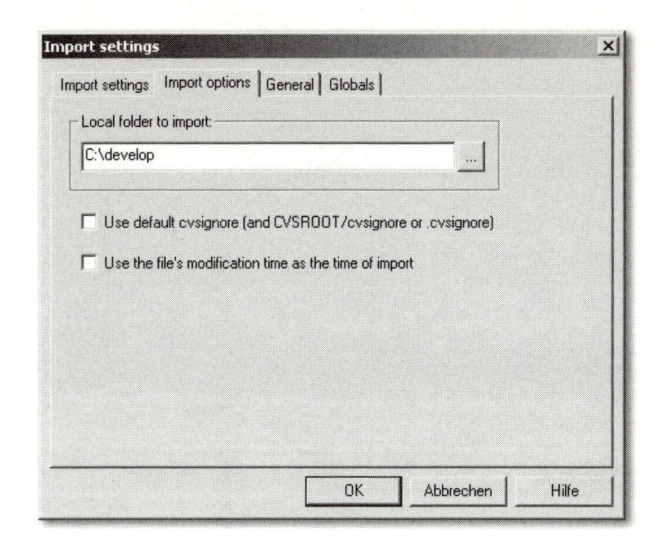

Abbildung 10.10 Weitere Importoptionen in WinCvs

10.14 init

Der CVS-Befehl **init** legt ein neues Repository an und initialisiert es. Bei der Initialisierung werden die administrativen Dateien in CVSROOT erzeugt.

Allgemein:

Befehlsaufbau	`init`
Verändert	Repository
Besonderheiten	Wird nur einmal zur Einrichtung des Repositories aufgerufen.
Was ist zu beachten?	Einige Installationsprogramme (z.B. das Debian-Installationsprogramm) legen bereits ein Repository an, so dass ein Aufruf von **init** nicht notwendig ist.
Rekursiv?	–

Optionen:

Der Befehl besitzt keine Optionen.

Beispiel:

Der folgende Befehl legt ein neues lokales Repository an:

```
cvs -d /home/cvsuser/repos init
```

Der Befehl erzeugt keine Ausgabe.

WinCvs/gCvs:

Menüpfad	Create • Create a new Repository...
Tastenkombination	–
Symbol	–

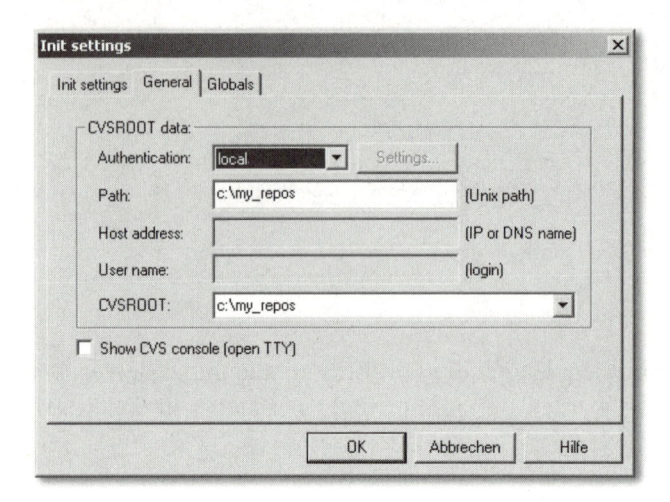

Abbildung 10.11 Repository anlegen in WinCvs

10.15 log

Der Befehl **log** zeigt die Beschreibungen (Log Messages) an, die von den CVS-Benutzern bei Ausführung der Befehle **import** und **commit** eingegeben worden sind. Ohne die Angabe weiterer Optionen gibt der Befehl alle verfügbaren Informationen aus. Alle Zeitangaben von **log** sind in UTC (Coordinated Universal Time). Dies steht im Widerspruch zu anderen CVS-Befehlen, die bei ihren Ausgaben die lokale Zeitzone beachten.

Allgemein:

Befehlsaufbau	log [Optionen][Datei(en)]
Verändert	nichts
Besonderheiten	Alle Zeitangaben benutzen UTC und nicht die lokale Zeitzone.

Was muss beachtet werden?	Die ausgegebenen Informationen setzen sich aus der Schnittmenge der Daten der Optionen –d, –s und –w geschnitten mit der Vereinigungsmenge der Daten der Optionen –b und –r zusammen.
Rekursiv?	ja
Synonyme	lo

Optionen:

-b	Es sollen nur die Informationen den Hauptentwicklungszweig betreffend ausgegeben werden. Mit dieser Option lässt sich also die Ausgabe von Informationen aus den Verzweigungen unterdrücken.

-d*Datumsangabe*	Diese Option gibt Informationen zu dem angegebenen Datum oder Datumsbereich aus. Das Datumsformat entspricht den in Abschnitt 7.18, »Datumsformate in CVS«, beschriebenen Datumsformaten. Es sind folgende Bereichsangaben möglich:
	▶ Ein Bereich zwischen zwei Daten:
	`Datum1<Datum2 oder Datum1<=Datum2`
	oder
	`Datum2>Datum1 oder Datum2>=Datum1`
	▶ Ein Bereich vor einem Datum:
	`<Datum oder Datum>`
	▶ Ein Bereich nach einem Datum:
	`>Datum oder Datum<`
	▶ Einzelne Revision ein Datum betreffend oder früher:
	`Datum`
	Mehrere Bereichsangaben werden mit einem Semikolon getrennt.

-h	Diese Option beschränkt die Ausgabe auf den jeweiligen Kopfteil einer Datei mit Dateinamen im Repository, Dateinamen im Arbeitsverzeichnis, aktueller Revision, den Entwicklungszweig, Sperren, Schlüsselwortersetzungsmethode und eine Liste aller Tags. Es werden keine Log Messages ausgegeben.
-l	Diese Option schaltet die Rekursion ab.
-N	Diese Option unterdrückt die Anzeige der Tagnamen im Kopfteil der Datei. Dies ist nützlich, wenn es viele Tags gibt und man nur an den Log Messages interessiert ist.
-r*Revisionen*	Diese Option beschränkt die Ausgabe auf die angegebenen Revisionen und Verzweigungen. Mehrere Revisionen werden durch Kommata getrennt. Außerdem sind folgende Bereichsangaben möglich: ▶ Ein Bereich zwischen zwei Revisionen: `Revision1:Revision2`

- Ein Bereich zwischen zwei Revisionen, die erste wird ausgeschlossen:

  `Revision1::Revision2`

- Der Bereich vom Anfang des Zweiges bis einschließlich der Revision:

  `:Revision`

- Der Bereich vom Anfang des Zweiges bis ausschließlich der angegebenen Revision:

  `::Revision`

- Der Bereich einschließlich der Revision bis zum Ende des Zweigs:

  `Revision:`

- Der Bereich ausschließlich der Revision bis zum Ende des Zweigs:

  `Revision::`

- Alle Revisionen einer Verzweigung:

  `Verzweigung`

- Alle Revisionen aus einem Bereich aus mehreren Verzweigungen:

  `Verzweigung1:Verzweigung2`

- Die aktuelle Revision der angegebenen Verzweigung:

  `Verzweigung.`

Die Angabe von –r ohne weitere Argumente wählt die aktuelle Revision des Hauptzweigs aus. Zwischen der Option –r und den weiteren Angaben darf kein Leerzeichen stehen.

-R	Diese Option beschränkt die Ausgabe auf die Anzeige des Dateipfads im Repository.
-s *Status*	Es werden nur die Revisionen angezeigt, die mit dem angegebenen Status übereinstimmen. Es können mehrere Statusinformationen durch Kommata getrennt angegeben werden.
-S	Mit dieser Option werden die Kopfinformationen nicht angezeigt, wenn keine Revisionen ausgewählt sind.
-t	Diese Option entspricht der Option –h, allerdings wird zusätzlich die bei der Anlage der Datei angegebene Log Message angezeigt.
-w*Benutzernamen*	Es werden nur Revisionen angezeigt, die von den angegebenen Benutzern eingecheckt worden sind. Die Benutzernamen sind eine Liste von CVS-Benutzern, die durch Kommata getrennt sind. Zwischen der Option –w und den Benutzernamen darf kein Leerzeichen stehen. Wird kein Benutzername angegeben, so wird der eigene Benutzername angenommen.

Beispiel:

Es soll das Log zu der Datei **TextPrinter.java** ausgegeben werden:

```
cvs log TextPrinter.java
```

CVS gibt aus:

```
RCS file: /var/lib/cvs/TextPrinter1/TextPrinter.java,v
Working file: TextPrinter.java
head: 1.5
branch:
locks: strict
access list:
symbolic names:
        arelease: 1.1.1.1
        avendor: 1.1.1
keyword substitution: kv
total revisions: 6;    selected revisions: 6
description:
----------------------------
revision 1.5
date: 2003/11/19 11:27:12;  author: frank;  state: Exp;
   lines: +28 -3
readFile implementiert
----------------------------
revision 1.4
date: 2003/11/19 11:26:37;  author: frank;  state: Exp;
   lines: +6 -0
Programmkommentar
----------------------------
revision 1.3
date: 2003/11/19 11:25:40;  author: frank;  state: Exp;
   lines: +16 -0
Mehr Kommentare
----------------------------
revision 1.2
date: 2003/11/19 11:24:57;  author: frank;  state: Exp;
   lines: +1 -0
Kommentar zu readFile eingefügt
----------------------------
revision 1.1
date: 2003/11/19 11:17:49;  author: frank;  state: Exp;
```

```
branches: 1.1.1;
Initial revision
----------------------------
revision 1.1.1.1
date: 2003/11/19 11:17:49;  author: frank;  state: Exp;
   lines: +0 -0
Import des Projekts
=============================================================
```

WinCvs/gCvs:

Auch WinCvs und gCvs implementieren den Befehl **log**. Neben dem normalen Befehl **log** gibt es bei beiden zusätzlich ein grafisches Log, das die vom CVS-Server erhaltenen Daten wesentlich übersichtlicher darstellt. Einzelne Revisionen werden als Vierecke dargestellt, Verzweigungen werden in einer Baumstruktur angeordnet. Bei WinCvs sind die angezeigten Revisionen mit der Maus anklickbar, es werden dann die Kopfinformationen der Revision im Ausgabefenster angezeigt, in gCvs ist diese Funktion bisher noch nicht implementiert.

Menüpfad	**Query · Log...** (normales Log)
	Query · Graph... (grafisches Log)
Tastenkombination	`Strg`-`G` (grafisches Log)
Symbol	Weißes Symbol mit blauen Strichen (normales Log)
	Stilisierter Graph (grafisches Log)

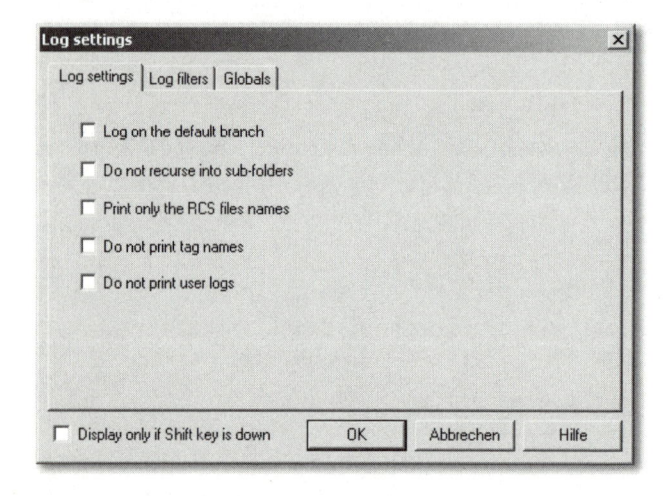

Abbildung 10.12 Log-Optionen in WinCvs

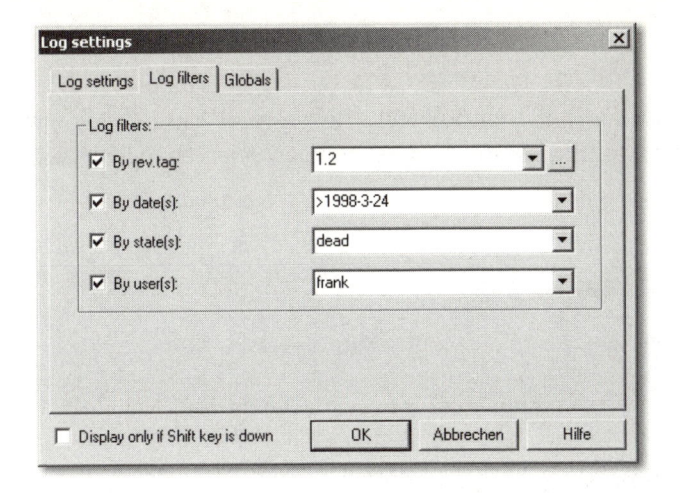

Abbildung 10.13 Log-Filter in WinCvs

10.16 login

Der Befehl **login** dient dazu, sich beim CVS-Server anzumelden. Der Befehl wird nur bei der Authentifizierungsmethode `pserver` verwendet.

Allgemein:

Befehlsaufbau	login
Verändert	Lokale **.cvspass**-Datei
Besonderheiten	Nur bei der Authentifizierung via `pserver`
Was muss beachtet werden?	Die lokale Verschlüsselung des Passwortes in der Datei **.cvspass** ist unsicher!
Rekursiv?	–
Synonyme	logon, lgn

Optionen:

Der Befehl besitzt keine Optionen.

Beispiel:

Der Befehl

```
cvs -d :pserver:guest@cvs.cvshome.org:/cvs login
```

gibt aus:

```
Logging in to :pserver:guest@cvs.cvshome.org:2401/cvs
CVS password:
```

Danach gibt man das in diesem Fall leere Passwort (es handelt sich um einen anonymen Zugriff) ein und man ist beim CVS-Server angemeldet.

WinCvs/gCvs:

Menüpfad	Admin · Login...
Tastenkombination	–
Symbol	–

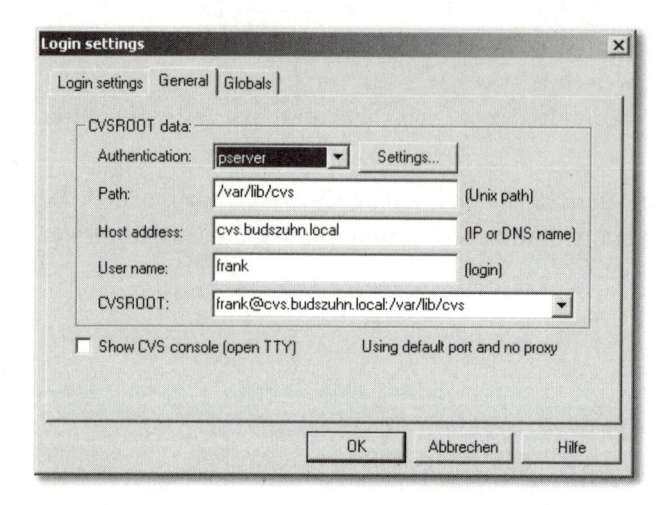

Abbildung 10.14 Login-Einstellungen in WinCvs

10.17 logout

Der Befehl **logout** macht den Befehl **login** rückgängig und löscht das Passwort aus der lokalen Datei **.cvspass**.

Allgemein:

Befehlsaufbau	`logout`
Verändert	Lokale Datei **.cvspass**
Besonderheiten	Nur bei der Authentifizierung via `pserver`
Was muss beachtet werden?	Die lokale Verschlüsselung des Passwortes in der Datei **.cvspass** ist unsicher!

Rekursiv	–
Synonyme	–

Optionen:

Der Befehl besitzt keine Optionen.

Beispiel:

Der Befehl

`cvs logout`

gibt aus:

`Logging out of :pserver:frank@192.168.0.7:2401/var/lib/cvs`

Damit ist das Passwort aus der lokalen Datei **.cvspass** gelöscht worden.

WinCvs/gCvs:

Menüpfad	**Admin · Logout**
Tastenkombination	–
Symbol	–

10.18 rannotate

Der Befehl **rannotate** gibt alle Dateien eines Moduls zeilenweise aus und zeigt dabei für jede Zeile Revisionsnummer, Autor und Datum der letzten Änderung an. Der Befehl ist sinnvoll, wenn man feststellen möchte, wann und durch wen eine bestimmte Änderung vorgenommen worden ist. Im Gegensatz zu **annotate** arbeitet **rannotate** direkt auf dem Repository und benötigt keine lokale Arbeitskopie.

Allgemein:

Befehlsaufbau	`rannotate [Optionen][Modul(e)]`
Verändert	nichts
Besonderheiten	Der Befehl arbeitet direkt auf dem Repository und benötigt keine lokale Arbeitskopie.
Was muss beachtet werden?	–

Rekursiv	ja
Synonyme	rann, ra

Optionen:

-D *Datum*	Es sollen die Revisionen vor dem angegebenen Datum ausgegeben werden.
-f	Erzwingt die Anzeige der neuesten Revision, falls ein mit der Option –D angegebenes Datum oder eine mit der Option –r angegebene Revision nicht existiert.
-F	Mit dieser Option wird die Ausführung bei binären Dateien erzwungen.
-l	Diese Option schaltet die Rekursion ab. Es werden nur die Dateien im angegebenen Verzeichnis angezeigt, nicht die der Unterverzeichnisse.
-r *Revision*	Es soll nur die angegebene Revision und früher ausgegeben werden. Es kann eine Revisionsnummer oder ein Tag angegeben werden.
-R	Die Ausführung des Befehls soll rekursiv erfolgen. Dies ist die Voreinstellung, die aber durch die **.cvsrc**-Datei geändert worden sein könnte. Mit dieser Option kann man sie wieder zurücksetzen.

Beispiel:

```
cvs rannotate -r1.3 TextPrinter1/TextPrinter.java
```

gibt aus:

```
Annotations for TextPrinter1/TextPrinter.java
***************
1.1          (frank    19-Nov-03): public class TextPrinter
   extends Object
1.1          (frank    19-Nov-03): {
1.3          (frank    19-Nov-03):    /**
1.3          (frank    19-Nov-03):     * printText liest
   die Textdatei ein und gibt sie zeilenweise aus
1.3          (frank    19-Nov-03):     *
1.3          (frank    19-Nov-03):     */
1.1          (frank    19-Nov-03):    public void
   printText()
1.1          (frank    19-Nov-03):    {
```

1.1	(frank	19-Nov-03):		String text = readFile();
1.1	(frank	19-Nov-03):		
1.1	(frank	19-Nov-03):		for (int i=0; i<text.length(); i++)
1.1	(frank	19-Nov-03):		{
1.1	(frank	19-Nov-03):		printChar (text.charAt(i));
1.1	(frank	19-Nov-03):		}
1.1	(frank	19-Nov-03):		}
1.1	(frank	19-Nov-03):		
1.3	(frank	19-Nov-03):		/**
1.3	(frank	19-Nov-03):		* readFile liest die Datei text.txt ein
1.3	(frank	19-Nov-03):		*
1.3	(frank	19-Nov-03):		*/
1.1	(frank	19-Nov-03):		private String readFile()
1.1	(frank	19-Nov-03):		{
1.2	(frank	19-Nov-03):		// die Routine zum Einlesen der Datei wird später entwickelt!
1.1	(frank	19-Nov-03):		return "Beam me up, Scotty!";
1.1	(frank	19-Nov-03):		}
1.1	(frank	19-Nov-03):		
1.3	(frank	19-Nov-03):		/**
1.3	(frank	19-Nov-03):		* printChar gibt einen einzelnen Buchstaben aus
1.3	(frank	19-Nov-03):		*
1.3	(frank	19-Nov-03):		*/
1.1	(frank	19-Nov-03):		private void printChar (char ch)
1.1	(frank	19-Nov-03):		{
1.1	(frank	19-Nov-03):		System.out.print (ch);
1.1	(frank	19-Nov-03):		}
1.1	(frank	19-Nov-03):		
1.3	(frank	19-Nov-03):		/**
1.3	(frank	19-Nov-03):		* der Startpunkt
1.3	(frank	19-Nov-03):		*

```
1.3       (frank   19-Nov-03):     */
1.1       (frank   19-Nov-03):     public static void
   main(String[] args)
1.1       (frank   19-Nov-03):     {
1.1       (frank   19-Nov-03):              TextPrinter
   tp = new TextPrinter();
1.1       (frank   19-Nov-03):
   tp.printText();
1.1       (frank   19-Nov-03):     }
1.1       (frank   19-Nov-03): }
```

WinCvs/gCvs:

Der Befehl steht hier nicht zur Verfügung und kann nur in der Shell eingegeben werden.

10.19 rdiff

Der Befehl **rdiff** zeigt Unterschiede zwischen verschiedenen Revisionen einer Datei an. Im Unterschied zum Befehl **diff** benötigt der Befehl **rdiff** keine lokale Arbeitskopie, da er direkt auf dem Repository arbeitet. Der Befehl **rdiff** erzeugt Ausgaben, die direkt als Eingabe für das Unix-Programm patch dienen können.

Allgemein:

Befehlsaufbau	rdiff [Optionen] Modul(e)
Verändert	nichts
Besonderheiten	Der Befehl arbeitet direkt auf dem Repository und benötigt keine lokale Arbeitskopie.
Was muss beachtet werden?	–
Rekursiv?	ja
Synonyme	patch, pa

Optionen:

-c	Diese Option erzeugt eine Ausgabe im Kontextformat. Dies ist die Voreinstellung.

-D *Datum*	Mit dieser Option wird die aktuelle Revision aus dem Repository mit der durch das Datum bestimmten Revision verglichen. Diese Option kann auch zweimal angegeben werden; es werden dann die zu den beiden Daten gehörenden Revisionen verglichen.
-f	Erzwingt die Anzeige der neuesten Revision, falls ein mit der Option –D angegebenes Datum oder eine mit der Option –r angegebene Revision nicht existiert.
-l	Diese Option schaltet die Rekursion ab. Es werden nur die Dateien im angegebenen Verzeichnis angezeigt, nicht die der Unterverzeichnisse.
-r *Revision*	Mit dieser Option wird die aktuelle Revision aus dem Repository mit der angegebenen Revision verglichen. Diese Option kann auch zweimal angegeben werden; es werden dann die beiden Revisionen verglichen.
-R	Die Ausführung des Befehls soll rekursiv erfolgen. Dies ist die Voreinstellung, die aber durch die **.cvsrc**-Datei geändert worden sein könnte. Mit dieser Option kann man sie wieder zurücksetzen.
-s	Diese Option bewirkt, dass ein Bericht zu den Veränderungen an den Dateien ausgegeben wird. Die eigentlichen Unterschiede werden nicht angezeigt.
-t	Diese Option bewirkt, dass die Unterschiede der aktuellen Revision und der Revision unmittelbar davor ausgegeben werden. Dies ist nützlich, um zu erfahren, was sich als Letztes an einer Datei verändert hat.
-u	Diese Option erzeugt eine Ausgabe im Unidiff-Format.

Beispiel:

Das Beispiel vergleicht die aktuelle Revision der Datei **text.txt** mit der Revision 1.1 und gibt das Ergebnis im Unidiff-Format aus:

```
cvs rdiff -u -r1.1 TextPrinter1/text.txt
```

gibt aus:

```
Index: TextPrinter1/text.txt
diff -u TextPrinter1/text.txt:1.1 TextPrinter1/text.txt:1.2
--- TextPrinter1/text.txt:1.1    Wed Nov 19 12:17:49 2003
+++ TextPrinter1/text.txt        Wed Nov 19 12:24:20 2003
@@ -1 +1,2 @@
 Beam me up, Scotty!
+Energize!
```

Das nächste Beispiel gibt einen Bericht zu den Unterschieden im Modul TextPrinter1 seit Revision 1.3 aus:

```
cvs rdiff -s -r 1.3 TextPrinter1
```

gibt aus:

```
cvs server: Diffing TextPrinter1
File TextPrinter1/TextPrinter.java changed from revision
    1.3 to 1.5
File TextPrinter1/text.txt is new; current revision 1.2
```

WinCvs/gCvs:

Der Befehl **rdiff** steht hier nicht zur Verfügung und kann nur in der Shell eingegeben werden.

10.20 release

Der Befehl **release** gibt eine lokale Arbeitskopie frei. Der Befehl überprüft dazu alle Dateien auf lokale Änderungen. Sollten solche Änderungen vorhanden sein, so weist **release** darauf hin. Mittels der Option –d kann **release** eine lokale Arbeitskopie gleich nach der Freigabe löschen. Die Ausführung von **release** wird von CVS nicht erzwungen, da der CVS-Server keine Buchführung über ausgecheckte Arbeitskopien betreibt.

Allgemein:

Befehlsaufbau	release [Optionen] Verzeichnis
Verändert	Löscht eine lokale Arbeitskopie, falls mit der Option –d aufgerufen.
Besonderheiten	Die Verwendung des Befehls ist optional, da CVS keine Buchführung über ausgecheckte Kopien betreibt.
Was muss beachtet werden?	Bei Verwendung der Option –d ist Vorsicht angebracht. Sind lokale Veränderungen vorhanden und bejaht man die Abfrage des Befehls, so werden alle lokalen Dateien unwiederbringlich gelöscht.
Rekursiv	ja
Synonyme	re, rel

Optionen:

-d	Diese Option löscht die Dateien der lokalen Arbeitskopie. Falls noch lokale Änderungen vorhanden sind, gibt es eine Sicherheitsabfrage.

Beispiel:

Das folgende Beispiel gibt das Modul TextPrinter1 frei und löscht die lokale Arbeitskopie:

```
cvs release -d TextPrinter1
```

gibt aus

```
M text.txt
U TextPrinter.java
You have [1] altered files in this repository.
Are you sure you want to release (and delete) directory
   'TextPrinter1': y
```

Die Nachfrage von CVS wurde mit ja (y) beantwortet. CVS hat daraufhin alle Dateien von TextPrinter1 gelöscht, obwohl die Datei **text.txt** lokale Modifikationen besaß!

WinCvs/gCvs:

Menüpfad	Trace · Release selection
Tastenkombination	–
Symbol	Gelbes Fragezeichen mit blauer Fahne und schwarzen Streifen

10.21 remove

Der Befehl **remove** entfernt Dateien aus dem Repository. Die Dateien werden allerdings nicht sofort entfernt, sondern lediglich zum Entfernen vorbereitet. Erst der nachfolgende Aufruf des Befehls **commit** entfernt die Dateien tatsächlich. Der Befehl **remove** löscht die Dateien nicht, sondern verschiebt sie im Repository in ein Verzeichnis mit dem Namen **Attic** (englisch für Dachboden), so dass alle alten Revisionen der Dateien weiterhin abgerufen werden können.

Allgemein:

Befehlsaufbau	`remove [Optionen][Datei(en)]`
Verändert	Repository
Besonderheiten	Die Dateien werden im Repository nicht gelöscht, sondern in ein Verzeichnis mit dem Namen **Attic** verschoben.
Was muss beachtet werden?	Die zu entfernenden Dateien müssen vor Ausführung des Befehls aus der lokalen Arbeitskopie gelöscht werden. Alternativ kann die Option –f verwendet werden, um die Dateien durch CVS löschen zu lassen.
Rekursiv?	ja
Synonyme	rm, delete

Optionen:

-f	Diese Option löscht die betreffenden Dateien aus der lokalen Arbeitskopie. Ohne Angabe dieser Option müssen die Dateien bereits vor Ausführung des Befehls gelöscht worden sein.
-l	Diese Option schaltet die Rekursion ab.
-R	Die Ausführung des Befehls soll rekursiv erfolgen. Dies ist die Voreinstellung, die aber durch die **.cvsrc**-Datei geändert worden sein könnte. Mit dieser Option kann man sie wieder zurücksetzen.

Beispiel:

Die Datei **text.txt** soll aus dem Repository gelöscht werden. Die Option –f bewirkt, dass die Datei auch gleich aus der lokalen Arbeitskopie gelöscht wird:

```
cvs remove -f text.txt
```

CVS gibt aus:

```
cvs server: scheduling 'text.txt' for removal
cvs server: use 'cvs commit' to remove this file permanently
```

In der lokalen Arbeitskopie ist die Datei nach Ausführung des Befehls sofort gelöscht. Im Repository wird die Datei erst entfernt, wenn man den Befehl **commit** ausführt.

WinCvs/gCvs:

In WinCvs und gCvs löscht der Befehl **remove** immer gleich die selektierten Dateien. Der Befehl verhält sich so, als wenn er auf der Kommandozeile mit der Option –f ausgeführt worden wäre.

Menüpfad	**Modify · Remove**
Tastenkombination	–
Symbol	Schwarzes, gemaltes »X«

10.22 rlog

Der Befehl **rlog** zeigt die Log Messages (Beschreibungen) an, die von den CVS-Benutzern bei Ausführung der Befehle **import** und **commit** eingegeben worden sind. Im Gegensatz zum Befehl **log** ist dazu keine lokale Arbeitskopie notwendig, der Befehl arbeitet direkt auf dem Repository.

Allgemein:

Befehlsaufbau	`rlog [Optionen][Datei(en)]`
Verändert	nichts
Besonderheiten	Der Befehl arbeitet direkt auf dem Repository und benötigt keine lokale Arbeitskopie.
Was muss beachtet werden?	Die ausgegebenen Informationen setzen sich aus der Schnittmenge der Daten der Optionen –d, –s und –w geschnitten mit der Vereinigungsmenge der Daten der Optionen –b und –r zusammen.
Rekursiv?	ja
Synonyme	rl

Optionen:

-b	Es sollen nur die Informationen den Hauptentwicklungszweig betreffend ausgegeben werden. Mit dieser Option lässt sich also die Ausgabe von Informationen aus den Verzweigungen unterdrücken.
-d*Datumsangabe*	Diese Option gibt Informationen zu dem angegebenen Datum oder Datumsbereich aus. Zu den möglichen Formaten der Datumsangabe siehe den Befehl **log**.

-h	Diese Option beschränkt die Ausgabe auf den jeweiligen Kopfteil einer Datei mit Dateinamen im Repository, Dateinamen im Arbeitsverzeichnis, aktueller Revision, den Entwicklungszweig, Sperren, Schlüsselwortersetzungsmethode und eine Liste aller Tags. Es werden keine Log Messages ausgegeben.
-l	Diese Option schaltet die Rekursion ab.
-N	Diese Option unterdrückt die Anzeige der Tagnamen im Kopfteil der Datei. Dies ist nützlich, wenn es viele Tags gibt und man nur an den Log Messages interessiert ist.
-r*Revisionen*	Diese Option beschränkt die Ausgabe auf die angegebenen Revisionen und Verzweigungen. Zu den Formaten der Revisionen siehe den Befehl **log**.
-R	Diese Option beschränkt die Ausgabe auf die Anzeige des Dateipfades im Repository.
-s *Status*	Es werden nur die Revisionen angezeigt, die mit dem angegebenen Status übereinstimmen. Es können mehrere Statusinformationen durch Kommata getrennt angegeben werden.
-S	Mit dieser Option werden die Kopfinformationen nicht angezeigt, wenn keine Revisionen ausgewählt sind.
-t	Diese Option entspricht der Option –h, allerdings wird zusätzlich die bei der Anlage der Datei angegebene Dateibeschreibung angezeigt.
-w*Benutzernamen*	Es werden nur Revisionen angezeigt, die von den angegebenen Benutzern eingecheckt worden sind. Die Benutzernamen sind eine Liste von CVS-Benutzern, die durch Kommata getrennt sind. Zwischen der Option –w und den Benutzernamen darf kein Leerzeichen stehen. Wird kein Benutzername angegeben, so wird der eigene Benutzername angenommen.

Beispiel:

Es soll ein Log zu der Datei **TextPrinter.java** aus dem Modul TextPrinter1 im Repository ausgegeben werden. Es wird nur der Hauptzweig betrachtet:

```
cvs rlog -b TextPrinter1/TextPrinter.java
```

CVS gibt aus:

```
RCS file: /var/lib/cvs/TextPrinter1/TextPrinter.java,v
head: 1.5
branch:
locks: strict
```

```
access list:
symbolic names:
        arelease: 1.1.1.1
        avendor: 1.1.1
keyword substitution: kv
total revisions: 6;     selected revisions: 5
description:
----------------------------
revision 1.5
date: 2003/11/19 11:27:12;  author: frank;  state: Exp;
lines: +28 -3
readFile implementiert
----------------------------
revision 1.4
date: 2003/11/19 11:26:37;  author: frank;  state: Exp;
lines: +6 -0
Programmkommentar
----------------------------
revision 1.3
date: 2003/11/19 11:25:40;  author: frank;  state: Exp;
lines: +16 -0
Mehr Kommentare
----------------------------
revision 1.2
date: 2003/11/19 11:24:57;  author: frank;  state: Exp;
lines: +1 -0
Kommentar zu readFile eingefügt
----------------------------
revision 1.1
date: 2003/11/19 11:17:49;  author: frank;  state: Exp;
branches:  1.1.1;
Initial revision
=============================================================
```

WinCvs/gCvs:

Der Befehl **rlog** steht hier nicht zur Verfügung und kann nur in der Shell eingegeben werden.

10.23 rtag

Der Befehl **rtag** kennzeichnet eine Menge von Dateien mit jeweils genau einem Revisionsstand als Release (zu Releases siehe Abschnitt 6.1, »Revisionen und Releases«). Das Release wird mit einem Tag benannt. Damit wird ein zu einem späteren Zeitpunkt abrufbarer eindeutiger Versionsstand im Repository festgeschrieben. Im Gegensatz zum Befehl **tag** benötigt der Befehl **rtag** keine lokale Arbeitskopie.

Allgemein:

Befehlsaufbau	rtag [Optionen] Tag Modul(e)
Verändert	Repository
Besonderheiten	Der Befehl arbeitet direkt auf dem Repository und benötigt keine lokale Arbeitskopie.
Was muss beachtet werden?	–
Rekursiv?	ja
Synonyme	rt, rfreeze

Optionen:

-a	Diese Option entfernt Tags von Dateien, die zuvor mit dem Befehl **remove** entfernt worden sind und sich daher im Repository im Verzeichnis **Attic** befinden.
-b	Diese Option erzeugt eine Verzweigung mit dem beim Befehl angegebenen Tag.
-B	Diese Option erlaubt zusammen mit den Optionen –F oder –d das Verschieben und Löschen von Verzweigungen. Diese Option ist sehr gefährlich und man sollte sie normalerweise nicht einsetzen! Meist kann das gewünschte Resultat mit anderen Mitteln erreicht werden!
-d	Das angegebene Tag wird gelöscht.
-D *Datum*	Es soll die letzte Revision vor dem angegebenen Datum mit einem Tag versehen werden.
-f	Diese Option erzwingt die Anzeige der neuesten Revision, falls ein mit der Option –D angegebenes Datum oder eine mit der Option –r angegebene Revision nicht existiert.
-F	Diese Option bewirkt das Verschieben eines Tags. Ein bereits vergebener Tagname wird dabei mit eventuellen anderen Revisionsnummern verknüpft.

-l	Diese Option schaltet die Rekursion ab.
-n	Ein eventuell in der Datei **CVSROOT/modules** eingetragenes Programm, das nach der Vergabe von Tags ausgeführt werden soll, wird nicht ausgeführt (siehe Abschnitt 11.1.9, »modules«).
-r *Revision*	Es soll die angegebene Revision markiert werden. Diese Revision kann selbst ein Tag sein.
-R	Der Befehl soll rekursiv ausgeführt werden. Dies ist die Voreinstellung, die aber durch die **.cvsrc**-Datei geändert worden sein könnte. Mit dieser Option kann man es wieder zurücksetzen.

Beispiel:

Die aktuelle Revision des Moduls TextPrinter1 im Repository soll mit dem Tag Version3 gekennzeichnet werden:

```
cvs rtag Version3 TextPrinter1
```

CVS gibt aus

```
cvs rtag: Tagging TextPrinter1
```

WinCvs/gCvs

Menüpfad	Create · Create a tag by module...
Tastenkombination	–
Symbol	–

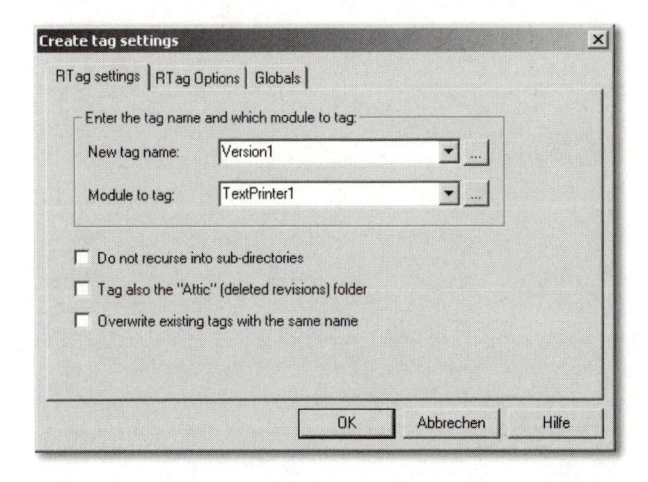

Abbildung 10.15 Optionen und Parameter des Befehls rtag

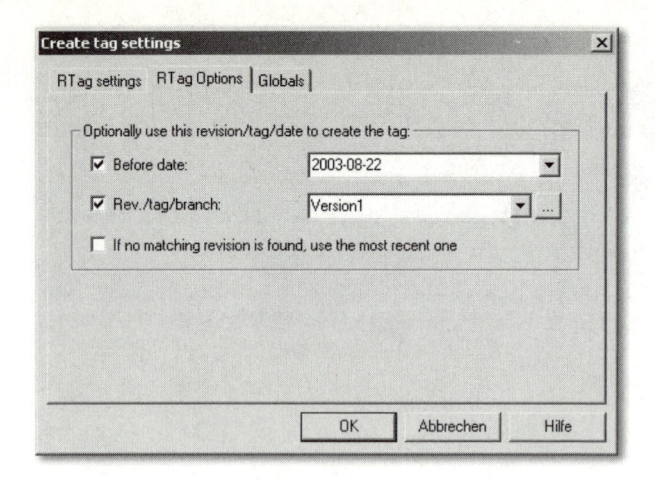

Abbildung 10.16 Weitere Optionen des Befehls rtag

10.24 status

Der Befehl **status** gibt Informationen zum Zustand von Dateien und zu Revisionsnummern in einer lokalen Arbeitskopie und im Repository aus. Weiterhin werden Informationen zu den Tags der Dateien angezeigt.

Allgemein:

Befehlsaufbau	status [Optionen] Datei(en)
Verändert	nichts
Besonderheiten	–
Was muss beachtet werden?	–
Rekursiv	ja
Synonyme	st, stat

Optionen:

-l	Diese Option schaltet das rekursive Verhalten ab.
-R	Der Befehl soll rekursiv ausgeführt werden. Dies ist die Voreinstellung, die aber durch die **.cvsrc**-Datei geändert worden sein könnte. Mit dieser Option kann man sie wieder zurücksetzen.
-v	Es sollen auch alle Tags ausgegeben werden.

Beispiel:

Es sollen der Status und die Tags der Datei **TextPrinter.java** ausgegeben werden:

```
cvs status -v TextPrinter.java
```

CVS gibt aus:

```
===============================================================
File: TextPrinter.java    Status: Up-to-date

   Working revision:    1.5
   Repository revision: 1.5
/var/lib/cvs/TextPrinter1/TextPrinter.java,v
   Sticky Tag:          (none)
   Sticky Date:         (none)
   Sticky Options:      (none)

   Existing Tags:
        Version1                    (revision: 1.5)
        arelease                    (revision: 1.1.1.1)
        avendor                     (branch: 1.1.1)
```

WinCvs/gCvs:

Menüpfad	Query · Status
Tastenkombination	–
Symbol	Blaues Fragezeichen auf weißem Grund

10.25 tag

Der Befehl **tag** kennzeichnet eine Menge von Dateien mit jeweils genau einem Revisionsstand als Release (zu Releases siehe Abschnitt 6.1, »Revisionen und Releases«). Das Release wird mit einem Tag benannt. Damit wird ein zu einem späteren Zeitpunkt abrufbarer eindeutiger Versionsstand im Repository festgeschrieben. Der Befehl **tag** erzeugt das Release auf der Basis einer lokalen Arbeitskopie.

Allgemein:

Befehlsaufbau	`tag [Optionen] Tag [Datei(en)]`
Verändert	Repository
Besonderheiten	–
Was muss beachtet werden?	Man sollte bedenken, dass nicht eingecheckte lokale Veränderungen nicht in das Release aufgenommen werden. Man sollte den Befehl **tag** daher normalerweise nur auf unmodifizierte Dateien einer lokalen Arbeitskopie anwenden oder den Befehl **rtag** verwenden. Die Option –c schützt vor diesem Fall.
Rekursiv?	ja
Synonyme	ta, freeze

Optionen:

-b	Diese Option erzeugt eine Verzweigung mit dem beim Befehl angegebenen Tag.
-c	Diese Option überprüft, ob die lokale Arbeitskopie modifizierte Dateien enthält. Ist dies der Fall, so wird eine Warnung ausgegeben und der Befehl nicht ausgeführt.
-d	Das angegebene Tag wird gelöscht.
-D *Datum*	Es soll die letzte Revision vor dem angegebenen Datum markiert werden.
-f	Diese Option erzwingt die Anzeige der neuesten Revision, falls ein mit der Option –D angegebenes Datum oder eine mit der Option –r angegebene Revision nicht existiert.
-F	Diese Option bewirkt das Verschieben eines Tags. Ein bereits vergebener Tagname wird dabei mit eventuellen anderen Revisionsnummern verknüpft.
-l	Diese Option schaltet die Rekursion ab.
-n	Ein eventuell in der Datei **CVSROOT/modules** eingetragenes Programm, das nach der Vergabe von Tags ausgeführt werden soll, wird nicht ausgeführt (siehe Abschnitt 11.1.9, »modules«).
-r *Revision*	Es soll die angegebene Revision mit einem Tag versehen werden. Diese Revision kann selbst ein Tag sein.
-R	Der Befehl soll rekursiv ausgeführt werden. Dies ist die Voreinstellung, die aber durch die **.cvsrc**-Datei geändert worden sein könnte. Mit dieser Option kann man sie wieder zurücksetzen.

Beispiel:

1. Die Dateien im Verzeichnis **TextPrinter1** sollen mit dem Tag Version1 gekennzeichnet werden:

`cvs tag Version1 TextPrinter1`

CVS gibt aus:

```
cvs server: Tagging TextPrinter1
T TextPrinter1/TextPrinter.java
T TextPrinter1/text.txt
```

2. Das Tag Version1 soll wieder gelöscht werden:

`cvs tag -d Version1 TextPrinter1`

CVS gibt aus:

```
cvs server: Untagging TextPrinter1
D TextPrinter1/TextPrinter.java
D TextPrinter1/text.txt
```

WinCvs/gCvs:

Menüpfade	**Modify · Create a tag on selection...** (Tag anlegen) **Modify · Delete a tag...** (Tag löschen) **Modify · Create a branch...** (Verzweigung anlegen)
Tastenkombination	–
Symbole	Tag hinzufügen: blaues T auf weißem Grund Tag löschen: blaues T auf weißem Grund, durchgestrichen Verzweigung anlegen: blauer Graph mit rotem Abzweig

10.26 unedit

Der Befehl **unedit** wird wie der Befehl **edit** nur in Zusammenhang mit dem überwachten Arbeiten verwendet (siehe Abschnitt 7.7, »Überwachtes Arbeiten«). Der Befehl hebt einen vorherigen Aufruf des Befehls **edit** wieder auf. Der Befehl dient als Signal, dass die Bearbeitung einer Datei abgebrochen wird. Er stellt den Zustand so wieder her, wie er vor dem Aufruf von **edit** bestanden hat. Daher werden lokale Veränderungen vom Befehl – nach einer Bestätigung – rückgängig gemacht.

Allgemein:

Befehlsaufbau	unedit [Optionen][Datei(en)]
Verändert	Lokale Arbeitskopie, Überwachungsliste
Besonderheiten	Der Befehl wird nur in Zusammenhang mit dem überwachten Arbeiten verwendet. Der Server muss dafür eingerichtet sein.
Was muss beachtet werden?	Ein durch **watch on** bedingter Schreibschutz wird wieder gesetzt. Modifikationen in der lokalen Arbeitskopie werden vom Befehl **unedit** – nach einer Bestätigung – rückgängig gemacht! Man sollte lokale Änderungen daher eventuell vorher sichern!
Rekursiv?	ja
Synonyme	–

Optionen:

-l	Diese Option schaltet die Rekursion ab.
-R	Die Ausführung von **unedit** soll rekursiv erfolgen. Dies ist die Voreinstellung, die aber durch die **.cvsrc**-Datei geändert worden sein könnte. Mit dieser Option kann man sie wieder zurücksetzen.

Beispiel:

Die Bearbeitung der Datei **text.txt** soll abgebrochen werden:

```
cvs unedit text.txt
```

Wenn die Datei lokal verändert worden ist, verlangt CVS eine Bestätigung:

```
text.txt has been modified; revert changes? y
```

Bestätigt man die Frage mit ja (y), so wird die Bearbeitung abgebrochen und der alte Zustand in der lokalen Arbeitskopie wiederhergestellt.

WinCvs/gCvs:

Menüpfad	**Trace · Unedit**
Tastenkombination	–
Symbol	Stilisierter Radiergummi

10.27 update

Der Befehl **update** gleicht Dateien und Verzeichnisse aus der lokalen Arbeitskopie mit dem Repository ab. Dabei findet ein Datentransfer ausschließlich in der Richtung vom Server zum Client hin statt: Die Dateien in der lokalen Arbeitskopie werden aktualisiert. Auf dem Server werden keine Dateien verändert.

Allgemein:

Befehlsaufbau	`update [Optionen][Datei(en)]`
Verändert	Lokale Arbeitskopie
Besonderheiten	–
Was muss beachtet werden?	Per Voreinstellung legt der Befehl keine neuen Verzeichnisse an, die zum Repository hinzugefügt worden sind. Normalerweise sollte man den Befehl daher mit der Option –d aufrufen.
Rekursiv?	ja
Synonyme	up, upd

Optionen:

-A	Setzt Sticky Tags, Datumsangaben und Schlüsselwortersetzungsmethoden zurück.
-C	Mit dieser Option werden lokal modifizierte Dateien mit dem Stand der entsprechenden Dateien aus dem Repository überschrieben. Die lokalen Modifikationen gehen verloren.
-d	Diese Option legt Verzeichnisse in der lokalen Arbeitskopie an, die bisher nur im Repository existieren. Mit dieser Option verhält sich der Befehl **update** dann analog zum Befehl **checkout**.
-D *Datum*	Es wird die letzte Revision vor dem angegebenen Datum ausgecheckt. Diese Option friert die Arbeitskopie auf dieser Version ein. Sie kann über die Option –A der Befehle **checkout** und **update** aufgehoben werden. Diese Option setzt implizit auch die Option –P.
-f	Erzwingt das Update (»force«), auch wenn eine mit den Optionen –D oder –r angegebenes Datum oder Revisionsnummer nicht existiert. Es wird dann die neueste Revision genommen.

-I *Dateiname*	Mit dieser Option wird eine Datei angegeben, die beim Update ausgelassen (ignoriert) werden soll. Die Angabe von Wildcards ist erlaubt. Um die Liste der ignorierten Dateien zurückzusetzen, wird statt des Dateinamens ein Ausrufezeichen angegeben (siehe Abschnitt 7.3, »Dateien ignorieren: cvsignore«). Diese Option kann mehrfach angegeben werden.
-j *Tag[:Datum]*	Diese Option führt zwei Zweige zusammen. Sie kann einmal oder zweimal angegeben werden. Wird sie einmal angegeben, so wird der Hauptzweig mit allen Unterschieden des angegebenen Nebenzweigs verschmolzen. Ruft man die Option zweimal auf, so werden nur die Änderungen übernommen, die zwischen der angegebenen Revision (erste Angabe von –j) und der neusten Revision im Nebenzweig (zweite Angabe von –j) liegen. Optional kann bei jedem Aufruf noch ein Datum (durch einen Doppelpunkt abgetrennt) angegeben werden, welches die ausgewählte Revision auf ein bestimmtes Datum einschränkt.
-k *Methode*	Diese Option setzt die Schlüsselwortersetzungsmethode um. Die neue gesetzte Methode bleibt solange bestehen, bis sie mit der Option –A der Befehle **checkout** oder **update** zurückgesetzt wird.
-l	Diese Option schaltet die Rekursion ab.
-p	Diese Option bewirkt ein Update auf der Standardausgabe, es werden keine Dateien angelegt. Dies kann zu Kontrollzwecken nützlich sein.
-P	Diese Option löscht automatisch leere Verzeichnisse in der Arbeitskopie.
-r *Revision*	Es soll die angegebene Revision ausgecheckt werden. Diese kann per Revisionsnummer oder Tag angegeben werden. Diese Option friert die Arbeitskopie auf dieser Version ein. Sie kann über die Option –A der Befehle **checkout** und **update** aufgehoben werden. Diese Option setzt implizit auch die Option –P.
-R	Diese Option erzwingt rekursives Verhalten. Die Option ist nützlich, wenn die Rekursion mittels der Datei **.cvsrc** abgeschaltet worden ist.
-W*Wrapper*	Mit dieser Option wird ein Wrapper definiert (siehe Abschnitt 7.15, »Wrapper«). Diese Option kann mehrfach angegeben werden.

Beispiele:

1. Es soll die Revision 1.1 der Datei **text.txt** in die lokale Arbeitskopie geholt werden. Damit wird automatisch ein Sticky Tag auf der Datei gesetzt (1.1):

```
cvs update -r1.1 text.txt
```

CVS gibt aus:

```
U text.txt
```

2. Das Sticky Tag aus dem letzten Beispiel soll zurückgesetzt werden:

```
cvs update -A text.txt
```

CVS gibt aus:

```
U text.txt
```

WinCvs/gCvs:

Menüpfad	**Modify · Update selection...**
Tastenkombination	Strg - U
Symbol	Grüner Pfeil nach unten auf weißem Grund

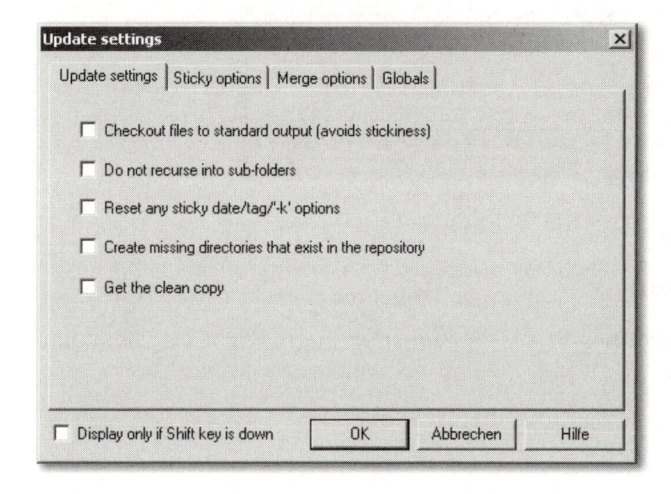

Abbildung 10.17 Optionen des Befehls update

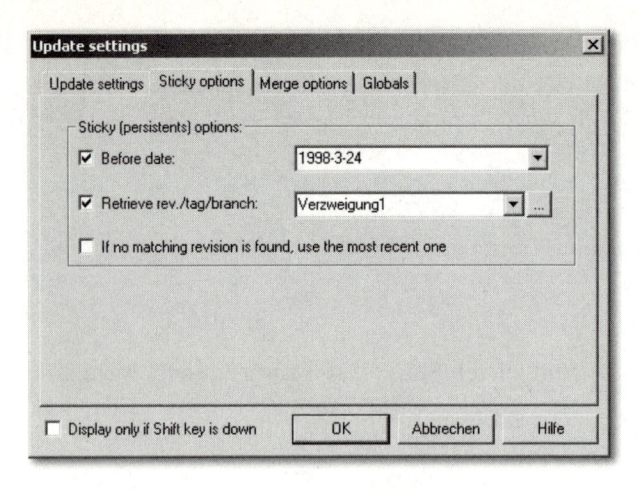

Abbildung 10.18 Update nach Datum und Revisionen

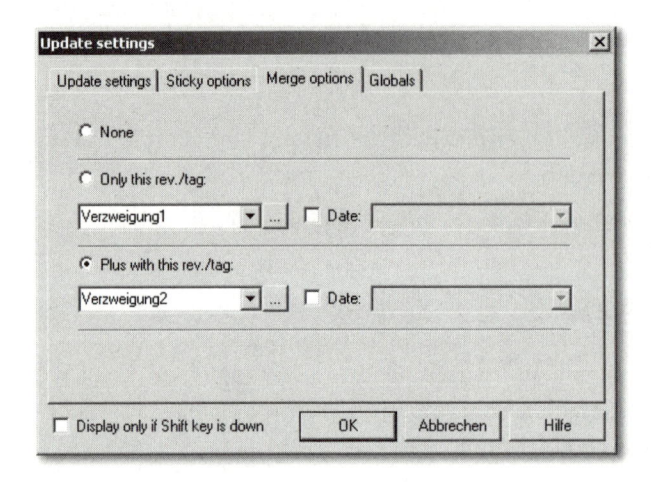

Abbildung 10.19 Angaben zum Merging beim Befehl update

10.28 version

Der Befehl **version** gibt die Versionsnummern von CVS-Client und CVS-Server aus.

Allgemein:

Befehlsaufbau	version
Verändert	nichts
Besonderheiten	–

Was muss beachtet werden?	–
Rekursiv?	–
Synonyme	ve, ver

Optionen:

Der Befehl besitzt keine Optionen.

Beispiel:

```
cvs version
```

gibt aus:

```
Client: Concurrent Versions System (CVS) 1.11.5 (client)
Server: Concurrent Versions System (CVS) 1.12.1
   (client/server)
```

WinCvs/gCvs:

Der Befehl **version** steht hier nicht zur Verfügung und kann nur in der Shell eingegeben werden.

10.29 watch

Der Befehl **watch** schaltet die Überwachung von Dateien ein und aus (siehe Abschnitt 7.7, »Überwachtes Arbeiten«). Im Gegensatz zu allen anderen CVS-Befehlen kennt **watch** weitere »Unterbefehle«. Einer von diesen vier Unterbefehlen (**on**, **off**, **add**, **remove**) muss angegeben werden, wenn **watch** aufgerufen wird.

Allgemein:

Befehlsaufbau	`watch [on|off|add|remove] [Optionen] [Datei(en)]`
Verändert	Überwachungsliste
Besonderheiten	Der Befehl besitzt vier »Unterbefehle«: **on**, **off**, **add**, **remove**. Einer davon muss angegeben werden.
Was muss beachtet werden?	Der Befehl wird nur in Zusammenhang mit dem überwachten Arbeiten verwendet. Der Server muss dafür eingerichtet sein.

Rekursiv?	ja
Synonyme	–

Unterbefehle:

on	Mit diesem Unterbefehl wird der Schreibschutz auf den angegebenen Dateien aktiviert. Durch den Befehl **edit** wird der Schreibschutz zur Bearbeitung aufgehoben.
off	Dieser Unterbefehl hebt den Schreibschutzmechanismus beim überwachten Arbeiten wieder auf.
add	Dieser Unterbefehl setzt die angegebenen Dateien auf die eigene Überwachungsliste.
remove	Dieser Unterbefehl löscht die angegebenen Dateien von der eigenen Überwachungsliste.

Optionen:

-a *Aktionen*	Diese Option bestimmt die zu überwachenden Aktionen. Mögliche Werte sind: edit, unedit, commit, all und none.
-l	Diese Option schaltet das rekursive Verhalten ab.
-R	Diese Option erzwingt rekursives Verhalten. Die Option ist nützlich, wenn die Rekursion mittels der Datei **.cvsrc** abgeschaltet worden ist.

Beispiele:

1. Der Schreibschutzmechanismus beim überwachten Arbeiten soll für die Datei **text.txt** eingeschaltet werden:

```
cvs watch on text.txt
```

Der Befehl erzeugt keine Ausgabe.

2. Die Datei **text.txt** soll der eigenen Überwachungsliste hinzugefügt werden. Es soll nur das Ereignis edit überwacht werden:

```
cvs watch add -a edit text.txt
```

Der Befehl erzeugt keine Ausgabe.

WinCvs/gCvs

Die Unterbefehle **watch on** und **watch off** werden von WinCvs und gCvs nicht direkt unterstützt und müssen daher im Ausgabefenster eingegeben werden.

Menüpfad	**Trace · Add a Watch** (Watch hinzufügen) **Trace · Remove a Watch** (Watch entfernen)
Tastenkombination	–
Symbole	Watch hinzufügen: stilisiertes Gesicht mit offenen Augen Watch entfernen: stilisiertes Gesicht mit geschlossenen Augen

10.30 watchers

Der Befehl **watchers** zeigt an, wer Dateien überwacht.

Allgemein:

Befehlsaufbau	`watchers [Optionen][Datei(en)]`
Verändert	nichts
Besonderheiten	–
Was muss beachtet werden?	Der Befehl wird nur in Zusammenhang mit dem überwachten Arbeiten verwendet. Der Server muss dafür eingerichtet sein.
Rekursiv?	ja
Synonyme	–

Optionen:

-l	Diese Option schaltet das rekursive Verhalten ab.
-R	Diese Option erzwingt rekursives Verhalten. Die Option ist nützlich, wenn die Rekursion mittels der Datei **.cvsrc** abgeschaltet worden ist.

Beispiel:

Es sollen die Beobachter der Datei **TextPrinter.java** angezeigt werden:

```
cvs watchers TextPrinter.java
```

CVS gibt aus:

```
TextPrinter.java
        elke     edit
        frank    edit     unedit   commit
```

Die Ausgabe bedeutet, dass elke die Aktion edit auf der Datei **Text-Printer.java** beobachtet und frank die Aktionen edit, unedit und commit.

WinCvs/gCvs

Menüpfad	**Trace · Watchers of selection**
Tastenkombination	–
Symbol	Stilisiertes Gesicht mit offenen Augen und rotem Fragezeichen

11 Dateireferenz

Dieses Kapitel führt alle von CVS ausgewerteten Dateien auf. Es werden zunächst die administrativen Dateien in CVS-ROOT beschrieben, danach die lokalen Dateien auf dem Computer des CVS-Benutzers.

11.1 Dateien in CVSROOT

Die administrativen Dateien in CVSROOT sind Konfigurationsdateien, die CVS in seinem eigenen Repository abspeichert. Man bearbeitet sie, indem man das Modul CVSROOT auscheckt, die Dateien editiert und dann wieder eincheckt. Dies wird ausführlich in Abschnitt 8.2 »Die administrativen Dateien in CVSROOT« beschrieben. In allen administrativen Dateien wird das Doppelkreuz # als Kommentarzeichen verwendet.

11.1.1 checkoutlist

In der Datei **checkoutlist** werden alle Konfigurationsdateien eingetragen, die CVS innerhalb des Moduls CVSROOT verwalten soll. Allerdings nimmt CVS bereits eine Reihe von Dateien implizit an, die nicht in die **checkoutlist** eingetragen werden müssen. Dies sind:

checkoutlist
commitinfo
config
cvsignore
cvswrappers
editinfo
loginfo
modules
notify
rcsinfo
taginfo
verifymsg

Die Datei **checkoutlist** ist zeilenweise aufgebaut. Jede Zeile steht für eine Datei, die durch CVS verwaltet werden soll. Das erste Wort innerhalb der Zeile bezeichnet den Dateinamen der zu verwaltenden Datei. Dieser Dateiname wird durch Leerzeichen oder einen Tabulator vom

Rest der Zeile getrennt. Der Rest der Zeile wird als Fehlermeldung interpretiert, die ausgegeben wird, wenn CVS die betreffende Datei nicht auschecken kann. Da nur das erste Wort als Dateiname interpretiert wird, muss die Fehlermeldung nicht in Hochkommata eingeschlossen werden, auch wenn diese Leerzeichen enthält. Ein Beispiel:

```
# Kommentarzeilen beginnen mit einem '#'
users   Die Datei Users kann nicht ausgecheckt werden
readers Die Datei readers kann nicht ausgecheckt werden
```

Die ebenfalls im Verzeichnis **CVSROOT** im Repository gespeicherten Dateien **history** und **passwd** sollten nicht in der **checkoutlist** angegeben werden. Die Datei **history** sollte nur über den Befehl **history** abgefragt werden, da sich das Format der Datei bei neueren CVS-Versionen verändern könnte. Bei der Datei **passwd** stellt die Aufnahme in die **checkoutlist** ein Sicherheitsrisiko dar, da dann alle CVS-Benutzer die Passwörter manipulieren könnten.

11.1.2 commitinfo

In der Datei **commitinfo** werden Programme eingetragen, die vor dem eigentlichen **commit** ausgeführt werden. Diese Programme sollen überprüfen, ob die einzucheckende Datei tatsächlich eingecheckt werden darf. Wenn das aufgerufene Programm den Wert 0 zurückgibt, wird das Einchecken durchgeführt, bei einem Wert ungleich 0 schlägt der Befehl **commit** fehl.

Die Datei **commitinfo** ist zeilenweise aufgebaut. Jede Zeile besteht aus einem regulären Ausdruck und einer auszuführenden Programmanweisung. Trifft der reguläre Ausdruck auf die einzucheckende Datei zu, so wird das zugehörige Programm zur Überprüfung verwendet. Es gibt zwei besondere Werte, die anstatt eines regulären Ausdrucks eingesetzt werden können: DEFAULT und ALL. Bei ALL wird das zugehörige Programm immer ausgeführt, bei DEFAULT wird es ausgeführt, wenn sonst kein regulärer Ausdruck auf den Dateinamen gepasst hat. Ein Beispiel:

```
\.java  /usr/cvscheck/javacommit.pl
DEFAULT /usr/cvscheck/defcommit.pl
```

In diesem Beispiel werden Java-Dateien mit dem Programm **javacommit.pl** überprüft, alle anderen mit dem Programm **defcommit.pl**. Die zu überprüfenden Dateien werden als Argumente an das Prüfprogramm übergeben.

11.1.3 config

Die Datei **config** enthält verschiedene Konfigurationseinstellungen zu CVS. Die Syntax unterscheidet sich von den anderen administrativen Dateien. Jede Zeile der Datei besteht aus einem Schlüsselwort, einem nachfolgenden Gleichheitszeichen und einem sich anschließenden Wert. Zwischen diesen drei Teilen dürfen weder Leerzeichen noch Tabulatoren stehen. Als Kommentarzeichen wird das Doppelkreuz # am Anfang einer Zeile verwendet. Die nachfolgende Tabelle zeigt die in der Datei **config** möglichen Schlüsselwörter.

LockDir	Mit diesem Schlüsselwort kann man ein vom Repository abweichendes Lock-Verzeichnis einrichten. Der anzugebende Wert ist ein absoluter Verzeichnispfad. Das Verzeichnis muss selbst angelegt werden. Bitte nur mit CVS-Versionen neuer als 1.10 verwenden, sonst kann es zu korrupten Repositories kommen!
LogHistory	LogHistory legt fest, was in die **history**-Datei des Servers eingetragen werden soll. Jeder Eintragstyp wird durch einen einzelnen Buchstaben gekennzeichnet. Eine Tabelle dieser Buchstaben ist im Abschnitt 7.16, »Das CVS-Protokoll und der Befehl history«, aufgeführt. Die Voreinstellung ist, alles zu protokollieren, was gleichbedeutend mit dem Setzen der Attribute TOEFWUPCGMAR ist.
RCSBIN	Dieses Schlüsselwort ist veraltet und wird nicht mehr ausgewertet.
RereadLogAfterVerify	Diese Einstellung gibt an, ob CVS die Log Message erneut einlesen soll, nachdem ein in der Datei **verifymsg** angegebenes Programm ausgeführt worden ist. Mögliche Werte sind »yes« und »always« (gleichwertig), »no« und »never« (gleichwertig) sowie »stat«. Bei der Einstellung »stat« wird die gleichnamige Dateifunktion zur Überprüfung verwendet, ob sich die Log Message verändert hat und erneut eingelesen werden soll. Diese Einstellung wird bei großen Repositories nicht empfohlen. Die Voreinstellung ist »always«.
SystemAuth	Diese Einstellung wird in Zusammenarbeit mit der Zugriffsmethode pserver ausgewertet. Wenn der Wert auf »yes« gesetzt ist, wird ein gültiger System-Account zum Anmelden bei CVS akzeptiert. Wenn der Wert auf »no« gesetzt ist, dann muss der Benutzer zwingend in der CVS-eigenen **passwd**-Datei eingetragen sein. Die Voreinstellung ist »yes«.

TopLevelAdmin	Mit diesem Schlüsselwort legt man fest, ob CVS beim Checkout auf oberster Ebene ein Verzeichnis mit Verwaltungsinformationen (CVS-Verzeichnis) in der lokalen Arbeitskopie anlegen soll. Mögliche Werte sind »yes« und »no«, die Voreinstellung ist »no«.
UserAdminOptions	Hiermit wird bestimmt, welche Optionen ein CVS-Benutzer beim Befehl **admin** ausführen darf, wenn er nicht der Unix-Gruppe cvsadmin angehört. Wenn diese Gruppe nicht existiert, ist diese Einstellung gegenstandslos, da dann jeder Benutzer alle Optionen ausführen darf. Der an dieser Stelle anzugebende Wert ist ein String aus den aneinander gereihten einbuchstabigen Optionen. Die Voreinstellung ist »k«.

Um die Verwendung der Datei **config** zu verdeutlichen, ist hier eine Beispieldatei gezeigt:

```
# dies ist ein Kommentar
LockDir=/var/lock/cvs
LogHistory=TMAR
RereadLogAfterVerify=never
SystemAuth=no
TopLevelAdmin=no
UserAdminOptions=km
```

11.1.4 cvsignore

Die Datei **cvsignore** bestimmt Dateien, die nicht unter das Versionsmanagement von CVS gestellt werden sollen. Diese Dateien werden bei einem Import nicht ins Repository übernommen. Außerdem werden sie bei einem Update nicht als unbekannt markiert (CVS gibt bei unbekannten Dateien ein Fragezeichen aus).

Die Datei **cvsignore** ist zeilenweise aufgebaut, in jeder Zeile wird ein Dateimuster angegeben. Es dürfen Wildcards verwendet werden. Ein Beispiel:

```
*.class
*.exe
*.dll
notizen.txt
```

Im Gegensatz zu den lokalen Varianten von **cvsignore** wird diese serverseitige Version von WinCvs nicht bei der Anzeige von Dateien berücksichtigt; sie werden also nicht ausgeblendet wie bei der lokalen

Datei **.cvsignore**. Eine vollständige Besprechung aller Varianten von cvsignore befindet sich in Abschnitt 7.3, »Dateien ignorieren: cvsignore«.

11.1.5 cvswrappers

Mit Wrappern lassen sich die Aktualisierungs- und Schlüsselwortersetzungsmethode steuern (siehe Abschnitt 7.15 »Wrapper«). Die Datei **cvswrappers** erlaubt es, solche Wrapper global für alle Benutzer zu setzen. Bei der Definition der Wrapper ist die Angabe von Wildcards erlaubt. Jede Zeile der Datei enthält einen Eintrag. Es gibt zwei Optionen, die verwendet werden dürfen: −m und −k. Die Option −m setzt die Aktualisierungsmethode, −k setzt die Schlüsselwortersetzungsmethode. Eine Tabelle mit allen Optionswerten befindet sich im Abschnitt 11.2.4 ».cvswrappers«.

11.1.6 editinfo

Die Datei **editinfo** ist veraltet. Aus Gründen der Kompatibilität ist sie aber immer noch vorhanden.

11.1.7 history

Die Datei **history** speichert ein Protokoll der auf dem CVS-Server ablaufenden Aktivitäten. Sie unterscheidet sich in einigen Punkten von den anderen administrativen Dateien in CVSROOT. Zunächst sollte man diese Datei weder selbst bearbeiten – der Server schreibt hier hinein – noch sollte man sie direkt auslesen, dafür ist der gleichnamige Befehl **history** gedacht. Aus dem gleichen Grund sollte man sie auch nicht in die **checkoutlist** aufnehmen. Die Existenz der Datei entscheidet darüber, ob überhaupt protokolliert werden soll: Ist die Datei vorhanden, dann wird protokolliert, löscht man sie, so wird nicht protokolliert. Alle Benutzer sollten Schreibrechte auf die Datei besitzen, sonst kann es Probleme bei der Protokollierung geben.

11.1.8 loginfo

Die Datei **loginfo** besitzt das gleiche Format wie die Datei **commitinfo**. Im Gegensatz zur Datei **commitinfo** werden in **loginfo** Programme eingetragen, die die Log Message analysieren. Wird ein solches Programm mit einem Rückgabewert ungleich 0 beendet, so schlägt der Befehl **commit** fehl.

11.1.9 modules

Die Datei **modules** erlaubt die explizite Definition von Programmcodemodulen. Zwar wird von CVS jedes Top-Level-Verzeichnis implizit als Modul behandelt, jedoch stehen einige CVS-Funktionalitäten nur für Module bereit, die auch in der Datei **modules** eingetragen worden sind. Beispiele dafür sind der Modul-Browser in WinCvs und die Optionen –c und –s des Befehls **checkout**.

Die Datei **modules** ist zeilenweise aufgebaut, jede Zeile definiert ein Modul. In seiner einfachsten Form besteht ein solcher Eintrag aus dem Modulnamen gefolgt von dem Verzeichnis des Moduls. Das Verzeichnis wird relativ zur Wurzel des Repositories angegeben. Beispiele:

```
TextPrinter1 TextPrinter1
CVSROOT CVSROOT
modules CVSROOT/modules
```

Der Modulname muss natürlich nicht mit dem Verzeichnisnamen übereinstimmen. Neben diesen regulären Modulen können Aliase definiert werden und mehrere Module zu einem zusammengefasst werden. Aliase werden mit der Option –a angegeben, zusammengefasst werden Module mit dem Ampersand-Zeichen &:

```
TP -a TextPrinter1
TextPrinter &TextPrinter1 &TextPrinter2
```

Bei Alias-Modulen können einzelne Verzeichnisse aus dem referenzierten Modul ausgeschlossen werden. Dazu wird dem Verzeichnis ein Ausrufezeichen vorangestellt:

```
MyTextLib -a !TextLib/Formatter TextLib
```

Dies schließt das Verzeichnis **TextLib/Formatter** aus dem Modul TextLib aus.

Bei regulären und zusammengefassten Modulen können zusätzlich die in der nachfolgenden Tabelle aufgeführten Optionen angegeben werden. Mit vielen dieser Optionen wird ein externes Programm gestartet, das immer dann ausgeführt wird, wenn das angegebene Modul betroffen und die zugrunde liegende Aktion beendet worden ist. Bei Client-Server-Betrieb werden diese Programme auf dem Server ausgeführt, bei lokalem Betrieb werden sie lokal gestartet.

Option	Wert	Bedeutung
-d	Verzeichnis	Setzt ein von dem Modulnamen abweichendes Arbeitsverzeichnis für die lokale Arbeitskopie.
-i	Programm	Das angegebene Programm wird gestartet, nachdem der Befehl **commit** ausgeführt worden ist.
-e	Programm	Das angegebene Programm wird gestartet, nachdem der Befehl **export** ausgeführt worden ist.
-o	Programm	Das angegebene Programm wird gestartet, nachdem der Befehl **checkout** ausgeführt worden ist.
-s	Status	Dem Modul wird ein Status zugewiesen. Dies kann ein beliebiger Text sein. Er kann mit der Option –s des Befehls **checkout** abgefragt werden.
-t	Programm	Das angegebene Programm wird gestartet, nachdem der Befehl **rtag** (nicht **tag**!) ausgeführt worden ist.

11.1.10 notify

Die Datei **notify** wird benötigt, wenn die CVS-Funktionalität des überwachten Arbeitens verwendet werden soll (siehe Abschnitt 7.7, »Überwachtes Arbeiten«). Die Datei **notify** legt fest, wie die Benachrichtigungen versendet werden sollen. Das Format der Datei ist ähnlich der Datei **commitinfo**: Jede Zeile der Datei besteht aus einem regulären Ausdruck und einem Programm, das aufgerufen wird, wenn der reguläre Ausdruck auf einen Dateinamen passt. Statt eines regulären Ausdrucks können auch die Schlüsselwörter ALL und DEFAULT angegeben werden. Das Schlüsselwort ALL bedeutet, dass das angegebene Programm immer ausgeführt wird. Bei DEFAULT wird das zugehörige Programm ausgeführt, wenn sonst kein regulärer Ausdruck zutreffend ist. Die zugeordneten Programme werden in den allermeisten Fällen Mails versenden, allerdings sind auch andere Benachrichtigungsmethoden denkbar.

Der zu benachrichtigende Benutzer wird in der Variablen %s an das aufgerufene Programm übergeben. In vielen Fällen wird das normale Unix-Mail-Programm zur Benachrichtigung verwendet, die Datei **notify** sieht dann folgendermaßen aus:

```
ALL mail %s -s "CVS Benachrichtigung"
```

Damit werden die Mails allerdings nur an die lokalen Benutzer des CVS-Servers versandt. Um auch Mails an externe E-Mail-Adressen zu versenden, können in der administrativen Datei **users** (siehe Abschnitt 11.1.14, »users«) externe E-Mail-Adressen für die CVS-Benutzer angegeben werden.

11.1.11 passwd

Die Datei **passwd** enthält CVS-Benutzernamen und Passwörter, die zusammen mit der `pserver`-Zugriffsmethode verwendet werden. Die Datei bildet CVS-Benutzernamen auf System-Benutzer ab. Dabei ist es möglich, dass mehrere CVS-Benutzer einen System-Account verwenden. Den CVS-Benutzern werden Passwörter zugewiesen, die die gleiche Verschlüsselung verwenden wie die normale Systemauthentifizierung eines Unix-Systems. Es ist daher möglich, Passwörter aus **/etc/passwd** in die CVS-eigene **passwd**-Datei zu übernehmen. CVS bringt kein eigenes Werkzeug zur Verschlüsselung mit, man kann hier aber auf externe Werkzeuge ausweichen, da eine Standard DES-Verschlüsselung verwendet wird (siehe Anhang D).

Die Datei **passwd** ist zeilenweise aufgebaut. Jede Zeile definiert einen CVS-Benutzer. Die einzelnen Einträge einer Zeile werden durch Doppelpunkte voneinander abgetrennt. Der erste Eintrag einer Zeile enthält den CVS-Benutzernamen. Der zweite Eintrag ist das verschlüsselte Passwort des Benutzers. Der dritte Eintrag enthält den System-Benutzernamen. Dieser Eintrag kann weggelassen werden, wenn er mit dem ersten Eintrag übereinstimmt. Ein **passwd**-Datei könnte also folgendermaßen aussehen:

```
frank:7OowdHFcE:frank
elke:7aWwX4d81Q1ao
```

Ist die Datei **passwd** nicht vorhanden oder ist ein Benutzer in der Datei **passwd** nicht eingetragen, so versucht CVS in seiner Standardeinstellung, den Benutzer mit dem normalen System-Account zu authentifizieren. Man kann dieses Verhalten durch die Einstellung `SystemAuth` in der Datei **config** abschalten.

Aus Sicherheitsgründen sollte die Datei **passwd** nur direkt auf dem Server bearbeitet werden und nicht in die **checkoutlist** eingetragen werden. Anderenfalls könnten die Passwörter von allen CVS-Benutzern verändert werden!

11.1.12 rcsinfo

Die Datei **rcsinfo** definiert Formulare, die bei der Eingabe einer Log Message ausgefüllt werden sollen. Die Datei hat ein Format ähnlich der Datei **commitinfo**, allerdings wird statt eines auszuführenden Programms eine Datei mit einer Formatvorlage angegeben. Ein Beispiel:

```
DEFAULT /usr/cvs/cvsform.txt
```

Das Formular wird in den Editor übernommen, mit dem die Log Message eingegeben wird. In WinCvs kann man den Inhalt des Formulars in das Commit-Dialogfeld übernehmen, indem man auf die Schaltfläche »Template« des Commit-Dialogfelds klickt. Keine Wirkung hat das Formular, wenn man die Option –m des Befehls **commit** zur Eingabe der Log Message verwendet.

11.1.13 taginfo

Die Datei **taginfo** legt Programme fest, die aufgerufen werden, wenn ein CVS-Benutzer die Befehle **tag** oder **rtag** ausführt. Das Format der Datei gleicht der Datei **commitinfo**; jede Zeile enthält einen regulären Ausdruck gefolgt von der Angabe des auszuführenden Programms. Ein Beispiel:

```
ALL /usr/cvs/tagworks.pl
```

11.1.14 users

Die Datei **users** verknüpft CVS-Benutzernamen mit deren E-Mail-Adressen. Dies ist wichtig, wenn beim überwachten Arbeiten Benachrichtigungen an die Benutzer versendet werden sollen. Die Datei hat einen zeilenweisen Aufbau. In jeder Zeile wird die E-Mail-Adresse eines CVS-Benutzers definiert. Der erste Eintrag jeder Zeile ist der CVS-Benutzername. Dieser ist so anzugeben, wie er als erster Eintrag in der entsprechenden Zeile der Datei **passwd** angegeben worden ist. Durch einen Doppelpunkt abgetrennt, wird danach die E-Mail-Adresse des Benutzers aufgeführt. Wenn die Adresse Leerzeichen enthält, so muss sie in Anführungszeichen gesetzt werden. Ein Beispiel:

```
jim:"<James T. Kirk>kirk@enterprise.starfleet.space"
elke:elke@developer.com
```

Die Datei **users** ist nicht impliziter Bestandteil der **checkoutlist**, sie muss dort eingetragen werden, wenn sie verwendet wird.

11.1.15 val-tags

Diese Datei wird von CVS für interne Zwecke verwendet. Es kann zu Problemen kommen, wenn nicht alle CVS-Benutzer Schreibrechte auf der Datei besitzen. Da die Datei **val-tags** nur intern von CVS verwendet wird, ist es nicht sinnvoll, sie in der Datei **checkoutlist** einzutragen.

11.1.16 verifymsg

Die Datei **verifymsg** dient der Überprüfung der Log Message. Sie kann beispielsweise in Kombination mit der Datei **rcsinfo** verwendet werden, um zu bestimmen, ob alle dort angefragten Informationen eingetragen worden sind. Die Datei hat das gleiche Format wie die Datei **commitinfo**; jede Zeile besteht aus einem regulären Ausdruck gefolgt von dem jeweils auszuführenden Programm. Im Gegensatz zu **commitinfo** ist allerdings der Ausdruck ALL nicht erlaubt, nur DEFAULT wird ausgewertet. Liefert das aufgerufene Programm einen Wert ungleich 0 zurück, dann wird das zugehörige **commit** abgebrochen. Die Log Message darf innerhalb des Programms verändert werden, wenn die Einstellung RereadLogAfterVerify in der Datei **config** auf »always« oder auf »stat« gesetzt ist. Ein Beispiel:

```
DEFAULT /usr/cvs/verfy.pl
```

11.2 Lokale Dateien

Die CVS-Clients werten eine Reihe von lokalen Konfigurationsdateien aus. Diese Dateien beginnen alle mit einem Punkt und sind daher auf Unix-Systemen bei einem einfachen Directory-Listing unsichtbar. Sie werden von CVS im Home-Verzeichnis erwartet. Auf Unix-Systemen wird dieses Verzeichnis durch die Umgebungsvariable $HOME bestimmt, die meist bereits gesetzt ist. Auf Windows-Systemen ergibt sich das Home-Verzeichnis aus der Kombination der beiden Umgebungsvariablen %HOMEDRIVE% und %HOMEPATH%, die normalerweise nicht gesetzt sind und daher vom CVS-Benutzer in seinen Windows-Einstellungen gesetzt werden sollten (der Abschnitt 7.8 »Umgebungsvariablen« zeigt wie es geht).

11.2.1 .cvsignore

Die Datei **.cvsignore** bestimmt, welche Dateien bei einem Import nicht mit ins Repository übernommen und damit nicht unter das Versionsmanagement von CVS gestellt werden sollen. Diese Dateien werden außerdem bei einem Update nicht als unbekannt markiert (CVS gibt bei unbekannten Dateien ein Fragezeichen aus). In WinCvs werden ignorierte Dateien entweder ausgeblendet oder mit einem besonderen Symbol angezeigt.

Die Datei **.cvsignore** tritt in zwei Varianten auf: Einerseits als Datei im lokalen Home-Verzeichnis, andererseits darf eine solche Datei auch in einem Verzeichnis innerhalb der lokalen Arbeitskopie liegen. In diesem Fall ist sie nur für dieses eine Verzeichnis gültig und sollte auch mit in das Repository übernommen werden. Eine solche lokale **.cvsignore**-Datei ist nur sinnvoll, wenn die Dateien eines bestimmten Verzeichnisses anders behandelt werden sollen als normalerweise.

Die Datei ist zeilenweise aufgebaut, in jeder Zeile wird ein Dateimuster angegeben. Es dürfen Wildcards verwendet werden. Beispiel:

```
*.class
*.exe
*.dll
notizen.txt
```

11.2.2 .cvspass

Die Datei **.cvspass** verwendet CVS, um darin die CVSROOT und das Passwort bei einem Login mittels der Zugriffsmethode pserver abzulegen. Das Passwort wird zwar verschlüsselt, jedoch ist diese Verschlüsselung trivial und nicht sicher. Sie schützt lediglich gegen unabsichtliches Ansehen des Passworts durch einen Systemadministrator. Diese Datei sollte normalerweise nicht durch den CVS-Benutzer bearbeitet werden.

11.2.3 .cvsrc

Mit der Datei **.cvsrc** kann man CVS Voreinstellungen mitgeben, welche Optionen es implizit bei der Befehlsausführung mit angeben soll. Das kann beispielsweise sinnvoll sein, wenn einem das voreingestellte Diff-Format nicht zusagt, oder wenn man dem Befehl **update** immer mitgeben möchte, dass neue Verzeichnisse mit ausgecheckt werden sollen. In jeder Zeile der Datei **.cvsrc** werden die Optionen für einen Befehl festgelegt:

```
update -Pd
diff -u
rdiff -u
```

In diesem Beispiel werden die Befehle **diff** und **rdiff** immer mit dem Unidiff-Format ausgeführt. Der Befehl **update** wird implizit mit den Optionen –P und –d aufgerufen, löscht also leere Verzeichnisse und checkt neue Verzeichnisse aus. Möchte man die Voreinstellung aus **.cvsrc** aus einem bestimmten Grund während der Befehlsausführung nicht gesetzt haben, so kann man die globale Befehlsoption –f verwenden: Die Datei **.cvsrc** wird dann einfach nicht eingelesen:

```
cvs -f update
```

11.2.4 .cvswrappers

Mit Wrappern lassen sich die Aktualisierungs- und Schlüsselwortersetzungsmethode steuern (siehe Abschnitt 7.15, »Wrapper«). Die Datei **.cvswrappers** erlaubt es, solche Wrapper lokal für einen Benutzer zu setzen. Bei der Definition der Wrapper ist die Angabe von Wildcards erlaubt. Jede Zeile der Datei enthält einen Eintrag. Es gibt zwei Optionen, die verwendet werden dürfen: –m und –k. Die Option –m setzt die Aktualisierungsmethode, –k setzt die Schlüsselwortersetzungsmethode. Die nachfolgende Tabelle zeigt alle möglichen Optionswerte.

Option	Wert	Bedeutung
-m	COPY	Eine Zusammenführung von Dateien wird nicht versucht, die Datei wird immer kopiert. Dies ist die Voreinstellung bei Binärdateien.
-m	MERGE	Es wird eine zeilenweise Zusammenführung der Dateien versucht. Dies ist die Voreinstellung bei Textdateien.
-k	kv	Normale Schlüsselwortersetzung. Dies ist die Voreinstellung. Die Option ist nur sinnvoll, um eine andere Einstellung zurückzusetzen.
-k	kvl	Bei gesperrten Dateien (siehe 7.17.1, »Das Sperren von Dateien«) wird immer der CVS-Benutzer eingetragen, der die Datei gesperrt hat.
-k	k	Ersetzt das Schlüsselwort durch sich selbst und »verschluckt« dabei den Wert. Aus $Revision 1.17$ wird damit $Revision$. Dies ist wichtig, wenn man Vorlagen (Templates) für andere Dateien mit CVS verwaltet.
-k	o	Schaltet die Schlüsselwortersetzung komplett ab. Die Datei wird aber weiterhin als Textdatei behandelt.
-k	b	Schaltet die Schlüsselwortersetzung und die automatische Zusammenführung von Dateien (Merging) ab. Die Datei wird als Binärdatei behandelt.
-k	v	Die Option sorgt dafür, dass das Schlüsselwort durch seinen Wert ersetzt wird, also beispielsweise $Revision$ durch 1.2. Damit sind dann natürlich keine nachfolgenden Ersetzungen mehr möglich, da das Schlüsselwort nicht mehr vorhanden ist!

Ein Beispiel:

```
*.gif -k b
*.jpeg -k b
*.text -m COPY -k kv
```

Diese Datei bestimmt, dass alle Dateien, die auf »gif« oder »jpeg« enden, als Binärdateien behandelt werden sollen. Dateien, die auf »text« enden, sollen mit der normalen Schlüsselwortersetzung arbeiten. Bei diesen Dateien wird kein Merge ausgeführt, sondern sie werden in die lokale Arbeitskopie kopiert.

12 Umgebungsvariablen

Dieses Referenzkapitel führt alle von CVS ausgewerteten Umgebungsvariablen auf.

Die Kommandozeilen-Clients und auch die CVS-Server werten eine Reihe von Umgebungsvariablen aus, mit denen Einstellungen und Verhalten von CVS gesetzt werden können. Bei den GUI-Clients ist das Setzen von Umgebungsvariablen hingen meist nicht sinnvoll, da alle Einstellungen über die Oberfläche des Programms vorgenommen werden. Die Umgebungsvariablen werden unter Unix normalerweise als `$VARIABLE` angesprochen, unter Windows dagegen als `%VARIABLE%`.

12.1 COMSPEC

Diese Variable wird nur auf OS/2 verwendet. Sie besagt, welcher Kommandoprozessor verwendet wird. Die Voreinstellung ist **CMD.EXE**.

12.2 CVS_CLIENT_LOG

Diese Variable ist nur zu Debugging-Zwecken im Client-Server-Betrieb vorhanden. Setzt man sie beispielsweise auf den Wert »debug«, so wird die Kommunikation zwischen Client und Server in den Dateien **debug.in** und **debug.out** protokolliert.

12.3 CVS_CLIENT_PORT

Diese Variable wird im Client-Server-Betrieb verwendet, um den Port des Clients setzen zu können. Dies wirkt sich bei den Zugriffsmethoden `pserver`, `gssapi` und `kerberos` aus. Der Standart-Port bei `pserver` ist 2401. Die Variable muss nur gesetzt werden, wenn ein abweichender Port verwendet werden soll, und der Port nicht in der CVSROOT angegeben worden ist.

12.4 CVSEDITOR

Diese Variable bestimmt, welchen Editor CVS aufrufen soll, wenn beim Befehl **commit** die Option –m nicht angegeben worden ist. Die Variable hat Vorrang vor den ebenfalls zu diesem Zweck ausgewerteten Variablen `EDITOR` und `VISUAL`. Ist keine der drei Variablen gesetzt, so verwendet CVS den Editor vi auf Unix und Notepad auf Windows.

Möchte man einen Editor speziell für CVS setzen, so ist diese Variable vor den anderen beiden zu bevorzugen, da diese beiden auch von anderen Programmen ausgewertet werden.

12.5 CVSIGNORE

Dieser Variable entnimmt CVS eine Liste von Dateimustern (Dateinamen, die Wildcards enthalten), die es beim Import in das Repository ignorieren soll. Die Umgebungsvariable hat die gleiche Wirkungsweise wie Dateien **.cvsignore** im lokalen Home-Verzeichnis und **cvsignore** in den administrativen Dateien in CVSROOT. Mehrere Einträge müssen durch Leerzeichen getrennt werden.

12.6 CVS_IGNORE_REMOTE_ROOT

Diese Variable ist veraltet und wird nicht mehr ausgewertet.

12.7 CVS_LOCAL_BRANCH_NUM

Diese Variable setzt die Nummer, mit der die Revision einer Verzweigung gekennzeichnet wird. Setzt man die Variable beispielsweise auf 100, so wird eine Verzweigung mit x.x.100.x benannt. Dies dient der Zusammenarbeit mit dem externen Programm CVSup und soll dabei Konflikte vermeiden. Diese Variable wird erst von den 1.12.x-Versionen von CVS ausgewertet.

12.8 CVS_PASSFILE

In der Betriebsart `pserver` kann man auf dem Client vorgeben, wo das CVS-Passwort abgelegt werden soll. Die Standardvoreinstellung hierfür ist die Datei **.cvspass** im Home-Verzeichnis des Benutzers.

12.9 CVS_PID

In dieser Variablen legt CVS seine Prozess-ID, die PID ab. Im Gegensatz zu den anderen Variablen wird diese also von CVS gesetzt. Die PID kann nützlich sein, wenn man CVS aus eigenen Skripten heraus aufruft.

12.10 CVS_RCMD_PORT

Diese Variable wird im Client-Server-Betrieb verwendet. Sie setzt den Port, der verwendet werden soll, wenn man den RCMD-Daemon auf dem Server anspricht. Auf dem Unix-Client wird diese Variable derzeit nicht verwendet.

12.11 CVSREAD

Wenn diese Variable gesetzt wird, dann legen die Befehle **update** und **checkout** alle Dateien mit Schreibschutz an. Wenn die Variable nicht gesetzt ist, werden die Dateien ohne Schreibschutz angelegt.

12.12 CVSREADONLYFS

Diese Variable sollte gesetzt werden, wenn sich das Repository auf einem Medium befindet, das keine Schreibzugriffe zulässt (wie beispielsweise eine CD-ROM) oder bei dem der gleichzeitige schreibende Zugriff mehrerer Benutzer unsicher wäre (wie beispielsweise NFS). Diese Variable wird erst von den 1.12.x-Versionen von CVS ausgewertet.

12.13 CVSROOT

Diese Variable enthält den Pfad zum Repository. Weiterhin kann hier auch die Zugriffsmethode und im Falle von Client-Server-Betrieb der Servername angegeben werden. Auch der CVS-Benutzername und eine Portnummer bei Verwendung der Zugriffsmethode pserver können eingetragen werden. Drei Beispiele:

```
:local:/var/lib/cvs
:pserver:tom@cvsserver.devel.com:2401/data/cvsroot
:ext:spock@cvs.vulkan.space:/shared/logic
```

12.14 CVS_RSH

Diese Variable enthält den Namen des Programms, das die Verbindung bei der Zugriffsmethode ext herstellt. Voreingestellt ist das Programm rsh, sichererer und moderner ist jedoch ssh.

12.15 CVS_SERVER

Diese Variable wird im Client-Server-Betrieb ausgewertet. Sie enthält das Programm, das auf dem Server ausgeführt werden soll, um die Anfrage zu bearbeiten. Die Voreinstellung hier ist cvs.

12.16 CVS_SERVER_SLEEP

Diese Variable wird nur zu Debugging-Zwecken benötigt. Sie verzögert den Start des Serverprozesses um die angegebene Anzahl von Sekunden, damit ein Debugger gestartet werden kann.

12.17 CVSUMASK

Diese Variable setzt die Zugriffsrechte für das Repository. Dies funktioniert allerdings nur im lokalen Betrieb auf Unix-Systemen und nicht im Client-Server-Betrieb.

12.18 CVSWRAPPERS

Diese Variable enthält eine Liste von Wrappern, die CVS auswerten soll. Die einzelnen Wrapper müssen durch Leerzeichen getrennt werden. Zu der Funktion von Wrappern siehe Abschnitt 7.15, »Wrapper«.

12.19 EDITOR

Diese Variable bestimmt genau wie die Variable CVSEDITOR den Editor, den CVS zur Eingabe von Log Messages bei der Ausführung des Befehls **commit** aufrufen soll. Im Gegensatz zu CVSEDITOR ist die Variable EDITOR jedoch nicht spezifisch für CVS. Weiterhin besitzt sie eine geringere Priorität, d.h., wenn CVSEDITOR gesetzt ist, hat diese Variable keine Funktion mehr.

12.20 HOME

Auf Unix-Systemen enthält diese Variable das Home-Verzeichnis des Benutzers. Hier werden die privaten CVS-Dateien (**.cvspass**, **.cvsignore** und **.cvswrappers**) des Benutzers abgelegt und ausgelesen.

12.21 HOMEDRIVE

Auf Windows-Systemen gibt diese Variable das Laufwerk an, auf dem die privaten CVS-Dateien (**.cvspass**, **.cvsignore** und **.cvswrappers**) des Benutzers abgelegt und ausgelesen werden. Sie arbeitet in Kombination mit der Variablen HOMEPATH. Die Variable sollte den Laufwerksbuchstaben und einen Doppelpunkt enthalten, nicht jedoch einen Backslash. Beispiel:

```
c:
```

12.22 HOMEPATH

Auf Windows-Systemen gibt diese Variable den Pfad an, unter dem CVS die privaten Dateien des Benutzers (**.cvspass**, **.cvsignore** und **.cvswrappers**) ablegen und auslesen soll. Die Variable arbeitet in Kombination mit der Variablen HOMEDRIVE. Sie sollte mit einem Backslash beginnen. Beispiel:

`\Dokumente und Einstellungen\Tom\Eigene Dateien`

12.23 PATH

Diese Variable ist veraltet und wird nicht mehr verwendet.

12.24 TEMP

Diese Variable gibt an, in welchem Verzeichnis temporäre Dateien gespeichert werden sollen.

12.25 TMP

Auf Windows gibt diese Variable an, in welchem Verzeichnis CVS temporäre Dateien speichern soll.

12.26 TMPDIR

Diese Variable gibt ein Verzeichnis an, in dem der CVS-Server temporäre Dateien speichert.

12.27 VISUAL

Diese Variable bestimmt genau wie die Variable CVSEDITOR den Editor, den CVS zur Eingabe von Log Messages bei der Ausführung des Befehls **commit** aufrufen soll. Im Gegensatz zu CVSEDITOR ist die Variable VISUAL jedoch nicht spezifisch für CVS. Weiterhin besitzt sie eine geringere Priorität, d.h., wenn CVSEDITOR gesetzt ist, hat diese Variable keine Funktion mehr.

A Schnellanleitung zum Aufsetzen eines CVS-Servers

Nicht jeder Leser hat bereits einen CVS-Server, mit dem er experimentieren kann. Dieser Anhang zeigt die beiden Möglichkeiten, einen CVS-Server entweder durch ein lokales Verzeichnis zu simulieren oder sich selbst einen Server aufzusetzen.

A.1 Einen CVS-Server durch ein lokales Verzeichnis simulieren

Für erste eigene Experimente ist es am einfachsten, die Zugriffsvariante `local` zu verwenden, statt einen eigenen Server aufzusetzen. Solange man allein mit CVS arbeitet, ergeben sich dadurch keine Nachteile gegenüber einem »echten« CVS-Server. Dass die Zugriffsvariante `local` überhaupt funktioniert, liegt daran, dass bei CVS nie eindeutig zwischen Client und Server getrennt worden ist. So enthalten die meisten CVS-Clients auch den vollständigen Servercode. Auf Unix-Systemen dient das gleiche Executable als Client und Server!

Als ersten Schritt zur Verwendung der Zugriffsvariante `local` muss ein Verzeichnis für das Repository angelegt werden, beispielsweise `c:\cvsdata`. Dann muss das Repository initialisiert werden. Dazu dient der Befehl **init**. Bei Aufruf von **init** muss entweder die Umgebungsvariable `CVSROOT` auf `:local:c:/cvsroot` gesetzt sein oder man gibt die CVSROOT beim Aufruf mit an:

Das Repository anlegen und initialisieren

```
cvs -d :local:c:/cvsroot init
```

Innerhalb des Verzeichnisses **cvsroot** hat CVS ein weiteres Verzeichnis mit dem Namen **CVSROOT** angelegt. Darin befinden sich eine Reihe von Dateien mit den Verwaltungsinformationen des Repositories. Damit ist das Repository initialisiert und man kann es verwenden!

Man kann das Repository auch von WinCvs aus initialisieren. Dazu ruft man aus dem Menü **Create · Create a new repository...** auf. Man wechselt in dem erscheinenden Dialogfeld auf den Reiter »General« und gibt dort die Daten zur CVSROOT ein. Dies zeigt Abbildung A.1:

Initialisierung mit WinCvs

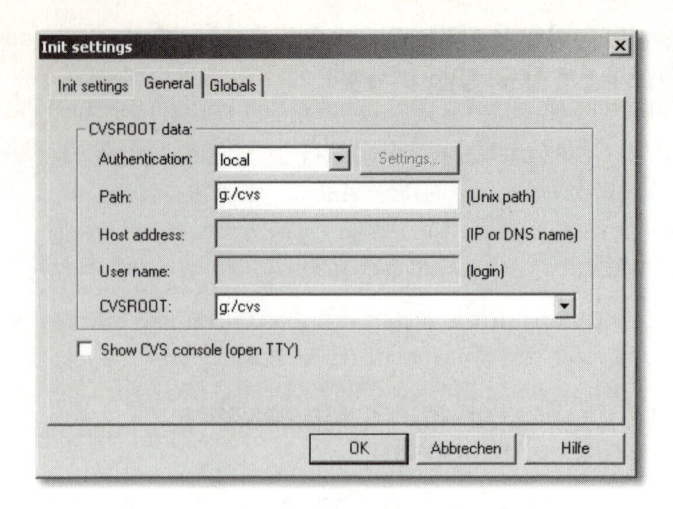

Abbildung A.1 Verwendung eines lokalen Verzeichnisses als Repository

Nach der Bestätigung des Dialogfelds mit »OK« wird das Repository initialisiert.

A.2 Einen CVS-Server auf Unix aufsetzen

Statt die Zugriffsvariante local zu verwenden, kann man sich auch einen eigenen Server für CVS aufsetzen. Dies ist insbesondere dann interessant, wenn der Server von mehr als einer Person verwendet werden soll und nicht nur zu Testzwecken dient.

<small>Die Hardware-Anforderungen sind gering</small>

Das normale CVS-Paket ist nur für Unix-Systeme geeignet. Um einen CVS-Server aufzusetzen, benötigt man folglich ein unter einer Unix-Variante laufendes System (wer einen CVS-Server unter Windows aufsetzen möchte, der sollte sich das CVSNT-Projekt ansehen, es ist in Anhang D aufgeführt). Die Hardware-Anforderungen an einen CVS-Server sind gering. Man benötigt nur wenige Megabytes an Hauptspeicher und den Plattenplatz für das Repository. Ein alter ausgemusterter Rechner kann daher einfach mit einem Linux-System versehen werden und als CVS-Server dienen.

<small>Ist CVS bereits installiert?</small>

Hat man ein Linux- (oder anderes Unix-) System installiert, so sollte man zunächst prüfen, ob CVS gleich mit installiert worden ist. Bei vielen Linux-Distributionen ist das der Fall, wenn man die Entwicklerpakete installiert. Ein Aufruf von

```
cvs --help
```

in einer Shell gibt Auskunft. Sollte CVS noch nicht installiert sein, dann bietet es sich an, das Programm über die systemeigene Paketverwaltung zu installieren. Meist wird CVS dabei gleich konfiguriert und das Repository wird eingerichtet. Auf einem Debian-Linux installiert man CVS durch den Aufruf:

apt-get auf Debian-Linux

```
apt-get install cvs
```

Sollte man kein CVS-Paket für das eigene Unix-System bekommen können, so lässt sich CVS natürlich auch selbst übersetzen und einrichten. Dazu besorgt man sich den Sourcecode (siehe Anhang D), entpackt diesen in ein Verzeichnis und führt das übliche Dreigespann zur Übersetzung von Sourcecode unter Unix aus: ./configure, make und make install.

CVS selbst übersetzen

Wird der CVS-Server nur im lokalen Netzwerk verwendet und dieses durch einen NAT-Router oder eine Firewall vom Internet geschützt, so kann man bedenkenlos die Zugriffsvariante pserver einsetzen. Besteht hingegen ein offener Zugang zum Internet, dann ist dies nicht ratsam, denn damit besteht ein freier Zugang zum CVS-Executable auf Port 2401. Über mögliche Sicherheitslücken in CVS kann dann das gesamte System angegriffen werden. Vom Internet aus erreichbare CVS-Server werden daher meist über SSH oder ein VPN (Virtual Private Network) abgesichert.

Möchte man die Zugriffsmethode pserver verwenden, dann müssen die Zugriffe auf Port 2401 auf das CVS-Executable geleitet werden. Dies geschieht unter Linux durch einen Eintrag in der Datei **inetd.conf**. Dieser könnte beispielsweise folgendermaßen aussehen (in einer Zeile):

inetd.conf

```
cvspserver stream tcp nowait root /usr/sbin/tcpd
   /usr/sbin/cvs-pserver
```

wobei cvspserver in der Datei **services** auf Port 2401 gesetzt wird. Viele Paketverwaltungswerkzeuge nehmen den Eintrag in **inetd.conf** – eventuell nach Bestätigung durch den Benutzer – selbstständig vor, so dass man zunächst prüfen sollte, ob der Eintrag bereits vorhanden ist. Falls der Eintrag noch nicht vorhanden ist und man die Zugriffsvariante pserver verwenden möchte, fügt man den Eintrag selbst hinzu.

Als Nächstes ist das Repository einzurichten. Hierzu legt man ein Verzeichnis an, beispielsweise **/var/lib/cvs**. Nun ruft man CVS mit dem Befehl **init** auf:

Das Repository initialisieren

```
cvs -d /var/lib/cvs init
```

Einen CVS-Server auf Unix aufsetzen **291**

Damit ist der CVS-Server grundsätzlich eingerichtet und kann verwendet werden! Weitere Einstellungen können über die Dateien der CVS-ROOT vorgenommen werden, dies ist ausführlich in Kapitel 8 beschrieben. Damit der Server verwendet werden kann, muss allerdings mindestens ein System-Account bestehen, mit dem auf CVS zugegriffen werden darf. Eventuell sollte hierfür ein eigener Account angelegt werden, keinesfalls sollte man mit dem Root-Benutzer arbeiten!

A.3 Die Beispiele installieren

Wer das in Kapitel 5 beschriebene Beispiel nachvollziehen und nicht mit einem leeren Repository starten möchte, der kann sich die Beispieldateien aus dem Internet herunterladen (siehe Anhang D) und im Repository platzieren. Folgende Beispiele sind verfügbar:

TextPrinter1.zip (oder **TextPrinter1.tgz**) enthält den Stand des Beispiels TextPrinter1 zu Beginn von Kapitel 5. Somit lässt sich nach Installation dieser Beispieldatei die Sitzung »Ein erster Test« direkt durchführen.

TextPrinter2.zip (oder **TextPrinter2.tgz**) enthält den Stand des Beispiels am Ende von Kapitel 5. Hiermit lässt sich beispielsweise noch mal der Befehl **log** testen, um den Fortschritt zwischen den Revisionen zu erforschen oder sich Unterschiede zwischen einzelnen Revisionen anzeigen zu lassen. Dieses Modul wurde TextPrinter2 genannt, um es gleichzeitig mit dem ersten Beispiel installieren zu können. Es spiegelt einfach einen späteren Zustand des ersten Beispiels wider.

Um die Beispiele im Repository zu installieren, packt man sie direkt in dessen Hauptverzeichnis aus. Dies ist ein für einen CVS-Server ungewöhnlicher Vorgang, den man im normalen Betrieb nicht – oder höchstens zum Einspielen eines Backups – durchführen würde. Es ist allerdings die einzige Möglichkeit, ein Beispiel zu liefern, das bereits die Dateien eines Moduls in mehreren Revisionen mit samt allen Log Messages enthält. Besitzt man einen CVS-Server unter Unix, so kopiert man zunächst die Beispieldatei **TextPrinter1.tgz** in das Hauptverzeichnis des Repositories. Nun entpackt man die Datei mit dem Befehl tar:

```
tar -xzf TextPrinter1.tgz
```

Die Zugriffsrechte prüfen! Anschließend kann man die Beispieldatei löschen. Im Repository befindet sich nun das Modul TextPrinter1. Mit der Datei **TextPrinter2.tgz** verfährt man genauso. Nachdem man die Dateien entpackt hat, sollte man die Zugriffsrechte der Dateien prüfen. Allen CVS-Benutzern muss lesender und schreibender Zugriff auf die Dateien gestattet sein.

Bei der Verwendung eines lokalen Verzeichnisses als Repository unter Windows, kann man statt der komprimierten tar-Dateien auch die bereitgestellten Zip-Dateien verwenden. Man entpackt diese in das Verzeichnis, das als Repository dient.

Für Windows gibt es Zip-Dateien

Um zu testen, ob die Installation funktioniert hat, kann man versuchen, das Beispiel auszuchecken. Auf dem Client gibt man ein:

```
cvs checkout TextPrinter1
```

Unter der Voraussetzung, dass die CVSROOT richtig gesetzt ist, sollte folgende Ausgabe erfolgen:

```
cvs server: Updating TextPrinter1
U TextPrinter1/TextPrinter.java
U TextPrinter1/text.txt
```

Damit ist das Beispiel erfolgreich installiert!

B CVS-Leitfaden für Projektleiter

Dieser Anhang soll einem Projektleiter ein paar Gedanken an die Hand geben, wie er eine möglichst reibungslose Versionsverwaltung mit CVS in einem Entwicklerteam gestalten kann.

Dem Projektleiter kommt genau wie bei der Softwareentwicklung selbst auch beim Versionsmanagement eine besondere Rolle zu. Einerseits bietet es sich an, dass der Projektleiter die Verwaltung von Versionen, Tags und Verzeigungen im CVS übernimmt. Diese Aufgabe kann er allerdings auch an eines seiner Projektmitglieder delegieren. Was dazu zu tun ist, wurde in diesem Buch beschrieben. Andererseits nimmt der Projektleiter die Rolle eines Dirigenten im Orchester der CVS-Nutzer an. Der Projektleiter gibt die Rahmenbedingungen vor, unter denen eine möglichst reibungslose Entwicklung abläuft. Das gilt auch für die Verwendung des CVS, da hier klare Rahmenbedingungen die Zusammenarbeit vereinfachen können.

Erst einmal sollte der Projektleiter dafür Sorge tragen, dass alle Projektmitglieder das Konzept des Versionsmanagements mit CVS verstanden haben. Dazu gehören der Entwicklungszyklus mit CVS und die grundlegenden Operationen. Zum Verständnis dieser Dinge kann beispielsweise das vorliegende Buch dienen. Daneben sollten die Projektmitglieder mit einem CVS-Client ausgestattet sein, dessen Bedienung sie beherrschen. Obwohl aus technischer Sicht nicht erforderlich, kann es helfen, wenn alle Projektmitglieder das gleiche Client-Programm verwenden. Einerseits ist dann die Systemadministration einfacher und andererseits können sich Projektmitglieder bei Problemen gegenseitig helfen.

Sind diese Grundvoraussetzungen gegeben, so sollte der Projektleiter klare und einfache Regeln aufstellen, die beschreiben, was in das CVS eingecheckt werden darf und was nicht. Eventuell sind manchmal auch Regeln über den Zeitpunkt des Eincheckens sinnvoll. Beispiele für solche Regeln können sein:

Der Projektleiter sollte Regeln aufstellen

- ▶ Nur übersetzbarer (compilierbarer) Sourcecode darf eingecheckt werden.
- ▶ Die grundlegende Lauffähigkeit des Programms sollte erhalten bleiben, so dass keiner der anderen Entwickler bei seinen Tests behindert wird.

- Die Teammitglieder sollten ihre Änderungen in regelmäßigen Abständen einchecken. Je länger mit dem Einchecken gewartet wird, desto mehr Konflikte sind zu erwarten.
- Bei problematischen Mitarbeitern (siehe unten) kann es sinnvoll sein, sie vom Einchecken vor Feierabend abzuhalten. Auftretende Fehler treffen sonst meist andere Kollegen am nächsten Morgen.
- Zu bestimmten Zeitpunkten kann es sinnvoll sein, kurzfristig keine Änderungen in das CVS zu übernehmen, beispielsweise weil eine Präsentation der aktuellen Version ansteht und man dafür keine eigene Verzweigung einführen möchte.

Ein Projektmitglied sollte die CVS-Verwaltung übernehmen

Die administrativen Aufgaben wie die Verwaltung von Tags und Verzweigungen sollten auf eine oder zwei Personen (Vertreter) beschränkt werden. Damit soll gewährleistet werden, dass kein Wildwuchs aus verschiedenen Entwicklungszweigen und Releaseständen entsteht, der voll von Redundanzen und schwer zu durchschauen ist. Oft übernimmt der Projektleiter diese Aufgaben oder ein für Auslieferung oder Deployment der Software zuständiges Projektmitglied. Den Teammitgliedern sollte bekannt sein, wer diese Aufgaben verrichtet und dafür verantwortlich zeichnet. Daneben sollte ein Ansprechpartner bei Problemen mit dem CVS-Server selbst bereit stehen. Dieser ist oft Teil der Systemadministration und nicht der Entwicklung.

Kommunikation im Team ist wichtig

Wichtig bei der Softwareentwicklung im Team ist die Kommunikation der Teammitglieder untereinander. Wenn die Aufgaben im Team eindeutig verteilt sind, wird es kaum zu Konflikten kommen. Natürlich gibt es immer wieder den Fall, dass eine zentrale Datei im Projekt verändert werden muss. Hier ist es sinnvoll, die Änderung im Vorfeld mit den anderen Teammitgliedern zu besprechen, so dass ein Konflikt vermieden wird. Die Kommunikationsmedien können sich von Projekt zu Projekt stark unterscheiden. Läuft man in einem kleinen Entwicklungsbüro schnell zu seinem Kollegen im Nachbarzimmer hinüber, so ist bei verteilten Entwicklungsteams oft E-Mail eine gute Wahl. Einige Teams nutzen auch erfolgreich CVS-Watches als Kommunikationsmittel. CVS lässt sich einfach über das Internet einsetzen, so dass weltweit verteilte Entwicklerteams nichts ungewöhnliches mehr sind. Bei Open Source-Projekten ist dies sogar der Normalfall. Wichtig ist nicht, wie kommuniziert wird, wichtig ist nur, dass kommuniziert wird.

Murphys Law

Trotz aller Regeln und aller Kommunikation wird – nach Murphy – jedoch immer wieder einmal der Fall eintreten, dass es Probleme mit CVS gibt. Dabei sind es oft nicht die einfachen Konflikte, die Probleme verursachen, sondern Fälle, in denen Änderungen nur unvollständig oder mit Fehlern eingecheckt worden sind. Die Folge ist oft, dass sich das Gesamtsystem nicht mehr übersetzen oder nicht mehr testen lässt und damit andere Teammitglieder in ihrer Arbeit stark behindert werden. Besonders ärgerlich ist dies, wenn der verantwortliche Mitarbeiter nicht zugegen ist, um den Fehler schnell beseitigen zu können.

Die Erfahrung des Autors zeigt, dass es in Entwicklungsprojekten manchmal Mitarbeiter gibt, die öfter fehlerhaften Sourcecode einchecken, während dies bei anderen Teammitgliedern sehr selten passiert. Als Erstes sollte der Projektleiter ein Problembewusstsein des Mitarbeiters für solche Fehlerfälle schaffen. Hilft dies nichts, so sollte der betreffende Mitarbeiter mit einer Aufgabe betraut werden, die ihn unmittelbar mit seinen eigenen Fehlern konfrontiert. So werden in vielen Softwareprojekten regelmäßig Zwischenstände des entwickelten Programms zum Testen gebaut. Die Aufgabe, diese Zwischenstände zu bauen, eignet sich hervorragend für einen solchen Mitarbeiter. Natürlich darf er die Zwischenversion keinesfalls aus seiner eigenen Arbeitskopie heraus erstellen, sondern muss diese auf einem anderen Rechner durch Auschecken aus dem CVS erstellen. Dabei treten dann in dieser lokalen Arbeitskopie die gleichen Fehler auf, die sonst bei anderen Teammitgliedern Probleme verursachen würden. Mit seinen eigenen Fehlern konfrontiert, kann der Mitarbeiter diese meist schnell beheben. Am besten wird der fragliche Mitarbeiter angehalten, eine Zwischenversion immer nach Abschluss eigener Entwicklungsarbeiten oder kurz vor dem Feierabend zu erstellen.

Was bei Problemen helfen kann ...

Andere Strafaktionen fruchten oft wenig, da der betreffende Mitarbeiter hier nicht mit den Folgen der von ihm verursachten Fehler konfrontiert wird (Der Autor hat es mit der Einführung einer »CVS-Kasse« versucht, deren Inhalt zu Projektabschluss in einer Kneipe umgesetzt wurde. Die CVS-Kasse war leider recht wirkungslos, hat sich dann aber immerhin in Form einiger Gläser Bier manifestiert).

... und was nicht

Zusammenfassend lässt sich sagen, dass dem Projektleiter eine leitende Rolle auch bei der Verwendung des CVS-Systems zukommt. Durch Einführung von sinnvollen Regeln lässt sich eine »CVS-Kultur« schaffen, die eine möglichst reibungslose Zusammenarbeit ermöglicht. Der Blick sollte dabei allerdings eher auf das Problembewusstsein der Mitarbeiter gerichtet sein als auf ein striktes Befolgen starrer Regeln. Auch bei der Verwendung von CVS hat jede Regel ihre Ausnahme, wichtig ist das Endergebnis: effiziente und reibungslose Zusammenarbeit eines Entwicklungsteams!

Glossary

C   Glossar

Das Glossar definiert die wichtigsten Begriffe, die im Zusammenhang mit Versionsmanagement und insbesondere CVS auftreten. Da es für viele CVS-Begriffe keine allgemein gebräuchlichen Übersetzungen gibt, werden dann die englischen Begriffe verwendet.

Auschecken   siehe *Checkout*

Binärdatei   Im Sinne von CVS ist eine *Binärdatei* eine Datei, auf der CVS weder eine Zusammenführung (Merge) noch ein Diff durchführen kann. Binärdateien müssen beim Import (siehe *Wrapper*) oder beim Hinzufügen von Dateien dem CVS-Server als solche kenntlich gemacht werden.

Branch   siehe *Verzweigung*

Checkin   Als *Checkin* oder *Einchecken* bezeichnet man ganz allgemein die Überführung von neuen oder geänderten Dateien in das Repository. Das kann initial durch den Befehl import erfolgen oder in der laufenden Entwicklung durch den Befehl commit.

Checkout   *Checkout* oder *Auschecken* ist das Gegenstück zu Checkin und bezeichnet die Überführung von Änderungen aus dem Repository in die lokale Arbeitskopie. Das kann initial durch den Befehl checkout erfolgen oder in der laufenden Entwicklung durch den Befehl update.

Commit   Als *Commit* bezeichnet man die Rückführungen von Änderungen in der lokalen Arbeitskopie in das Repository durch den gleichnamigen Befehl commit. Commit ist einer der beiden Fälle beim Checkin.

CVS   CVS ist die Abkürzung für *Concurrent Versions System*.

Einchecken   siehe *Checkin*

Export   Ein *Export* kopiert den Sourcecode eines Moduls aus dem Repository auf den lokalen Rechner, lässt dabei allerdings die lokalen Verwaltungsinformationen von CVS weg. Damit ist der exportierte Sourcecode nicht als lokale Arbeitskopie verwendbar. Ein Export wird verwendet, wenn man den Sourcecode von den CVS-Verzeichnissen befreien möchte.

Hauptzweig   Der *Hauptzweig* spiegelt die Hauptentwicklungslinie eines Projekts wider. Von dem Hauptzweig können weitere Verzweigungen abgehen. Viele Projekte bestehen allerdings lediglich aus dem Hauptzweig und verwenden keine Verzweigungen.

Import   Ein *Import* bringt neuen Sourcecode in das Repository. Nach dem Import muss dieser Sourcecode zunächst in eine lokale Arbeitskopie ausgecheckt werden, damit er zur Entwicklung mit CVS verwendet werden kann.

Konflikt   Wenn CVS beim Merging zweier Revisionen einer Datei feststellt, dass sich beide Revisionen an der gleichen Stelle verändert haben, so kann CVS die Revisionen nicht automatisch zusammen führen. Diese Situation wird als *Konflikt* bezeichnet.

Konfliktmarker   *Konfliktmarker* sind Textmarken, die aus den Zeichen <, > und = bestehen und die Abschnitte eines Konflikts eindeutig kennzeichnen. Sie werden von CVS bei einem fehlgeschlagenen Merge in die betroffene Datei in der lokalen Arbeitskopie eingefügt. Konfliktmarker führen in allen gängigen Programmiersprachen zu Compiler- oder Laufzeitfehlern, so dass man sie nicht übersehen kann.

Lock-Datei CVS verwendet *Lock-Dateien*, um den gleichzeitigen Zugriff auf ein Verzeichnis im Repository zu unterbinden. Die Lock-Dateien werden entweder direkt im Repository abgelegt oder in einem eigenen Verzeichnis, das die Verzeichnisstruktur des Repositories spiegelt.

Log Message Die *Log Message* muss bei den CVS-Befehlen commit und import angegeben werden. Sie ist eine textuelle Beschreibung eines neuen Versionsstandes. Jede Revision einer Datei besitzt genau eine Log Message. Anhand der Log Messages einer Datei kann man deren Werdegang zurück verfolgen.

Lokale Arbeitskopie Die *lokale Arbeitskopie* ist eine Kopie des Sourcecodes aus dem Repository auf dem Rechner des Entwicklers. Auf der lokalen Arbeitskopie entwickelt der Programmierer das Projekt weiter. Wenn der Entwickler einen neuen stabilen Zustand erreicht hat, dann checkt er seine Änderungen aus der lokalen Arbeitskopie in das Repository ein. Jeder Entwickler besitzt seine eigene lokale Arbeitskopie.

Merging *Merging* bezeichnet den Vorgang der Zusammenführung (*Merge*) zweier Revisionen einer Datei durch CVS. Beim Merging kann es zu einem Konflikt kommen.

Modul Ein *Modul* bezeichnet eine Verwaltungseinheit innerhalb des CVS-Systems. Ein Modul besteht aus einer Menge von Dateien und Verzeichnissen, die inhaltlich zusammengehören. Ein Modul kann beispielsweise den Sourcecode eines ganzen Programms oder einer Programmbibliothek enthalten. Ein Modul wird als Dateibaum im Repository gespeichert. Es wird durch den Befehl import angelegt.

Modulname Ein *Modulname* ist der Name, mit dem ein Modul eindeutig identifiziert wird.

pserver *pserver* steht für Passwort Server und bezeichnet eine häufig verwendete Zugriffsvariante auf einen CVS-Server, bei dem das Passwort eines Benutzer-Accounts auf dem CVS-Server abgefragt wird.

Release Ein *Release* bezeichnet eine Menge von Dateien mit jeweils genau einer *Revision*, die zusammen einen für den Entwickler sinnvollen Versionsstand ergeben. Ein Release wird durch ein *Tag* gekennzeichnet.

Repository Der Begriff *Repository* bezeichnet die zentral auf dem CVS-Server vorgehaltenen Sourcecode-Dateien. Das Repository enthält nicht nur die aktuelle Revision jeder Datei, sondern auch alle alten Revisionen und alle Revisionen aus anderen Verzweigungen. Zusätzlich werden Verwaltungsinformationen im Repository gespeichert. Ein CVS-Server kann mehrere Repositories verwalten.

Revision Eine *Revision* ist ein eindeutiger Versionsstand genau einer Datei. Die Revision wird durch die Revisionsnummer bestimmt.

Revisionsnummer Eine *Revisionsnummer* ist eine eindeutige Nummer, die genau eine Version einer Datei im Repository bezeichnet. Die Revisionsnummer wird normalerweise von CVS automatisch vergeben und hat keine besondere Bedeutung innerhalb des Entwicklungsprozesses.

Sandbox Allgemein bezeichnet eine *Sandbox* eine sichere Umgebung, in der Operationen vorgenommen werden können, ohne ihre Umgebung zu beeinflussen. Bei CVS ist mit der Sandbox die lokale Arbeitskopie des Entwicklers gemeint.

Schlüsselwortersetzung CVS besitzt einen Mechanismus mit dem es eine Reihe von fest definierten Schlüsselwörtern durch Werte ersetzen kann. Damit lassen sich beispielsweise die Revisionsnummer oder der Autor automatisch in den Quelltext übernehmen.

Schlüsselwortersetzungsmethode
Mit der *Schlüsselwortersetzungsmethode* legt CVS fest, ob und wie Schlüsselwörter durch ihre Werte ersetzt werden. Die Schlüsselwortersetzungsmethode wird auch zur Kennzeichnung von Binärdateien zweckentfremdet.

SSH *SSH* ist eine Abkürzung für *Secure Shell* und bezeichnet gleichzeitig ein Programm und ein Protokoll. Mittlerweile sollte nur noch die Version 2 von SSH eingesetzt werden, da die erste Version als zu unsicher gilt. SSH ist eine mögliche Zugriffsvariante auf einen CVS-Server.

Sticky Tag Ein *Sticky Tag* ist ein Tag, das an einer Datei in der lokalen Arbeitskopie »kleben« (englisch: sticky = klebrig) bleibt. Sticky Tags entstehen durch das Auschecken von Dateien mit einem bestimmten Tag oder einem bestimmten Datum. Sticky Tags werden meist bei der Arbeit mit Verzweigungen genutzt.

Subversion *Subversion* ist ein neues, modernes Versionsmanagementsystem, dass derzeit gerade die Version 1.0 erreicht hat. Es basiert auf den gleichen Ideen wie CVS, versucht aber dessen Mängel zu vermeiden. Subversion gilt als heißer Kandidat für die Ablösung von CVS, allerdings ist das Entwicklungsstadium noch recht früh und es wird wahrscheinlich noch mehrere Jahre dauern, bis Subversion CVS ablöst.

Tag Ein *Tag* ist eine textliche Kennzeichnung einer Menge von Dateien mit jeweils genau einer Revision, die zusammen einen sinnvollen und aufbewahrenswerten Versionsstand eines Moduls ergeben.

Überwachtes Arbeiten Das *überwachte Arbeiten* bezeichnet einen leicht erweiterten Entwicklungsprozess mit CVS. Beim überwachten Arbeiten können Entwickler eine Menge von Dateien beobachten und sich von CVS benachrichtigen lassen, wenn die Dateien von anderen Entwicklern bearbeitet oder eingecheckt werden.

Update Ein *Update* führt einen Abgleich zwischen Repository und lokaler Arbeitskopie durch. Alle Änderungen aus dem Repository werden in die lokale Arbeitskopie übernommen. Das Repository wird bei einem Update nicht verändert.

Versionsmanagement *Versionsmanagement* bezeichnet ganz allgemein den Vorgang der Verwaltung von Sourcecode in mehreren Versionen durch ein Softwarewerkzeug.

Versionsmanagementsystem Ein *Versionsmanagementsystem* verwaltet Sourcecode oder andere elektronische Dokumente und kann dabei beliebige alte Versionsstände rekonstruieren.

Verzweigung Eine *Verzweigung* ist eine zusätzliche Entwicklungslinie innerhalb eines Projekts. Verzweigungen sind sinnvoll, um Fehlerkorrekturen zu verwalten oder um experimentelle Entwicklungen aus der Hauptlinie herauszuhalten.

Wrapper Ein *Wrapper* definiert für ein Dateimuster (ein Dateiname mit Wildcards), welche Schlüsselwortersetzungsmethode CVS für diese Dateien setzen soll. Wrapper sind wichtig beim Import von Binärdateien.

D Link- und Literaturverzeichnis

D.1 Internetlinks

D.1.1 www.cvsbuch.de

Unter http://www.cvsbuch.de/ hat der Autor eine Internetseite zum Buch eingerichtet. Hier liegen alle im Buch beschriebenen Softwarepakete fertig zum Download bereit oder es wird auf entsprechende Download-Links verwiesen. Daneben gibt es ein Linkverzeichnis zum Thema CVS und aktuelle Ergänzungen, die sich nach Drucklegung ergeben haben.

D.1.2 passwd.cvsbuch.de

CVS bietet kein Werkzeug, um die eigene Datei **passwd** zu verwalten. Daher zeigt der Autor hier mit einem kleinen Programm, wie man die Passwörter dieser Datei selbst verschlüsseln kann und dazu nicht die **passwd**-Datei des Systems missbrauchen muss:
http://passwd.cvsbuch.de.

D.1.3 CVS-Homepage

Auf http://www.cvshome.org findet sich die Heimat von CVS im Internet. Hier gibt es die neuesten Versionen von CVS (die Kommandozeilen bzw. Server-Versionen) zum Download. CVS ist als Sourcecode-Archiv und in Form von Binärdateien für Windows, verschiedene Unix-Systeme, MacOSX, OS/2 und VMS erhältlich. Die Binärdateien sind allerdings nicht immer aktuell.

Daneben gibt es das Buch »Version Management with CVS« von Per Cederqvist et al. in mehreren Formaten (HTML, PDF, Postscript) zum Download. Das Werk gilt als »offizielles« Handbuch zu CVS.

D.1.4 CvsGui

Auf http://www.wincvs.org befindet sich die Homepage des Projektes CvsGui. CvsGui entwickelt die GUI-Clients WinCvs, gCvs und MacCvs auf teilweise gleicher Codebasis. Die Programme liegen als Sourcecode und in binärer Form (bei gCvs für mehrere Unix-Plattformen) zum Download bereit. Die Seite führt ebenfalls die für WinCvs notwendi-

gen Python- und Tcl-Versionen auf. Es gibt eine Mailingliste zu CvsGui, anmelden kann man sich bei:
http://www.egroups.com/subscribe/cvsgui.

D.1.5 Python

Auf http://www.python.org gibt es die Programmiersprache Python zum Download, die für WinCvs ab Version 1.3 notwendig ist. Welche Version benötigt wird, ist auf der WinCvs-Homepage ersichtlich:
http://www.wincvs.org.

D.1.6 Tcl

Auf http://dev.scriptics.com gibt es die Programmiersprache Tcl zum Download. TCL kann mit WinCvs 1.2 und WinCvs 1.3 verwendet werden. Welche Version benötigt wird, ist auf der WinCvs-Homepage ersichtlich:
http://www.wincvs.org.

D.1.7 CVSNT

CVSNT ist ein CVS-Server für Windows NT und seine Nachfolger (Windows 2000, Windows XP). Wer seinen CVS-Server lieber auf Windows betreiben möchte, als ein Unix-System zu verwenden, kann diese Software verwenden. Auf http://www.cvsnt.org findet man ein Wiki zum Thema und kann CVSNT downloaden.

D.1.8 TortoiseCVS

Auf http://www.tortoisecvs.org/ gibt es einen CVS-Client für Windows zum Download, der eine Erweiterung des Windows-Explorer darstellt und einfach zu bedienen ist. Er unterstützt nicht alle CVS-Kommandos, macht diese aber einfach als Kontextmenü des Windows-Explorers zugänglich.

D.1.9 CVSWeb

CVSWeb ist ein Frontend zu CVS, das den lesenden anonymen Zugriff auf das Repository eines CVS-Servers über einen Webbrowser und HTML ermöglicht. Die Homepage zu CVSWeb findet man auf den Seiten des FreeBSD-Projektes: http://www.freebsd.org/projects/cvsweb.html

D.1.10 ViewCVS

Als Alternative zu dem in Perl geschriebenen CVSWeb bietet sich das in der Sprache Python implementierte ViewCVS an:
http://viewcvs.sourceforge.net.

D.1.11 SCCS

Zu SCCS gibt es einen GNU-Nachbau namens CSSC, der dieses alte Versionsmanagementsystem am Leben erhält. Die CSSC-Seite empfiehlt das System nur dazu zu nutzen, alte Sourcen in ein modernes System wie CVS zu überführen:
http://cssc.sourceforge.net.

D.1.12 RCS

RCS, das Revision Control System, findet man auf:
http://www.gnu.org/software/rcs/rcs.html.
RCS ist Vorgänger und teilweise Basis von CVS.

D.1.13 Subversion

Subversion wird als potenzieller Nachfolger von CVS gehandelt. Die Homepage zum Projekt findet man auf http://subversion.tigris.org.

D.2 Bücher

D.2.1 Der »Cederqvist«

Als Standarddokumentation zu CVS gilt das Werk von Per Cederqvist et al. Dieses Buch ist in verschiedenen Formaten (PDF, HTML, PostScript) ausschließlich in elektronischer Form erhältlich. Dieses englischsprachige Buch wird immer mit einer Versionsnummer herausgegeben, die zur aktuellen CVS-Version passend ist, also beispielsweise 1.11.10. Es gibt das Buch unter http://www.cvshome.org/ oder auf den Webseiten des Autors unter http://cederqvist.cvsbuch.de.

E WinCvs Symbole

*Anhang E zeigt die Symbole der Symbolleisten von WinCvs. Die gleichen Symbole werden auch von gCvs verwendet, wobei dort nicht alle Symbole vorhanden sind. Die Symbolleisten lassen sich über das Menü **View · Toolbars** ein- und ausschalten. Die Symbole werden jeweils von links nach rechts erläutert.*

Abbildung E.1 Die Symbolleiste »Standard«

Speichern	Hat keine erkennbare Funktion.
Ausschneiden	Schneidet selektierten Text im Ausgabefenster aus.
Kopieren	Kopiert im Ausgabefenster selektierten Text.
Einfügen	Fügt Text in das Ausgabefenster ein.
Drucken	Druckt den Inhalt des Ausgabefensters.
Über WinCvs	Gibt die Version und Internetseite von WinCvs aus.
Kontexthilfe	Gibt Hilfe zum angeklickten Bedienelement aus.
Abbruch	Stoppt einen laufenden CVS-Befehl.

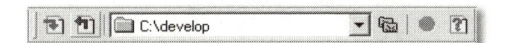

Abbildung E.2 Die Symbolleiste »Browse«

Update	Führt den Befehl **update** auf mehreren selektierten Dateien oder einem Verzeichnis aus.
Commit	Führt den Befehl **commit** auf mehreren selektierten Dateien oder einem Verzeichnis aus.
Pfadanzeige Browser	Hier lassen sich die letzten für den Browser gewählten Verzeichnisse umschalten.
Browsereinstellungen speichern	Hiermit lassen sich individuelle Einstellungen für ein Verzeichnis speichern.

Abbruch	Stoppt einen laufenden CVS-Befehl.
Anfrage Update	Führt ein testweises Update durch. Es werden keine Dateien verändert.

Abbildung E.3 Die Symbolleiste »Files«

Add	Führt den Befehl **add** auf einer oder mehreren selektierten Dateien oder einem Verzeichnis aus. Die Dateien werden als normale Textdateien hinzugefügt.
Add (binär)	Führt den Befehl **add** auf einer oder mehreren selektierten Dateien aus. Die Dateien werden als Binärdateien hinzugefügt.
Add (Unicode)	Führt den Befehl **add** auf einer oder mehreren selektierten Dateien aus. Die Dateien werden als Unicode-Dateien hinzugefügt. Dies wird nicht von allen Servern unterstützt.
Remove	Löscht die selektierten Dateien und führt den Befehl **remove** auf ihnen aus.
Kleine Symbole	Schaltet die Ansicht im Hauptfenster auf »Kleine Symbole« um.
Liste	Schaltet die Ansicht im Hauptfenster auf »Liste« um.
Details	Schaltet die Ansicht im Hauptfenster auf »Details« um.
Explorer	Startet einen Windows-Explorer. Dazu muss eine Datei selektiert sein.
Verzeichnis höher	Wechselt im Hauptfenster eine Verzeichnisebene nach oben.
Diff	Führt den Befehl **diff** auf einer oder mehreren selektierten Dateien aus.
Log	Führt den Befehl **log** auf einer oder mehren Dateien oder einem selektierten Verzeichnis aus.
Status	Führt den Befehl **status** auf einer oder mehreren selektierten Dateien oder auf einem Verzeichnis aus.
Annotate	Führt den Befehl **annotate** auf einer oder mehreren selektierten Dateien aus.
Graph	Führt den Befehl **log** auf einer oder mehreren selektierten Dateien aus und generiert eine grafische Darstellung daraus.
Löschen	Löscht eine oder mehrere selektierte Dateien lokal. Die Dateien werden in den Windows-Papierkorb verschoben.

Abbildung E.4 Die Symbolleiste »Multi-Users«

Watch hinzufügen	Führt den Befehl **watch add** auf einer oder mehreren selektierten Dateien oder auf einem selektierten Verzeichnis aus.
Watch entfernen	Führt den Befehl **watch remove** auf einer oder mehreren selektierten Dateien oder auf einem selektierten Verzeichnis aus.
Beobachter anzeigen	Führt den Befehl **watchers** auf einer oder mehreren selektierten Dateien oder auf einem selektierten Verzeichnis aus.
Edit	Führt den Befehl **edit** auf einer oder mehreren selektierten Dateien oder auf einem selektierten Verzeichnis aus.
Reserviertes Edit	Führt den Befehl **edit** mit der Option –c auf einer oder mehreren selektierten Dateien oder auf einem selektierten Verzeichnis aus. Die Option –c wird nicht von allen Servern unterstützt.
Unedit	Führt den Befehl **unedit** auf einer oder mehreren selektierten Dateien oder auf einem selektierten Verzeichnis aus.
Editors	Führt den Befehl **editors** auf einer oder mehreren selektierten Dateien oder auf einem selektierten Verzeichnis aus.
Release	Führt den Befehl **release** auf einem selektierten Verzeichnis aus.

Abbildung E.5 Die Symbolleiste »Tags«

Tag setzen	Führt den Befehl **tag** auf einer oder mehreren selektierten Dateien oder auf einem selektierten Verzeichnis aus.
Tag entfernen	Führt den Befehl **tag** mit der Option –d auf einer oder mehreren selektierten Dateien oder auf einem selektierten Verzeichnis aus.
Verzweigung anlegen	Führt den Befehl **tag** mit der Option –b auf einer oder mehreren selektierten Dateien oder auf einem selektierten Verzeichnis aus.

Abbildung E.6 Die Symbolleiste »Filter«

'Flat Mode' umschalten	Schaltet in eine Ansicht um, die den Inhalt aller Unterverzeichnisse mit anzeigt.
Eingabefeld für einen Dateifilter	Zeigt nur Dateien an, die dem angegebenen Muster entsprechen. Verzeichnisse werden nicht gefiltert.
Sammelfilter Commit	Schaltet die vier folgenden Optionen gemeinsam an und aus.
Filter für veränderte Dateien	Zeigt nur lokal veränderte Dateien an.
Filter für hinzugefügte Dateien	Zeigt nur hinzugefügte Dateien an, für die noch kein **commit** ausgeführt worden ist.
Filter für entfernte Dateien	Zeigt nur entfernte Dateien an, für die noch kein **commit** ausgeführt worden ist.
Filter für Konflikte	Zeigt nur Dateien mit Konflikten an.
Filter für Unbekannte	Zeigt nur Dateien an, die nicht im Repository vorhanden sind.
Unbekannte verstecken	Blendet Dateien aus, die nicht im Repository vorhanden sind.
Filter für fehlende Dateien	Zeigt nur Dateien an, die im Repository vorhanden sind, aber in der lokalen Arbeitskopie fehlen.
Filter für ignorierte Dateien	Blendet ignorierte Dateien ein und aus.
Aktualisieren	Aktualisiert die Inhalte von Browser und Hauptfenster.

Index

Symbols
#cvs.lock 166
#cvs.rfl 166
#cvs.wfl 166
$Author$ 167
$CVSWRAPPERS 170
$Date$ 167
Log 167
$Revision$ 167
.cvsignore 90, 139, 278
.cvspass 70, 279
.cvsrc 137, 279
.cvswrappers 90, 169, 280

A
add 110, 207
admin 173, 208
  sperren 193
Administration 19
Aktualisierungsmechanismus
  COPY 170
  MERGE 170
Aktualisierungsmethode 169
annotate 143, 210
Apache-Webserver 201
AT&T 29
Attic 114
Auschecken 299
Ausführungsrecht 163
Authentifizierung 186

B
Backslash 68
Backup 27, 194
Befehle
  abkürzen 137
  Optionen 137
Befehlsaufbau 205
Befehlsspezifische Optionen 205
Beispiele 292
Benachrichtigungen 275
Berkeley DB 201
Binärdatei 299
BitKeeper 31
Bleading Edge 191
Branch 299

C
Cederqvist 305
CGI-Programm 161
Checkin 299
Checkout 40, 92, 213, 299
checkoutlist 181, 269
ClearCase 30
Cobol 29
Commit 43, 101, 216, 299
  Konflikte 101
  nicht atomar 102
commitinfo 270
COMSPEC 283
config 193, 271
crypt() 187
CSSC 305
CVL 33
CVS 299
  administrative Dateien 180
  anonymer Zugriff 191
  Architektur 199
  Authentifizierung 178
  Betriebssystem 177
  Buchstabencodes 74
  Entwicklungszyklus 38
  Hardware 177
  Homepage 303
  Kommunikation 50
  Konfigurationsdateien 269
  Konsistenzsicherung 194
  Probleme 163
  Protokoll 273
  Regeln 51, 295
  Schwachstellen 199
  selbst übersetzen 179, 291
  Serverlast 177
CVS_CLIENT_LOG 283
CVS_CLIENT_PORT 283
CVS_IGNORE_REMOTE_ROOT 284
CVS_LOCAL_BRANCH_NUM 284
CVS_PASSFILE 284
CVS_PID 284
CVS_RCMD_PORT 284

CVS_RSH 188, 285
CVS_SERVER 285
CVS_SERVER_SLEEP 286
CVS-Client 26
CVSEDITOR 283
CvsGui 303
CVSIGNORE 284
cvsignore 138, 139, 185, 272
cvslock 195
CVSNT 112, 177, 304
CVS-Protokoll 170
CVSREAD 285
CVSREADONLYFS 285
CVSROOT 55, 69, 70, 269, 285
CVS-Server 25
CVSUMASK 286
CVS-Verzeichnisse 141
CVSWeb 159, 304
CVSWRAPPERS 286
cvswrappers 169, 273

D
Dachboden 114
Datei
  analysieren 143
  binär 112
  entfernen 113
  ignorieren 89, 138
  sperren 145, 173
  umbenennen 115
  Unicode 112
Debian 56, 161, 162, 178, 291
DES-Verschlüsselung 187
diff 103, 219
  externe Programme 106
  Kontext-Format 104

E
Eclipse 34
edit 146, 224
Edit-Compile-Run-Zyklus 38
editinfo 273
EDITOR 286
editors 151, 226
Einchecken 43, 299
Entries 141, 157
Entwicklungszyklus
  mehrere Entwickler 49

ExamDiff 62, 106
Export 299
export 141, 142, 227

F
Firewall 291
Fortran 29
FreeBSD 61, 177
Fremder Sourcecode 157

G
gCvs 32
  Aufbau 66
Globale Optionen 205
GNU Autoconf 179
GNU diff 220
GPL 36
GSSAPI 188
GTK 61, 66
gtkdiff 106

H
Hauptzweig 299
history 170, 229, 273
HOME 154, 286
HOMEDRIVE 137, 139, 154, 286
HOMEPATH 137, 139, 154, 287
HTML 21, 155

I
IBM 34
Implizite Argumente 87
Import 84, 299
  Dateityp 90
  WinCvs 91
import 88, 232
inetd.conf 56, 179, 291
init 179, 235, 289
Installation
  gCvs 61
  Linux 56
  WinCvs 57
  Windows 53
ISO 8601 175

J
Java 21

K

Kerberos 72, 188
Kommandozeilen-Clients
  Aufbau 63
Konflikt 41, 96, 98, 299
Konfliktmarker 42, 81, 97, 102, 299
Konventionen 21

L

LaTeX 21
Leading Edge 191
Linux 61, 177
Linux-Distribution 178
Linux-Kernel 36
local 289
Lock-Datei 166, 300
Lock-Verzeichnis 193
log 89, 109, 236
Log Message 89, 102, 109, 300
  ändern 174
  grafisch 110
login 70, 241
loginfo 273
logout 242
Lokale Arbeitskopie 300
  freigeben 44, 134

M

MacCvsX 32
MacOS X 32, 177
Master-Kopie 37
Merging 41, 155, 300
MFC 66
Modul 35, 89, 274, 300
modules 181, 182, 274
Modulname 89, 93, 300
MySQL 36

N

NetBSD 177
Network Time Protocol 165
NEW-Datei 196
NextStep 33
Notepad 62, 102, 153
notify 184, 189, 275

O

Open Source 157, 160

OpenBSD 177
OpenSSH 72

P

passwd 185, 192, 276
PATH 287
Perforce 30
Perl 162
PHP 187
Projektleiter 19
pserver 56, 178, 186, 300
Python 57, 59, 162, 304

Q

Query Update 100

R

rannotate 143, 243
RCS 29, 305
rcsinfo 276
rdiff 246
readers 192
Rekursion 87
  abschalten 87
Release 83, 85, 119, 300
  rekonstruieren 121
release 44, 248
Release Tag 158
remove 113, 249
Repository 25, 300
  migrieren 196
  Zugriffsmethode 67
Repository (Datei) 141
Revision 83, 300
Revisionsnummer 83, 300
RFC1123 175
RFC822 175
rlog 109, 251
Root 141, 157
RSH 188
rtag 119, 254

S

Sandbox 145, 301
SCCS 29, 305
Schlüsselwortersetzung 112, 166, 301
  abschalten 168
  ändern 174

Schlüsselwortersetzungsmethode 169, 301
setup.exe 57
Softwarearchitektur 15
Softwareentwickler 19
Solaris 61
Sourcecode-Distribution 27
SSH 72, 178, 188, 301
   Schlüsselpaar 189
   Schlüsselphrase 189
status 107, 256
Sticky Tag 121, 124, 127, 301
   Verzweigung 127
   zurücksetzen 122
Subversion 30, 86, 200, 301
Synchronisation 50
Synonyme 137

T
Tag 85, 119, 301
   löschen 120
tag 119, 257
taginfo 277
tar-Archiv 162
Tcl 57, 60, 304
TEMP 287
TMP 287
TMPDIR 287
TortoiseCVS 34, 304
Transaktionen 199

U
Überwachtes Arbeiten 50, 145, 301
   einrichten 189
   Ereignisse 149
Uhren 165
Umgebungsvariablen 153, 283
   CVSEDITOR 153
   CVSROOT 153
   EDITOR 153
   HOME 154
   HOMEDRIVE 154
   HOMEPATH 154
   VISUAL 153
unedit 147, 259
Unicode 112

Unix 290
   diff 104
   patch 104
Update 40, 301
   simulieren 100
update 95, 261
users 185, 190, 277

V
val-tags 277
Vendor Branch 85, 157
Vendor Tag 158
verifymsg 278
version 264
Versionshistorie
   manuelle 23
Versionsmanagement 15, 25, 301
Verzeichnisse
   Inkonsistenzen 86
   leere 114
   löschen 93, 114
   umbenennen 115
Verzweigung 23, 125, 301
   Gründe 125
   Revisionsnummer 127
   Rückführung 129
   Tipps 132
   Unterverzweigung 128
   WinCvs 131
vi 102, 153
ViewCVS 162, 305
VISUAL 287
Visual Source Safe 30
VPN 188

W
watch 265
   Unterbefehle 146
watchers 151, 267
Watches 146
WebDAV 201
Web-Interface 160
Webseiten 156
WinCvs 31
   Aufbau 64
   deinstallieren 57
   Farben 74
   Standard-Editor 62

Windows 2000 55, 177
Windows NT 55, 177
Windows XP 55, 177
Windows-Path-Variable 54
Wrapper 90, 169, 273, 302
   WinCvs 91
writers 192
www.cvsbuch.de 303

X
XML 155
X-Windows 61
xxdiff 106

Z
Zielgruppe 19
Zugriffsrechte 163

Managen Sie richtig!

250 S., 2004, 24,90 Euro
ISBN 3-89842-396-4

IT-Projektmanagement

www.galileocomputing.de

Andreas Kitz

IT-Projektmanagement praxisorientiert

Keine Zeit? Kleines Budget? Qualitätsprobleme?

Erfüllen Sie die vom Auftraggeber definierten Anforderungen! Halten Sie den vorgegebenen Zeitrahmen ein! Beschränken Sie sich auf das zur Verfügung stehende Budget! Und erreichen Sie beste Qualität! Kurz: Managen Sie richtig.
Dieses Buch zeigt, wie Software-Entwicklungsprojekte erfolgreich durchgeführt werden. Dabei orientiert sich Andreas Kitz immer strikt an der Praxis.

**Für agiles,
risiko-orientiertes
Testen.**

ca. 336 S., ca. 44,90 Euro
ISBN 3-89842-539-8, August 2004

Software-Testing – inkl. Internationalisierung

www.galileocomputing.de

Manfred Rätzmann

**Software-Testing –
inkl. Internationalisierung**

Tests, Verfahren, Werkzeuge

Dieses Buch vermittelt nicht nur die zum Testen von Software notwendigen Kenntnisse und Praktiken, sondern setzt diese in Bezug zur täglichen Realität von Budgetknappheit und Termindruck.
Sie erhalten einen Überblick über die klassischen Vorgehensweisen des Software-Testings und erfahren die speziellen Anforderungen beim Planen, Durchführen und Auswerten von Tests moderner, objektorientierter Software.

Java

Manfred Borzechowski
Eclipse 3 professionell

ca. 600 S.
mit Referenzkarte
ca. 39,90 Euro
ISBN 3-89842-463-4
September 2004

Helmut Vonhoegen
Einstieg in JavaServer Pages 2.0

Web-Programmierung für Einsteiger

576 S., 2004
mit CD
39,90 Euro
ISBN 3-89842-360-3

Martin Kompf
Enterprise JavaBeans 2.1

Aktuell zur J2EE 1.4

465 S., 2004
49,90 Euro
ISBN 3-89842-420-0

Bernhard Steppan
Einstieg in Java

Die Einführung für Programmierneulinge

567 S., 2003
mit CD
24,90 Euro
ISBN 3-89842-359-X

Christian Ullenboom
Java ist auch eine Insel

Programmieren für die Java 2-Plattform 1.4

1342 S., akt. und erw. Auflage
2003, mit CD, 49,90 Euro
ISBN 3-89842-365-4

Galileo Computing

UNIX/Linux & Open Source

Arnold Willemer
Wie werde ich UNIX-Guru?
Einführung in UNIX, Linux und Co

672 S., 2003
34,90 Euro
ISBN 3-89842-240-2

Gunther Wielage
SuSE 9.x
Installation und Anwendung

ca. 600 S., mit CD
ca. 29,90 Euro
ISBN 3-89842-504-5
Juni 2004

Michael Hilscher
Der eigene Webserver
Planung, Umsetzung und Administration eines dedizierten Server

456 S., 2003, mit CD
34,90 Euro
ISBN 3-89842-368-9

Karsten Günther
Einstieg in LaTeX
Wissenschaftliche Arbeiten professionell layouten

ca. 600 S., mit CD und Referenzkarte
ca. 34,90 Euro
ISBN 3-89842-510-X
Juni 2004

**Steffen Wendzel
Johannes Plötner**
Einstieg in Linux
Eine distributions-unabhängige Einführung

ca. 500 S., mit CD
ca. 29,90 Euro
ISBN 3-89842-481-2

Galileo Computing

C/C++ & Softwareentwicklung

Ulrich Kaiser
Christoph Kecher

C/C++

Von den Grundlagen zur
professionellen Programmierung

1368 S., 2., aktualisierte und
erweiterte Auflage 2003, mit CD
44,90 Euro
ISBN 3-89842-273-9

Jürgen Wolf

C von A bis Z

Der umfassende Einstieg

920 S., 2003
mit Referenzkarte
39,90 Euro
ISBN 3-89842-392-1

Ulrich Kaiser

**Spieleprogrammierung
in C++**

2D-, 3D- und Netzwerkspiele
mit DirectX

583 S., 2003, mit 2 CDs
39,90 Euro
ISBN 3-89842-272-0

Arnold Willemer

Einstieg in C++

Schritt für Schritt
zur Programmierung

500 S., 2004
mit CD
24,90 Euro
ISBN 3-89842-397-2

Ulla Kirch-Prinz
Peter Prinz

C++ für C-Programmierer

788 S., 2004
mit CD
44,90 Euro
ISBN 3-89842-395-6

Galileo Computing

Internet & Scripting

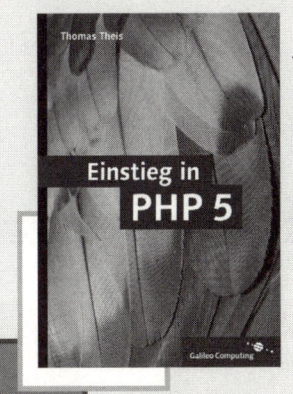

Thomas Theis
Einstieg in PHP 5
Leicht verständlich und praxisnah lernen

ca. 550 S.
mit CD und Referenzkarte
ca. 22,00 Euro
ISBN 3-89842-260-7

Carsten Möhrke
Besser PHP programmieren
Professionelle Programmiertechniken für PHP 5

ca. 648 S., mit CD
ca. 39,90 Euro
ISBN 3-89842-381-6

Helmut Dittrich
PHP 5 advanced
Fortgeschrittene Techniken für Umsteiger und Profis

ca. 700 S., mit CD
ca. 39,90 Euro
ISBN 3-89842-261-5

Martin Goldmann
PHP 5 – Die Neuerungen
Objektorientierung, libxml2, gd-lib, Stream-Funktionen u. v. m.

ca. 200 S.
ca. 20,00 Euro
ISBN 3-89842-490-1

Joseph Brunner
PHP 5
Das umfassende Handbuch

ca. 1100 S., mit CD
ca. 44,90 Euro
ISBN 3-89842-328-X

Galileo Computing

EDV und Datentechnik auf den Punkt gebracht.

1296 S., 2003, 49,90 Euro
ISBN 3-89842-355-7

Kompendium der Informationstechnik

www.galileocomputing.de

Sascha Kersken

Kompendium der Informationstechnik

1200 Seiten Lehr- und Nachschlagewerk für Schule, Studium und Beruf. Damit haben Sie exzellent aufbereitetes umfangreiches Praxiswissen in der Hand. Von den EDV-Grundlagen über Betriebssysteme sowie Netzwerktechnik und Programmierung über Mediengestaltung in Theorie und Praxis. Immer wenn IT-Wissen gefragt ist, gibt der Kersken kompetent Auskunft; kurz, ein Buch für die alltägliche Arbeit.

Zeit und Geld sparen durch zentralisierte Desktops

ca. 400 S., mit CD, ca. 44,90 Euro
ISBN 3-89842-329-8, April 2004

Linux-Terminalserver

www.galileocomputing.de

Bernd Kretschmer, Dirk von Suchodoletz, Holger Burbach

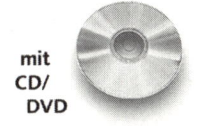

Linux-Terminalserver

Installation, Administration, Migration

Weg von der Turnschuh-Administration! Sind Sie auch auf der Suche nach neuen Lösungen, um die Administration von Arbeitsplatzrechnern zu erleichern, Kosten einzusparen und die Sicherheit zu verbessern? Dieses Buch zeigt Ihnen, wie Sie Linux-Terminalserver einsetzen als Boot-Server für X-Terminals und PCs unter Linux oder als Anwendungsserver für Linux- und Windows-Applikationen.

mit CD/DVD

Aktuelle Computing-Bücher im Überblick

C/C++ & Software-entwicklung

Arnold Willemer
Einstieg in C++

U. Kaiser, Ch. Kecher
C/C++

Jürgen Wolf
C von A bis Z

Manfred Rätzmann
Software-Testing

Georg Erwin Thaller
Softwareentwicklung im Team

Krüger, Seelmann-Eggebert
IT-Architektur-Engineering

P. Grässle, H. u. P. Baumann
UML projektorientiert

Internet & Scripting

Martin Kästner
Perl fürs Web

Kai Laborenz
CSS-Praxis

Marcus Throll
MySQL 4

Mark Lubkowitz
Webseiten programmieren und gestalten

Christian Wenz
Handbuch JavaScript

Michael Hilscher
Der eigene Webserver

Axel Schemberg
PC-Netzwerke

Java

Christian Ullenboom
Java ist auch eine Insel

Bernhard Steppan
Einstieg in Java

Stephan Wiesner
Struts

Helmut Vonhoegen
Einstieg in Java Server Pages 2.0

Martin Kompf
Enterprise JavaBeans 2.1

Microsoft, .NET

Stefan Fellner
VB.NET und Datenbanken

Andreas Kühnel
Visual C#

Andreas Kühnel
VB.NET

Hans Willi Kremer
SELECT * FROM SQL Server 2000

Ulrich Schlüter
Integrationshandbuch Microsoft-Netzwerk

UNIX, XML

Arnold Willemer
Wie werde ich ein UNIX-Guru?

Helmut Vonhoegen
Einstieg in XML

Frank Bongers
XSLT 2.0

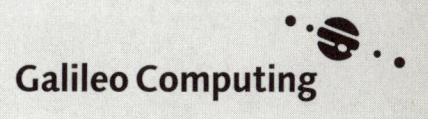

Galileo Computing

www.galileocomputing.de

Hat Ihnen dieses Buch gefallen?
Hat das Buch einen hohen Nutzwert?

Wir informieren Sie gern über alle Neuerscheinungen von Galileo Computing. Abonnieren Sie doch einfach unseren monatlichen Newsletter:

www.galileocomputing.de

Galileo Computing

Professionelle Bücher. Auch für Einsteiger.